21世纪高等继续教育精品教材·会计系列

A C C O U N T I N G

管理会计（第二版）

Accounting

■ 主编 黄玮勤 张纯义

中国人民大学出版社
· 北京 ·

前　言

会计界有一个广泛流行的说法："会计是商业活动的语言（Accounting is the languagc of the business)。"会计作为商业活动的语言，是沟通国内市场与国外大市场的重要媒介。会计是一个信息系统，财务会计与管理会计是企业会计的两大领域。其中，管理会计是一门新兴的、将现代化管理与会计融为一体的综合性交叉学科，它的创立和不断发展，大大丰富了会计学科的内容，标志着会计学科进入一个新的发展阶段。

我国财政部于 2006 年颁布了《企业会计准则》及其应用指南，这是促进中国经济发展和提升中国在国际资本市场中地位的重要战略举措。新准则的出台与实施，使会计的基本理论、基本概念、会计业务的处理等都发生了较大的变化。管理会计作为会计学的两大分支学科之一，其基本含义、基本职能、基本内容等都需要进一步规范和完善。本书以习近平新时代中国特色社会主义思想为指导，全面融入党的二十大精神，始终把提高学生的思想道德素质与专业素养融为一体，培养学生诚实守信、爱岗敬业等优秀品质，为中国式现代化建设提供高技能人才支撑。为适应新形势下管理会计教学和社会各方面的需要，我们依据最新的《企业会计准则》，结合我国经济体制改革的实践，编写了此书，重点突出管理会计学的基本理论、基本概念和基本方法及在企业中的实际应用。

我国财政部于 2016 年 6 月印发了《管理会计基本指引》，包括总则、应用环境、管理会计活动、工具方法、信息与报告、附则共六章。据此，本书于 2017 年做了部分章节内容的修订、完善。

本书专门为大学专科生编写，同时也可供经济管理干部、财经院校教师、其他财经专业学生参考。本书的主要特点如下：

1. 内容既保留了传统管理会计的精髓，又吸收了管理会计最新的理念和方法，有助于开拓学生的视野。

2. 结构安排上注重管理会计的内在逻辑性，语言表述上力求简明扼要、深入浅出，有助于学生理解和消化。

3. 体系完整，每章都配有习题、案例，有助于学生学以致用。

限于编者的水平，书中难免存在错误及不当之处，敬请广大读者批评指正，以便做进一步的修正。

编　者

目 录

第一章
概　论

目标

当您学完本章，应该做到：

- 描述管理会计的形成与发展。
- 了解管理会计的职能。
- 了解管理会计和财务会计的联系与区别。
- 理解管理会计的信息及质量要求。
- 掌握管理会计的内容。

第一节　现代管理会计的形成与发展

管理会计（management accounting）萌芽于20世纪20年代，正式形成于第二次世界大战时期，在20世纪70年代得到迅速发展，前后大致经历了形成和发展两个阶段。

一、管理会计的形成阶段（20世纪20—50年代）

管理会计的形成，可以追溯到20世纪初。当时西方资本主义国家完成了工业革命，机械化的大生产取代了作坊式的小生产，企业主以经理人的身份直接从事经营。但在一般企业的管理工作中，以经验和直觉为核心的传统管理仍占统治地位，导致企业经营粗放，资源浪费严重，生产效率和管理水平低下。显然，传统的经验管理已越来越不适应经济发展和企业抵御经济危机、提高竞争能力的要求。因此，如何用先进的科学管理代替落后的传统管理，使企业各级的管理工作得到较大的改善，以适应经济发展的需要，就成为一个非常迫切的现实问题。于是，集中体现科学管理精神的“泰罗制”便应运而生。1911年，科学管理之父——美国的泰罗出版了《科学管理原理》一书。泰罗对生产工人的操作过程进行了具体、细致的时间和动作研究，在此基础上制定出各种定额和标准，并按事先确定的定额和标准对生产过程进行管理和控制，大大强化了管理的计划和控制职能，使企业管理向标准化、制度化的方向发展。为配合“泰罗制”的实施和推广，要求传统的会计由单一的事后核算向事前规划和事中控制转变，在会计实务中出现了标准成本计算（standard costing）和预算控制（budget control）。它们的共同特点是：事先制定标准数或预算数，随后按此执行和加以控制，到一定时期将实际数与标准数或预算数进行比较并计算差异，通过差异分析，揭示产生差异的原因和提出消除差异的建议及措施。

会计领域中这些新观念、新方法的出现，不仅给传统的会计增添了若干新内容，而且使会计开始突破单纯的事后核算而进入科学的事前预测，并将事前预测与事后分析紧密地结合起来，从而为会计更好地服务于企业管理开辟了一条新的途径。尽管由于当时历史条件的限制，这些理论没有被充分地认识和广泛地应用，但是处于初级阶段的管理会计在事实上已经形成。此时，管理会计的总目标是：提高企业的生产效率和经济效果；具体目标是：制定标准成本，并以此对企业的成本进行控制。

可见，以泰罗的科学管理学说为基础形成的管理会计，是在企业的战略、方向等重大问题已经确定的前提下，协助解决在执行中如何提高生产效率和经济效果的问题。其主要缺陷在于，同企业管理的全局、企业与外界关系的有关问题没有在会计体系中得到应有的反映。因而，总的来说，初级管理会计还只是一种局部性、执行性的管理会计。

二、管理会计的发展阶段（20 世纪 50 年代以后）

管理会计成为一门学科，是 20 世纪 50 年代以后发展起来的。1952 年在伦敦举行的世界会计师联合会上，正式通过了“管理会计”这个专用名词，这标志着管理会计的正式形成。从 20 世纪 50 年代起，世界经济进入了第二次世界大战后高速发展的新时期。科学技术日新月异，企业经营规模不断扩大，出现了许多规模庞大的跨国公司。随之而来的是企业经营环境日趋复杂，企业不但要面临激烈的国内市场竞争，而且要面对瞬息万变的国际市场竞争，这要求企业经营管理由生产型管理向经营决策型管理转变，以应付日益激烈的市场竞争和挑战。在瞬息万变的经营环境中，一些企业在竞争中取得优势，得以迅速发展；另一些企业则亏损、倒闭，在竞争中被淘汰。企业的生存和发展，首先取决于正确的经营方针和决策。正所谓“管理的重心在经营，经营的重心在决策”。在这种新形势下，风靡一时的泰罗的科学管理学说已无法适应企业管理的需要。企业管理不仅要从全局考虑，而且要从企业与外部关系方面来考虑。决策分析在企业中的地位远比个别环节提高效率更为重要；调动广大员工在生产上的主动性与创造性，比严格管制、使员工处于消极被动与极度紧张状态有更大的成效。

为弥补泰罗科学管理方法的缺陷，现代科学管理的新成就——运筹学和行为科学在企业管理中得到广泛应用。运筹学主要应用现代数学和数理统计学的原理和方法，建立许多数量化的管理方法和技术，用来帮助管理人员按照最优化的要求，对企业极为复杂的生产经营活动进行科学的预测、决策、组织、安排和控制，促使企业的生产经营实现最优化运转，从而大大提高企业管理的科学化、现代化水平及竞争、适应能力。会计与运筹学的结合，形成了现代管理会计的一个重要内容——决策会计。行为科学主要是应用心理学、社会学等方面的研究成果来研究人的各种行为的规律性，分析人产生各种行为的客观原因和主观动机的一门科学。把它应用到企业管理上来，有助于按照科学的原理来做好人的工作，改善人与人之间的关系，引导、激励人们在生产经营中充分发挥主动性、积极性。将会计的控制与责任的控制考核相结合，就形成了现代管理会计的另一个重要内容——责任会计。1952年在英国伦敦举行的世界会计师联合会上首次正式提出了"管理会计"这一专门术语。在这一阶段，管理会计在原有的基础上，不断把这些内容定性、丰富、发展，形成了科学的理论体系和较完善的应用方法。此时，管理会计进入了发展时期。

20世纪70年代以来，系统论、信息论、控制论、决策论、预测技术、运筹学、概率统计、风险分析、行为科学和计算机技术被大量运用于管理会计中，极大地提高了管理会计方法的科学性和准确性。全美第一届职业管理会计师资格考试在1972年由美国管理会计协会主持举行。从20世纪80年代开始，对管理会计的研究重点已从方法转向理论。美国会计学会所属的管理会计委员会自1980年以来有步骤地颁布了《管理会计公告》，提出了一系列理论问题及解决问题的指导原则。到1988年2月为止，该委员会总共颁布了14个《管理会计公告》。20世纪80年代后期，国际会计准则委员会（IASC）和国际会计师联合会（IFAC）成立了专门机构，制定出有关的国际管理会计标准，并颁布了管理会计师的职业道德规范等有关文件。这表明对管理会计的理论研究已具有国际化的发展趋势。

综上所述，现代管理会计以现代管理科学为基础，以电子计算机的应用为条件，一方面丰富和发展了其早期形成的一些技术方法，另一方面又大量吸收了运筹学和行为科学等现代管理科学的研究成果，把它们引进、应用到会计中，形成了一个新的相对独立的、有别于财务会计体系，以内部控制和决策为重点的现代管理会计体系，从而成为现代化企业管理中必不可少的组成部分。现代管理会计是一种全局性、决策性的管理会计。此时，管理会计的总目标是：为实现企业利润的最大化，协助管理当局做出有关改进经营管理、提高经济效益与社会效益的决策。具体目标是：

（1）确定各项经济目标。

（2）合理使用经济资源。

（3）调节、控制经济活动。

（4）评价、考核经济业绩。

可见，现代管理会计与初级的管理会计的不同在于，它是一种全局性的、以服务于企业提高经济效益为核心的管理会计，它包含了执行性管理会计。但无论是从广度还是深度看，现代管理会计与原始的管理会计都已是不可同日而语了。

第二节 现代管理会计概述

管理会计是为适应企业不断加强和完善经营管理的要求而产生的一门新兴边缘科学，是现代管理科学和方法运用于会计领域的结果。作为现代会计的一个分支，管理会计的产生和发展是会计不断发展的必然结果。管理会计从传统的会计系统中分离出来，经历了将近一个世纪的逐步形成和发展的过程，成为与财务会计并存的独立领域。

一、管理会计的职能

管理会计的职能是指管理会计实践本身客观存在的必然性所决定的内在功能。管理会计主要有提供管理信息、直接参与决策和实施业绩考核三个职能。

（一）提供管理信息

现代企业生产经营活动需要大量的经济信息，不仅需要财务会计提供的财务成本、经营情况等方面的信息，而且需要能适用于企业内部管理的各种管理信息。这些管理信息既包括经过进一步加工后的财务信息，也包括大量具有特定形式和内容的非财务信息，如实际的和预期的、历史的和未来的、局部的和全局的、技术的和经济的等。管理会计信息系统为了满足特定的管理目标，通过输入数据并予以处理，产生输出信息。处理过程是管理会计信息系统的核心，它将输入的数据转换成满足企业管理要求的输出信息。管理会计输出信息包括特殊报告、产品成本、顾客成本、预算、业绩报告，甚至还有人员间沟通等。管理会计由于不受有关法定会计规范和固有会计程式的制约，且可采用多种技术方法，所以它有可能对从各种不同渠道取得的信息进行加工、整理、改制，使之成为符合企业内部管理要求的特定数据，成为能满足管理者进行预测、决策、计划、控制等各项工作所需要的管理信息。

（二）直接参与决策

决策是现代企业经营管理的核心。决策过程是管理人员选择和决定未来经营活动方案的过程。只有正确地进行各种决策，企业才能实现未来生产经营的最优化运转。然而，要制定正确的决策，不仅需要及时获取和提供管理信息，而且需要对管理信息进行科学的加工和有效的运用。管理会计不是消极被动地提供管理信息，而是充分利用其所掌握的丰富资料，严密地进行定量分析，积极、有效地帮助管理当局进行计划和决策，从而提高决策的科学性。特别是管理会计几乎涉及企业生产经营的整个过程和所有领域，因此，它不仅参与属于全局、战略性的决策计划，而且参与企业内部各有关职能部门各种具体的决策计划。管理会计在提出和评价决策方案，帮助企业各级管理层制定正确的决策时，实际上也就置身于决策计划过程，直接参与了企业的经营管理活动。

（三）实施业绩考核

为了确保预定目标的实现，必须对生产经营过程和结果进行严密的跟踪和监控，将反映企业经营目标完成情况和整个计划执行过程的实际情况，与体现目标、计划的预算进行对比分析和检查考核。为此，就要进行指标分解，形成各个责任中心的责任预算，使它们明确各自的目标、任务，并以责任预算所规定的指标作为开展日常经营活动的准绳；各个责任中心在日常经营过程中，对预算的执行情况进行系统的记录和计量，从实际完成情况和预定目标的对比，评价和考核各个责任中心及有关人员的工作成果，并通过信息反馈，及时对企业生产经营的各个方面充分发挥制约和促进作用。可见，实施业绩考核是保证生产经营活动得以按最优化原则进行的重要手段，也是实现预定经营目标的可靠保证。

二、管理会计与财务会计的关系

(一) 管理会计与财务会计的区别

管理会计是有别于财务会计的另一个会计理论和方法体系。与财务会计相比，管理会计有着许多显著的特点。

1. 管理会计侧重于为企业内部管理服务

管理会计的重点在于内部管理决策和业绩考核，服务对象是企业内部各级管理人员，这是管理会计区别于财务会计的一个重要标志。管理会计主要应用一系列特定的理论概念和专门的技术方法（包括会计的、统计的和数学的方法，其中用得最多的是运筹学和数理统计的方法)，对包括财务会计、统计和业务等在内的各种有关数据进行加工，向企业内部各管理层次的管理者提供相关的信息，以帮助他们正确地确定经营目标，制定经营决策，编制计划预算，实施控制考核，从而不断提高企业的管理水平和经济效益。总之，管理会计是为满足企业内部管理的需要，所以管理会计也被称为“内部会计”。

财务会计的重点在于提供信息，反映情况。财务会计通过对企业日常经济业务进行记录、整理、汇总和定期编制财务会计报表，向企业的投资者、债权人和政府管理部门等企业外部的有关人员提供企业的资金、成本、利润等主要财务信息，使他们能及时、准确地了解企业的财务状况和经营成果，以保障其切身的经济利益。总之，财务会计主要是向有关的信息使用者提供相关信息，所以财务会计也被称为“外部会计”。

2. 管理会计的重点在于规划未来

管理会计的内容，可以概括为规划未来、控制现在和评价过去，其重点在于规划未来。管理会计在决策和计划中，以未来尚未发生的事项作为处理的对象，事先进行科学的预测和分析，为选取最优方案提供客观依据。因此，规划未来是管理会计的一项重要内容。虽然管理会计也要利用某些历史资料，对企业过去的经营情况进行分析与评价，但其目的并不在于说明过去，而是为了将这些资料作为预测、分析的参考，使企业的未来能与过去相衔接，以便更正确、有效地规划未来。管理会计这种面向未来的特点，大大提高了企业经济活动的预见性和计划性，也大大增强了管理会计参与企业的决策、控制和业绩评价的功能，使得管理会计在企业经营管理中发挥着比传统的财务会计更为重要、更为突出的作用。

财务会计一般是对企业已经发生的经济业务进行事后的记录和汇总，对过去的生产经营活动进行客观的核算和监督。所以，如实地反映过去、提供信息，是财务会计的一个重要特点。虽然财务会计的某些记录有时也会涉及对未来情况的估计、对固定资产使用年限的估计、对坏账损失率的预计等，但这并未改变财务会计专为有关使用者提供生产经营活动历史资料这一基本特征。

3. 管理会计兼顾企业生产经营的全局与局部

为了更好地服务于企业的经营管理，管理会计既要根据企业的经营目标，对未来的生产经营活动进行总体规划和控制，又要从企业的各个局部出发，考虑和处理有关业务部门、职能部门、基层单位以至职工个人各种问题，两者不可偏废。因此，管理会计的核算对象可以是整个企业，也可以是企业内部各责任中心，如车间、部门、班组，甚至责任人。在以企业内部各责任中心为核算对象，对它们日常的生产经营活动进行控制和考核，并评价其业绩的同时，也要从整个企业的全局出发，认真考虑各项决策和计划之间的协调配合、综合平衡。因此，管理会计可按需要确定其核算对象或进行调整。

财务会计以整个企业作为工作主体，通过定期编制财务报表和计算有关的财务指标来全面、系统、连续和综合地反映整个企业在一定时期的经营成果和财务状况，提供集中概括性的资料。因此，财务会计是以整个企业的经营活动为对象的。

4. 管理会计不受企业会计制度（或企业会计准则）的制约

管理会计主要为企业内部经营管理提供各种信息，其信息正确与否，只影响管理的科学和有效性，从而影响经济效益，而无须承担法律责任。所以，管理会计工作的进行，完全取决于管理者规划、经营生产经营活动的实际需要，服从于企业内部管理的特定要求。其核算方法只服从于管理人员的需要，不受企业会计制度或企业会计准则的制约。因此，管理会计不像财务会计必须遵守公认会计准则的要求，而可以根据管理的要求，以其认为最适当的方式（可以是会计的、统计的或数学的，更多的是用数理统计的方法）获取资料。此外，管理会计不需要按照规定的格式、内容、时间编制会计报表，不需要按照规定的成本项目进行产品成本的预计和考核。

财务会计要如实反映一个企业的财务状况和经营成果，要对其信息的正确性承担法律责任。为此，财务会计必须以企业会计制度或企业会计准则为准绳，严格按照会计原则和会计程序处理日常经济业务，而且核算方法在前后各期要保持一致和相对稳定，不得随意变更。如确有必要变更，应当将变更的情况、变更的原因及对企业财务状况和经营成果的影响，及时、充分地在财务报告中加以说明和披露。这是使财务会计资料能取信于企业外部的投资人、债权人以及有关政府机构，以及保障他们的经济利益所必需的。财务会计所采用的方法主要是会计的方法。

5. 管理会计提供的信息具有特殊性

由于管理会计侧重于预测未来，它在预测和规划未来、参与决策（尤其是风险决策）时，往往遇到一些不确定因素和不确定事项，而作为管理决策支持系统的管理会计，应及时向企业管理决策者提供有用的信息，以便企业管理决策者能够审时度势，迅速做出正确的决策。所以，对其提供的会计信息只要求及时而不强调精确，同时要求会计信息与企业管理决策相关。因此，管理会计在应用实际数据之外，还应用大量的估计数、近似数、趋势值等。此外，由于有些非货币性的资料甚至比货币指标对经营管理更为有利，因而，非货币性的资料常常受到管理会计的极大重视。

由于财务会计主要反映的是过去已经发生的确定事项，加之凭证、账簿和报表之间，以及各种财务报表之间存在钩稽和平衡关系，所以要求财务会计提供的信息和数据要准确可靠。为了如实反映企业在生产经营中发生的每一笔经济业务，正确核算和监督企业在一定期间的财务状况和经营成果，财务会计对数据的要求是严格的、精确的，具有唯一性。

6. 管理会计报告不具备法律责任

管理会计报告不是正式报告，不具备法律责任。管理会计完全可根据自身工作的需要，自行选择和确定其所编制的内部报告的种类、格式、内容和编制方法，并且管理会计编制的各种内部报告在时间上是不定期的，它所涉及的期间可长可短，可以是过去的某个特定时期，也可以是未来的某个时期。

财务会计工作的目的是向企业外部的投资者、债权人和政府有关部门公开提供全面的、系统的、连续的和综合的财务信息。因此，需要按统一规定的报表种类、格式和内容，以及指标体系和填列方法编制财务报告，并按月度、季度和年度定期对外报送。财务会计报告是正式报告，具有法律责任。

7. 管理会计更多地应用现代数学方法

随着科学技术的不断进步，生产经营的日趋复杂，企业规模的不断扩大，为了提高管理水平，现代化企业管理正朝着定量化方向发展。为了在现代化管理中更好地发挥其积极作用，管理会计越来越广泛地应用现代数学方法，诸如一般代数模型、数学分析模型、数学规划模型、矩阵代数模型及概率模型等。这些经济数学模型有可能把复杂的经济活动用简明而精确的数学模型表达出来，以揭示有关对象之间的内在联系和最优数量关系，使管理人员掌握有关变量在一定条件下最优数量关系域相互变化的客观规律，从而为正确地进行经营决策，选择最优方案和有效地改善生产经营，提供客观依据。

财务会计虽然也要应用一些数学方法，但范围比较小，一般只涉及初等数学的某些运算，远不如管理会计深入广泛。

由此可见，管理会计不同于财务会计，它与财务会计有着明显的区别。但必须指出的是，这些区别并不是绝对的。从广泛意义上讲，财务会计所提供的会计信息，如产品成本、资产、负债、利润等数据资料，同样是为了满足企业管理的需要；而管理会计有关项目投资的可行性分析报告等，也常常作为向外界提供的资料。管理会计的成本控制的主要方法——标准成本制度，长期以来就是财务会计的重要组成部分。因此，管理会计与财务会计很难截然划分，两者有着密切的联系，它们相互补充、互相配合，共同提供会计信息。管理会计利用会计资料对经济效果进行预测、决策，而这种预测、决策是否正确，最后还是要通过财务会计进行检验，管理会计不可能离开财务会计而单独存在。

（二）管理会计与财务会计的联系

管理会计与财务会计的联系主要表现在以下几方面。

1. 管理会计与财务会计的工作对象相同

管理会计与财务会计的工作对象都是企业的经营资金运动。但财务会计的工作对象在时间上侧重于企业过去的（业已发生的）经营资金运动，在空间上侧重于企业全局性的经济活动；而管理会计的工作对象在时间上侧重于企业现在的（正在进行的）和未来的经营资金运动，在空间上侧重于企业局部性的或特定的经济活动。

2. 管理会计与财务会计的基本信息是同源的

管理会计与财务会计同属于企业会计信息系统，是企业会计信息系统的两个子系统，它们加工、处理的都是企业经营资金运动所产生的信息。但是，财务会计采取“取得或填制会计凭证—登记账簿—编制报表”这一固定的会计程序及相应的核算方法，直接对经营资金运动所产生的信息进行加工、处理；而管理会计所需的经济信息则主要来源于财务会计信息系统，它对财务会计子系统提供的财务信息按照一定的要求和采取专门的方法进行再加工、再处理或改制、延伸，从而为企业的管理决策提供有用的信息。

3. 管理会计与财务会计的最终目的是一致的

财务会计通过定期向企业外部的投资者、债权人和政府有关部门报送财务报表，使它们能够及时了解企业的经营成果和财务状况，并通过采取法律、经济或行政的手段，来促使企业不断提高经营管理水平和不断提高经济效益。财务会计和管理会计也可为企业管理当局了解自身的经营成果和财务状况，并在此基础上做出相应的经营管理决策提供有用的信息，管理会计更是直接参与企业的经营管理决策，所有这些都是为了帮助企业提高经营管理水平和提高经济效益。可见，作为“外部会计”的财务会计同时也为内部管理服务；作为“内部会计”的管理会计同时也为企业外部服务，两者虽各有侧重，但它们的最终目标是一致的，即都是为企业改善经营管理水平和提高经济效益服务的。

虽然财务会计侧重于对外提供信息服务，管理会计侧重于对内提供信息服务，但这一区分并不是绝对的。财务会计所提供的报表信息和一系列有关的财务指标，对企业经营管理者进行计划、控制、分析、评价乃至决策都是必不可少的，否则，企业的经营管理和经营决策就成了“无源之水”“无本之木”。因此，财务会计在对外提供服务的同时也对内提供服务。同样，管理会计所提供的有关信息，与企业外部各方关系人也息息相关。例如，企业的盈利预测对企业的投资者（股东）来说就非常重要，直接影响到他们是否投资或投资多少；再如，企业所做的投资预算或资金运用计划，对银行决定是否贷款、贷款的数额以及监督银行信贷资金的使用都十分重要。

总之，要搞好现代化企业管理，就必须把管理会计和财务会计正确地结合起来，相互配合，取长补短，充分发挥它们各自的职能作用，以不断改善企业管理，提高经济效益。

三、管理会计的信息及质量要求

管理对信息的需求范围很大，覆盖了财务、研究与开发、生产、市场和环境等问题。一般来说，企业越大，管理对信息的需求也就越大。管理会计是服务并参与企业内部管理的会计，其目标就是提供管理信息以满足实施各项管理职能的需要。

（一）管理会计的信息

管理会计信息系统主要为企业管理人员提供下列四类信息。

1. 制定决策和计划的信息

企业决策的制定在很大程度上依赖于管理会计信息。为了保证企业各项决策的正确性，管理会计通过收集和分析同该项决策相关的信息，为企业各方面的决策提供客观可靠的依据，参与决策，影响、引导决策。例如，某企业拟投资一条新生产线，企业的管理人员在制订生产线的经营计划时就需要依赖管理会计资料。这些计划中最主要的内容是详细列示新生产线上马后的预计现金流入和流出。虽然关于生产线的最终决策由企业经理来决定，但管理会计人员不仅要提供有关资料，而且要对备选方案进行分析，并参与决策。

2. 指导和控制经营活动的信息

对日常经营活动的指导和控制需要各种有关生产经营成本费用的资料。管理会计通过追踪企业经营活动的预算执行过程，归集实际经营活动中的各项数据资料，并通过预算数据和实际数据的比较，揭示差异，分析差异，发现问题并调查分析其原因，帮助管理当局对预算实施过程进行控制，指导经营活动按既定的目标运行。例如，在指导企业的经营活动时，管理人员需要了解产品的成本，以便制定产品销售价格；在对经营的控制中，管理人员需要对实际成本和预算中的数据加以比较，并分析差异产生的原因。

3. 业绩评价和激励的信息

尽管企业有明确的目标，但是，企业每个成员自身的目标各不相同，且并不总是与企业的目标相一致。管理会计的一个重要目标就是激励管理人员和其他职员努力完成企业的目标。激励职员达到企业日标的方式之一，是在实现这些目标的过程中计量他们的绩效，这种计量能够帮助员工了解到其自身所能取得的最高绩效水平，同时，通过预算与实际执行情况的比较，对企业各部门和员工的业绩加以客观评价，运用激励机制产生激励效果，以调动员工的积极性。

4. 评价企业竞争地位的信息

日益加剧的竞争要求企业了解自身的市场和产品，致力于不断地改善产品的设计、制造和销售。管理会计的一个主要职能就是不断评价企业的竞争力，帮助管理者确定问题之所在，从而塑造企业的核心能力，实现企业的战略目标。新的生产信息技术、全球市场的增长及其他变化，需要管理会计提供评价企业竞争地位的信息，以便有效地维护自己在行业内的竞争优势。

（二）管理会计信息的质量要求

管理会计为企业管理服务，对管理有用的信息应具备一定的质量要求，主要有准确性、相关性、可理解性、及时性和效益性。

1. 准确性（accuracy）

准确性也称为可靠性，是指所提供的信息在一定的范围内是正确的。不正确的信息对管理是无用的，甚至会导致决策的失误，从而影响企业的经营业绩。管理会计是面对未来的，许多信息是建立在估计和预测的基础上的，主观因素不免要影响信息的准确性，然而管理会计的目的是在一定的环境和条件下，尽可能提供正确可靠的信息。

2. 相关性（relevance）

相关性是指管理会计所提供的信息必须与决策有关系。现代管理会计的重要特征之一是面向未来决策，因此，是否有助于管理者正确决策，是衡量管理会计信息质量高低的重要标志。与决策相关的信息会导致决策的差别，提供不相关的信息会贻误决策时机，浪费决策时间，导致决策的失误。然而相关性只是与特定决策目的相关，而与某一决策相关的信息与其他决策不一定相关。管理会计服务于企业的管理决策、内部规划和控制，其信息不受对外报告规范的约束，可大量地使用预测、估计未来事项等信息。对于管理会计而言，信息的相关性价值要高于客观性和可验证性。

3. 可理解性（understandability）

可理解性也就是简明易懂。如果提供的信息不为使用者所理解，那么就难以发挥其预期的作用，甚至无法为决策者所用。因此管理会计所提供的信息应以使用者容易理解为准则，以使用者容易接受的形式及表达方式提供。而提高可理解性的途径就是管理会计师应与信息的使用者加强沟通和协商，在管理会计报告的形式和内容上进行讨论。

4. 及时性（timeliness）

及时性要求规范管理会计信息的提供时间，讲求时效，在尽可能短的时间内迅速完成数据收集、处理和信息传递，确保有用的信息得以及时利用。在现代的社会经济环境中，知识日新月异，管理者只有获得及时的信息才能做出正确合理的决策，才能把握机遇，抓住机会，获取成功。而及时性和准确性往往难以两全其美，因此应根据具体情况权衡利害得失，在及时性和准确性之间进行折中，以满足决策者的需要。管理会计强调的及时性，其重要程度不亚于财务会计所看重的真实性、准确性。

5. 效益性（benefit）

效益性是指管理会计在对信息的收集和处理时应考虑其发生的成本和产生的效益。效益性包括两层含义：第一，信息质量应有助于管理会计总体目标的实现，即管理会计提供的信息必须能够体现管理会计为提高企业总体经济效益服务的要求；第二，坚持成本—效益原则，即管理会计提供信息所获得的收益必须大于为取得或处理该信息所花费的信息成本。管理会计对信息资源的获取和利用应建立在效益性的基础上。

四、管理会计的内容

管理会计的基本内容可概括为规划未来、控制现在和评价过去。管理会计可分为规划会计和控制会计两大部分。而与规划密不可分的是决策，与控制紧密相关的是业绩评价。因此，规划与决策会计和控制与责任会计是管理会计的两大基本内容。

（一）规划与决策会计

规划与决策会计（planning and decision accounting）在预测企业前景的基础上，规划未来并参与决策。它首先利用企业的会计信息系统和其他管理信息系统所提供的信息和数据，在对这些信息和数据进行加工整理和“去伪存真”的前提下，运用特定的科学预测方法对企业未来的经营活动和各项经济指标（销售、成本、利润和资金等）进行预测分析，并利用专门的决策方法对与企业经营和投资有关的问题进行决策分析。然后将预测和决策所确定的各项目标和任务，用数量化的形式加以汇总、平衡，编制企业的全面预算，以便对企业未来经营活动的各个方面进行全面规划，使企业的各种生产要素和经济资源得到最优配置和合理、有效的运用，从而取得最佳的经济效益和社会效益。规划与决策会计以决策会计为主体，主要是对各备选方案就其经济可行性方面进行分析评价，为管理者决策提供最优选择的信息。规划会计是事先计算，属于规划未来。规划与决策会计主要包括预测、短期经营决策和长期投资决策。

1. 预测

管理会计从预测开始，根据短期预测和长期预测的资料，做出短期经营决策和长期投资决策，根据短期经营决策和长期投资决策的资料，就可以制定出企业的目标利润。预测一般包括利润预测、销售预测和成本预测等。通过预测分析，可以了解企业生产经营前景和经济发展趋势，并在此基础上确定未来一定期间的各种经营目标。

2. 短期经营决策

短期经营决策是在确定企业未来经营目标的基础上，通过对有关可行性方案的经济效益进行计量、分析和评价，选取产品生产、设备利用、产品销售等方面的最佳方案。短期经营决策主要包括销售定价决策、产品生产决策、产品成本决策等内容。在短期经营决策中，主要运用本量利分析的方法。

3. 长期投资决策

长期投资决策是在确定预期投资报酬水平和考虑货币时间价值的条件下，通过对有关可行性方案的经济效果进行计量、分析和评价，选取产品开发、技术引进、设备购置与更新等方面的最佳方案。长期投资决策主要是以现值法为基础的。

（二）控制与责任会计

控制与责任会计（control and responsibility accounting）是预防性控制、前馈控制和反馈控制的手段，是根据规划和决策会计所制定的目标利润编制全面预算，对企业正在发生或将要发生的经营活动施加影响和监控，使之能达到或符合预定的目标或标准。全面预算采用变动成本法，成本控制则采用标准成本法。根据预算、控制的资料，运用责任会计方法，将企业按职责范围划分责任单位（责任中心），将预算确定的各项目标层层分解，在此基础上为每个责任单位编制相应的责任预算，定期进行业绩评价。控制与责任会计可以保证企业的各项经济活动能按预定的目标进行，它是为企业管理中的分析过去和对现在与未来的经济活动进行控制服务的。控制与责任会计以责任会计为主体，主要以计划或预算的形式来明确目标，并提供有关目标执行情况的信息，帮助管理者进行有效控制。控制会计是事中和事后计算，属于控制现在和评价过去。控制与责任会计主要包括编制预算、成本控制和责任会计等内容。

1. 编制预算

决策选定方案的实施和目标的实现，有赖于严密的计划和控制。计划包括长期财务计划、年度总预算和业务预算等。管理会计通过制订计划，编制经营预算和资本预算的方式，确定实施决策方案的步骤和目标。预算是将经营过程中的各项工作和目标逐步分解，使之数量化和具体化，并通过协作沟通层层落实，成为各执行部门的工作目标和依据。预算也是实施控制的重要环节。以变动成本计算法为基础的弹性预算是预算管理的有效工具。

2. 成本控制

由于企业的经营活动都涉及成本，因此成本控制是现代化企业管理的核心。成本控制是根据历史成本资料和未来经济、技术测定，预先确定制造产品的标准成本，并通过与实际成本比较、分析各种成本差异，达到降低产品成本、加强成本控制的目的。成本控制一般采用标准成本制度。

3. 责任会计

责任会计是把经济责任同会计信息结合起来，以评价、考核工作业绩的一种会计制度，其目的在于加强企业的内部控制。实施责任会计，定期进行绩效考核，是现代管理会计的主要职能之一，企业应健全各项定额标准，明确各级经济权责，实行全面经济核算，把责、权、利落实到各责任中心。责任会计的内容一般包括确定责任中心、落实责任预算、记录实际结果、比较执行情况、编制业绩报告、控制和调整经济活动等。

综上所述，现代管理会计以规划与决策会计和控制与责任会计为主体，并把规划与决策会计放在首位。管理会计的基本内容如图 1－1 所示。

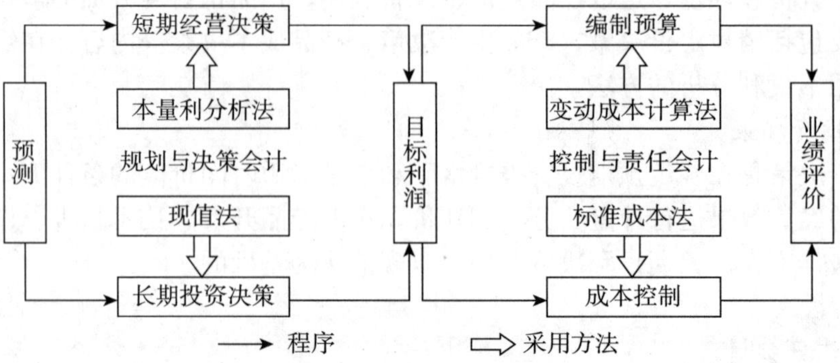

图 1-1　管理会计的基本内容

注：管理会计中有关长期投资决策的理论和方法会在上海开放大学《财务管理》教材中有详尽的阐述，本书将不再重复讲解这部分内容。

本章要点

1. 管理会计萌芽于 20 世纪 20 年代，正式形成于第二次世界大战时期，在 20 世纪 70 年代得到迅速发展，前后大致经历了形成和发展两个阶段。

2. 管理会计主要有提供管理信息、直接参与决策和实施业绩考核三个职能。

3. 管理会计与财务会计的区别在于：管理会计侧重于为企业内部管理服务；管理会计的重点在于规划未来；管理会计兼顾企业生产经营的全局与局部；管理会计不受企业会计制度（或企业会计准则）的制约；管理会计提供的信息具有特殊性；管理会计报告不具备法律责任；管理会计更多地应用现代数学方法。

4. 管理会计与财务会计的联系在于：工作对象相同；基本信息是同源的；最终目的是一致的。

5. 管理会计信息系统主要为企业管理人员提供四类信息：制定决策和计划的信息；指导和控制经营活动的信息；业绩评价和激励的信息；评价企业竞争地位的信息。

6. 管理会计为企业管理服务，对管理有用的信息应具备准确性、相关性、可理解性、及时性和效益性。

7. 规划与决策会计和控制与责任会计是管理会计的两大基本内容。规划与决策会计主要包括预测、短期经营决策和长期投资决策等；控制与责任会计主要包括编制预算、成本控制和责任会计等内容。

习题

一、单项选择题

1. 现代管理会计是一门以（　　）为基础的综合性交叉学科。

A. 财务会计学　　B. 现代管理科学

C. 经济学　　D. 统计学

2. 现代管理会计的对象是（　　）。

A. 利润　　B. 收入

C. 现金流量　　D. 成本

3. 不属于管理会计职能的是（　　）。

A. 对会计事项进行账务处理

B. 预测资金需用量

C. 以各项指标评价投资方案

D. 制定成本定额，控制成本支出

4. 现代管理会计以（　　）为主。

A. 决策会计

B. 控制会计

C. 规划与决策会计

D. 规划与决策会计和控制与责任会计

5. 从服务对象看，现代管理会计侧重服务于（　　）。

A. 企业的投资人　　B. 企业的债权人

C. 企业内部各级经营管理者　　D. 以上三者

6. “管理会计”这一术语是（　　）首次提出的。

A. 麦金西　　B. 奎因斯坦

C. 布利斯　　D. 泰罗

7. 管理会计的业绩报告（　　）。

A. 具有法律效力　　B. 不具有法律效力

C. 遵循公认会计原则　　D. 遵守会计制度

8. 对会计资料最终结果要求不太精确的是（　　）。

A. 成本会计　　B. 财务会计

C. 管理会计　　D. 税务会计

9. 管理会计所运用的基本方法是（　　）。

A. 制造成本法　　B. 成本加成法

C. 差量分析法　　D. 变动成本法

10. 现代会计的两大分支是财务会计和（　　）。

A. 成本会计　　B. 财务管理

C. 管理会计　　D. 物价会计

二、多项选择题

1. 管理会计的主要职能有（　　）。

A. 制定经营目标　　B. 提供管理信息

C. 直接参与决策　　D. 实行业绩考核

2. 管理会计信息系统主要为企业管理人员提供（　　）等管理信息。

A. 制定决策和计划　　B. 业绩评价和激励

C. 评价企业竞争地位　　D. 指导和控制经营活动

3. 管理会计的特点包括（　　）。

A. 重点在于规划未来

B. 兼顾企业生产经营的全局与局部

C. 受企业会计制度（或会计准则）的制约

D. 管理会计报告不具备法律责任

4. 规划与决策会计的内容包括（　　）。

A. 短期经营决策　　B. 长期投资决策

C. 成本控制　　D. 预算管理

5. 管理会计与财务会计的相同点表现在（　　）。

A. 使用的方法相同　　B. 工作对象相同

C. 最终目的一致　　D. 基本信息同源

6. 管理会计侧重研究企业单位内部未来和现在资金运动的规划与控制，把（　　）作为主体内容。

A. 财务会计　　B. 成本会计

C. 决策会计　　D. 责任会计

7. 现代管理会计应具备（　　）职能。

A. 规划与控制　　B. 反映

C. 监督　　D. 预测与决策

8. 管理会计提供的信息应具备（　　）质量要求。

A. 可靠性与相关性　　B. 时效性

C. 效益性　　D. 精确性

9. 下列（　　）层次可以作为管理会计的服务主体。

A. 投资中心　　B. 利润中心

C. 生产车间　　D. 整个企业

10. 在我国，财务会计必须严格遵守（　　）。

A. 公认会计原则　　B.《企业会计准则》

C. 会计制度　　D.《中华人民共和国会计法》

三、判断题

1. 与财务会计相比，管理会计使用的方法更为灵活多样。（　　）

2. 管理会计从传统的、单一的会计系统中分离出来，成为与财务会计并列的独立领域，它与财务会计有着显著的区别，没有内在的联系。（　　）

3. 管理会计与财务会计核算的原始资料完全不同。（ ）

4. 规划与决策会计和控制与责任会计是管理会计的两大基本内容。（ ）

5. 管理会计在每一个具体步骤上都与企业管理相配合。（ ）

6. 管理会计不仅可以加强企业内部管理，还可以加强企业外部管理。（ ）

7. 管理会计是面向未来的，因而与企业过去的生产经营没有关系。（ ）

8. 尽管管理会计在一定程度上也要考虑到“公认会计原则”或《企业会计准则》的要求，利用一些传统的会计观念，但并不受它们的完全限制和严格约束。（ ）

9. 管理会计在任何企业中都必须设置独立的机构来从事相关工作，否则其职能发挥不出来。（ ）

10. 在我国，管理会计的有关内容是从 20 世纪 70 年代以后才出现的。（ ）

第二章
成本性态及变动成本法

目标

当您学完本章，应该做到：

- 掌握成本从不同角度所进行的分类。
- 解释术语“变动成本”“固定成本”“半变动成本”。
- 理解混合成本的分类。
- 掌握用高低点法、散布图法和回归直线法分解混合成本。
- 对比变动成本法和完全成本法在产品成本组成方面、产成品与在产品存货估价方面、盈亏计算方面的区别。
- 描述对变动成本法和完全成本法的评价。

第一节　成本的概念及分类

成本是为生产一定产品而发生的各种生产耗费的货币表现。它包括产品生产中耗费的活劳动和物化劳动的价值。成本是企业生产经营过程中各种耗费的货币表现，它既是衡量企业工作质量的综合指标，也是加强企业管理的重要内容。

产品成本指标是反映企业生产经营管理工作质量的综合性指标。企业在生产经营过程中劳动生产率水平、产品的数量、产品的质量、原材料的节约使用情况、设备合理利用程度、费用开支是否节约以及经营管理工作水平的高低都会直接或间接地从产品成本指标上得到反映。这一指标对于加强企业经营管理、降低成本、提高经济效益有重要意义。

在我国传统的会计学中，企业成本通常等同于产品成本，是在一定条件下企业为生产一定产品所发生的各种耗费的货币表现，并且按照“谁受益、谁承担”的原则进行成本核算，为计算利润和成本管理服务。

管理会计学则从经营管理角度出发，认为成本的经济实质是为了实现一定目标，或者为了达到一定的目的而付出的能够用货币度量的价值牺牲。这种成本的含义不局限于产品成本，也不能与生产费用等量齐观，它具有更为广泛的含义。

管理会计的成本会因不同的管理目标而呈现不同的含义。从企业长期战略管理角度出发，管理会计的成本是产品寿命周期成本；从企业短期战术管理角度出发，管理会计可以只关注生产经营成本。从具体管理目标看，企业管理的重点是改进质量，就要获取质量成本；管理的重点是人员调整，就要搜集人力资源成本。另外，责任成本、机会成本、资本成本等均是服务于不同管理目的的成本概念。因此，管理会计学在确定成本时，需要明确界定成本所包括的具体内容和核算范围。

无论怎样理解，从实质上讲，成本都是衡量企业经营管理和经济效益的综合性很强的一个指标，材料物资消耗的多寡、设备利用程度的高低、劳动生产率的大小都会直接地体现在成本指标上。因此，采用科学实用的方法对成本进行界定和分析，可以为企业管理者进行规划、控制等管理活动提供科学依据，对改善经营、提高经济效益具有十分重要的意义。

在实际工作中，为适应经营管理上的不同需要，成本可以从各种不同角度进行分类。例如，成本按其经济用途，可分为制造成本和非制造成本；成本按其生产过程中与产量增减的变化关系，可分为固定成本、变动成本和半变动成本；成本按其可控性，可分为可控成本和不可控成本两类。此外，根据决策的不同要求，成本还有差别成本、机会成本、边际成本、付现成本、沉没成本、重置成本等概念。

一、成本按经济用途分类

按经济用途分类是财务会计中有关成本分类的最主要的方法，也是一种传统的分类方法。在制造企业中，成本按经济用途可分为制造成本和非制造成本两大类。

（一）制造成本

制造成本也称为生产成本，是指在生产过程中为制造产品或提供劳务而发生的支出。制造成本根据具体的经济用途可分为直接材料、直接人工和制造费用三大项目。

1. 直接材料

直接材料是指在生产中直接构成产品主要实体的原材料成本部分，它可以准确地计入某一产品中。比如，生产汽车耗用的钢板、生产衣服耗用的布料等。

2. 直接人工

直接人工是指在生产中直接改变原材料性质或形态所耗用的人工成本部分，相当于我国直接计入生产成本项目中列支的职工薪酬。比如，汽车生产线上的工人工资、制衣车间缝纫工人的工资等。

3. 制造费用

制造费用是指在生产制造过程中，不能归入上述两个成本项目的其他支出，又称工厂间接费用。按其内容又分为以下三项：

（1）间接材料。间接材料是指在生产中耗用，但很难归属某一特定产品的材料成本，如车间消耗的物料用品、维修机器的材料等。

（2）间接人工。间接人工是指为生产服务而不直接进行产品生产加工的人工成本，包括车间管理人员、技术人员、维修人员、服务人员的工资等。

（3）其他制造费用。其他制造费用是指不能包括在上述两项中的各种间接费用，包括车间厂房和机器设备的折旧费、维护修理费、保险费以及车间用水电费、取暖费、办公费等。

对制造成本中的上述三个主要项目，若再按照不同的方式进行组合，可以得到如下不同的成本概念。例如，将直接材料和直接人工两者合在一起，称为主要成本；将直接人工和制造费用加在一起，统称为加工成本，因为这两者都是将直接材料加工为产成品的手段。

（二）非制造成本

非制造成本也称为期间成本或期间费用，是指制造成本以外的成本，通常可分为推销成本和管理成本。

1. 推销成本

推销成本是指在销售过程中发生的各种费用，如广告费、运输费、仓储费、推销人员工资、差旅费、外设销售机构办公费、折旧费等，它相当于我国制造业的销售费用。

2. 管理成本

管理成本是指企业行政管理部门为组织企业的正常生产和销售活动所发生的各种费用，如企业行政管理部门职工工资、办公用品费、电话费、业务招待费、管理部门固定资产折旧费、无形资产摊提费用等，它相当于我国产品制造业中的管理费用和财务费用之和。

上述按经济职能进行的成本分类，可用图 2-1 表示。

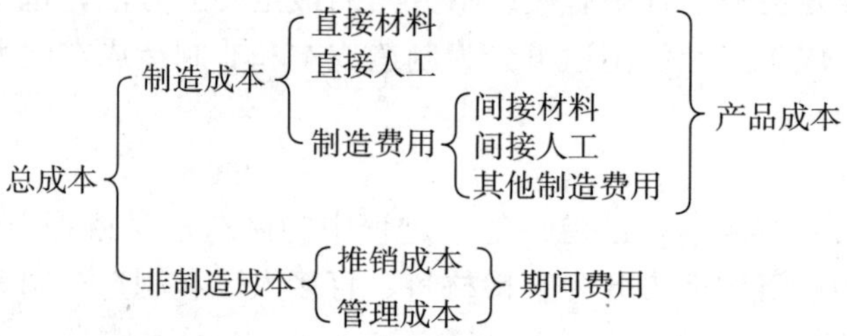

图 2-1　成本按经济用途分类

这种分类是财务会计按制造成本法进行成本核算的基础，它可以帮助会计人员正确分析各项成本的性质和用途，归集成本资料，确认产品成本和期间成本，最终按配比原则和权责发生制原则正确计算损益；同时，这种分类也便于分析成本具体构成，为成本管理服务。

我国目前的财务制度把产品成本分为直接材料、直接人工、其他直接支出和制造费用项目，基本上也是按经济用途分类。企业生产经营过程中发生的管理费用、财务费用和销售费用，作为期间费用，不计入产品的生产成本，直接体现为当期损益。这种分类方法便于反映和考核企业生产车间的成本水平和管理责任，有利于企业进行成本预测和决策。

二、成本按性态分类

成本性态又称成本习性，是指成本总额与相关业务量之间的依存关系。进行成本性态分析就是要考察成本总额与相关业务量之间的规律性的联系。按照成本对业务量的依存关系，我们通常将成本划分为固定成本、变动成本两大类。

（一）固定成本

1. 固定成本的含义及特点

固定成本是指在一定时期和一定业务量范围（即相关范围）内，成本总额不受业务量变动影响而保持固定不变的成本。如行政管理人员的工资、办公费、资产保险费、固定资产折旧费等，均属于固定成本。固定成本总额虽不受业务量变动的影响，但随着业务量的增加，单位产品分摊的固定成本的份额会相应减少。

【例 2-1】　某企业制造车间机器设备原值为 50 000 元，预计使用 10 年，期满无残值。该机器设备年最大加工能力为 1 000 台。若采用直线法计提折旧，则每年应提取的折旧费为 5 000 元。当企业分别生产 1 000 台、800 台、500 台、200 台和 100 台产品时，单位产品所负担的折旧费如表 2-1 所示。

表 2-1　　折旧费分摊计算

年产量 x（台）	年折旧费总额 a（元）	单位产品分摊的折旧费 a/x（元/台）
1 000	5 000	5.00
800	5 000	6.25
500	5 000	10.00
200	5 000	25.00
100	5 000	50.00

从表 2-1 中可以直接看出，不论每年的生产量有何变化，只要不超过设备允许的生产能力，每年折旧费始终是固定的，但单位产品所负担的折旧费与产量成反比关系，即产量增加会导致单位产品负担的折旧费下降，反之亦然。我们若以 a 表示固定成本，x 表示业务量，y 表示单位业务量所负担的固定成本，则上述关系（即固定成本的性态）可以通过如下这样一个简单的数据模型来表示：

$$y=\frac{a}{x}$$

根据表 2-1 的资料，固定成本与业务量的关系如图 2-2 和图 2-3 所示。

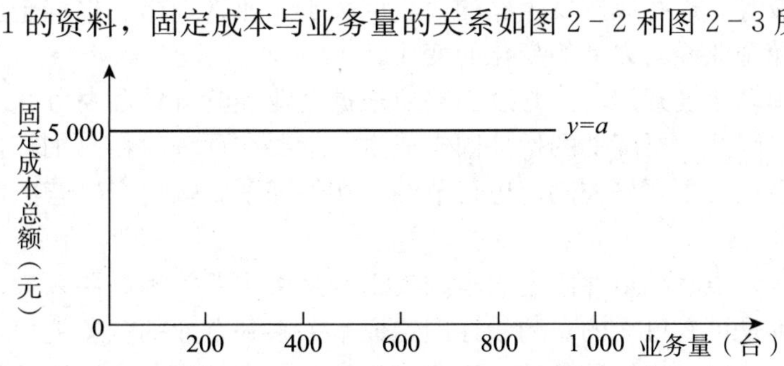

图 2-2　固定成本总额与业务量的关系

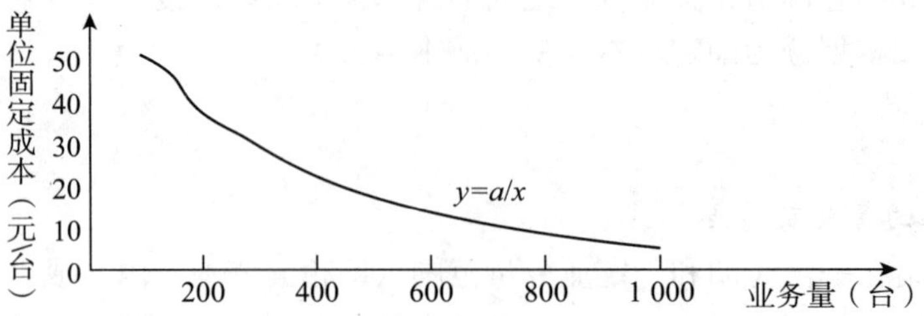

图 2-3　单位固定成本与业务量的关系

其特点可概括为：

（1）固定总额的不变性：在一定时期和一定业务量范围（即相关范围）之内，其成本总额不变，保持一个不等于零的固定值。

（2）单位固定成本的反比例变动性：在相关范围内，单位产品分摊的固定成本随业务量的增减成反比例变动。

2. 固定成本的分类

根据固定成本的数额能否改变，还可以进一步将固定成本区分为约束性固定成本和酌量性固定成本。

（1）约束性固定成本是指不受管理当局短期决策行为影响的那部分固定成本，如固定资产折旧费、保险费、不动产税、管理人员薪酬等。

约束性固定成本反映的是提供和维持企业最起码生产经营能力的成本，也是企业经营业务必须负担的最低成本，因而也被称为经营能力成本。它是以前决策的结果，其支出额的大小取决于生产经营能力的规模和质量，其经营能力一旦形成，与其相联系的成本就将在较长时期内持续存在，在短期内很难加以改变，否则就会降低企业的生产能力和营利能力，并最终影响企业长远目标的实现。

由于约束性固定成本实质上是企业的生产经营能力成本，是企业实现长远发展目标的基础，因此其预算期通常较长，企业应从合理、充分地利用其创造的生产经营能力的角度入手，尽量提高产品产量，相对降低其单位成本，以取得更大的经济效益。只有当经营的理念、规模或范围发生重要的变动时，约束性固定成本才会在未来时间内发生变动。

（2）酌量性固定成本是指管理当局通过其短期决策行为可以改变其数额的那部分固定成本，是企业为了完成特定活动而支出的成本，如广告宣传费、研究与开发费、职工培训费、经营性租赁费等。这些成本发生额的大小取决于企业管理当局根据企业经营方向而做出的判断，可以随企业经营方针的变化而变化。

一般在一个预算年度开始时，管理当局要根据企业经营方针和财务状况，斟酌这部分成本的开支情况。因此，要降低酌量性固定成本，就要在预算时精打细算，合理确定这部分成本的数额；在执行中严格控制，厉行节约，在保证不影响生产经营的前提下尽量减少其支付总额。

需要说明的是，虽然酌量性固定成本的支出额是由企业管理高层领导决定的，但这并不意味着这种成本是可有可无的。酌量性固定成本关系到企业的竞争能力，其发生的实质是为企业的生产经营提供良好的条件，而非为生产产品直接服务，所以从较短时期看，其发生额同企业的业务活动及水平并无直接关系，属于企业固定成本的一个组成部分。

3. 固定成本的"相关范围"

固定成本的"相关范围"具有如下特定含义：

(1) 它是指特定的期间。从较长的时期看，所有成本都是可变的，即使是约束性固定成本，其总额也会发生变化。因为随着时间的推移，企业生产经营的规模和质量都将发生变化，由此必然会引起厂房的扩建、设备的更新、管理人员的增减，从而改变折旧费、大修理费及工资的支出额。可见，在一定的期间内，企业某些成本具有不随产量变动的固定性特征。

(2) 它是指特定的产量水平，一般指企业现有的生产能力水平。因为产量一旦超过这一水平，势必要扩建厂房、增添设备、扩充必要的机构和增加相应的人员，从而使原属于固定成本的折旧费、修理费、管理人员工资等也必须相应增加，甚至在广告宣传方面也可能要追加支出，以便扩大生产能力并使增产的产品得以顺利销售出去。显然，即使在有限期间内具有固定特征的成本，其固定性也是针对某一特定产量范围而言的。

在例 2-1 中，"该机器设备年最大加工能力为 1 000 台"的业务量区间就是"相关范围"。也就是说，当业务量超过"相关范围"时，对应的固定成本也就不再是固定的了。

再如，假设某工厂产品月产量为 1 000～5 000 件时，固定成本为 10 000 元，如果产量超过 5 000 件，就要扩建厂房、增添设备、扩充必要机构和增加相应的人员，从而增加折旧、大修理费和工资等，因此固定成本就会相应提高。"月产量为 1 000～5 000 件"这个范围就是固定成本的相关范围，其模型如图 2-4 所示。

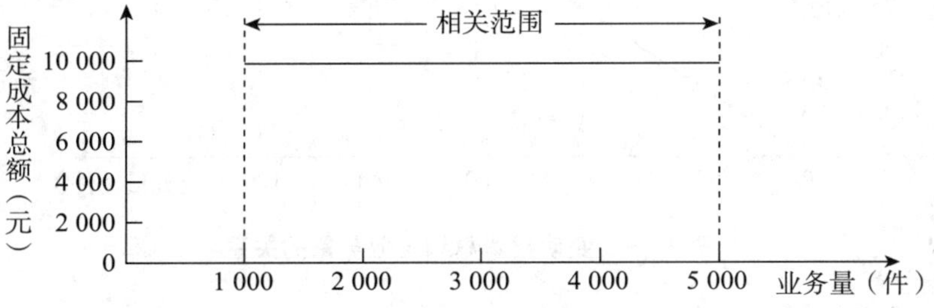

图 2-4　固定成本的相关范围

相关范围的存在，意味着不能以绝对化的观点来看待固定成本与相关业务量之间的依存关系，所谓的"固定"是有条件的。

在管理会计中，固定成本的水平一般是以其总额来表示的，但其发生并不是绝对固定的，它既与特定的计算期间相联系，又与某一特定业务量有关。因此，在研究固定成本问题时，必须以明确的时间和业务量的具体范围为前提。

(二) 变动成本

变动成本是指在相关范围内，成本总额随相关业务量成正比例变动的成本，如直接材料、直接人工、产品包装费、按销售量计提的佣金等。在相关范围内，这些成本总量随着业务量的增减而成正比例变动，但单位产品的耗费则保持不变。

【例 2-2】　某企业生产甲产品，单位产品耗用 A 材料 6 元，当日产量分别为 20 件、40 件、60 件、80 件、100 件时，材料的总成本和单位成本如表 2-2 所示。

表 2-2　　单位变动成本计算

产量 x（件）	耗用材料总成本 y（元）	单位产品材料成本 b（元/件）
20	120	6
40	240	6
60	360	6
80	480	6
100	600	6

设产品日产量为 x，单位产品材料成本为 b，原材料的总成本为 y，则它们的关系可以通过 $y=bx$ 这样一个数学模式来表达。

根据表 2-2，变动成本与业务量之间的关系如图 2-5 和图 2-6 所示。

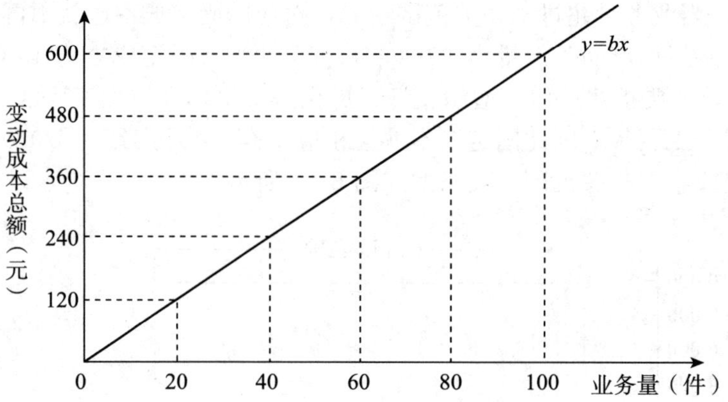

图 2-5　变动成本总额与业务量的关系

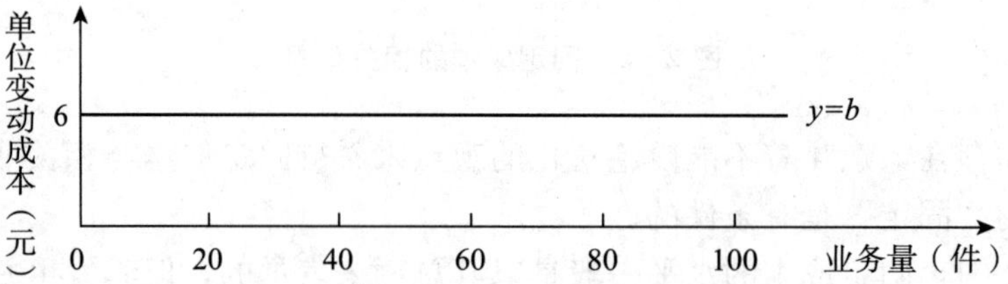

图 2-6　单位变动成本与业务量的关系

由上可知，变动成本的特点可归纳如下：

(1) 变动成本总额的正比例变动性：在相关范围内变动成本总额随业务量成正比例增减变动。

(2) 单位变动成本的不变性：在相关范围内单位变动成本不随业务量的变化而变化，即固定不变。同样应该强调，单位变动成本在相关范围内表现为一个固定数，如果超过这一范围，则变动成本可能表现为非线性关系。例如，当企业产品产量较小时，单位产品的材料成本和人工成本可能比较高；但产量逐渐上升，超出一定范围（即相关范围）时，由于材料的利用可能更加充分、人工的作业安排可能更加合理等原因，会使单位产品的材料成本和人工成本逐渐降下来；而当产量突破上述范围继续上升时，可能使某些产品成本项目超量上升（如加倍支付工人的加班加点工资），从而导致单位产品中的变动成本由降转升。上述情况可以通过图 2－7 表示。

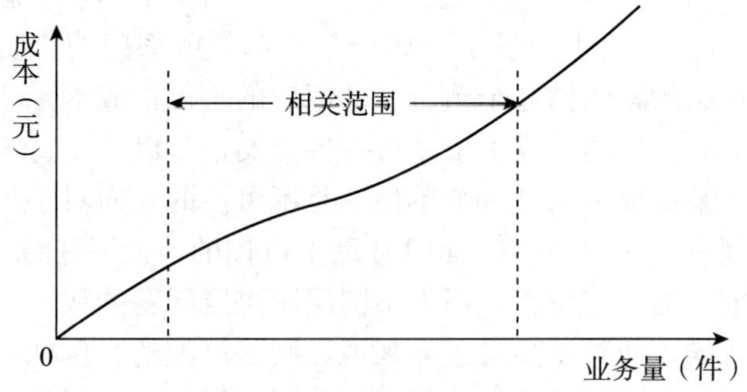

图 2－7　变动成本的相关范围

（三）总成本性态模型

由于管理会计根据成本性态将企业的全部成本分为变动成本和固定成本两大类，因此，企业的总成本公式表述如下：

总成本＝固定成本总额＋变动成本总额

＝固定成本总额＋单位变动成本×业务量

若以 y 表示总成本，以 a 表示固定成本总额，以 b 表示单位变动成本，以 x 表示业务量，则总成本公式可简单表示为：

$$y=a+bx$$

上述公式从数学的观点来看是一个直线方程式：x 是自变量，y 是因变量，a 表示直线的截距，b 表示直线的斜率。总成本性态模型如图 2－8 所示。

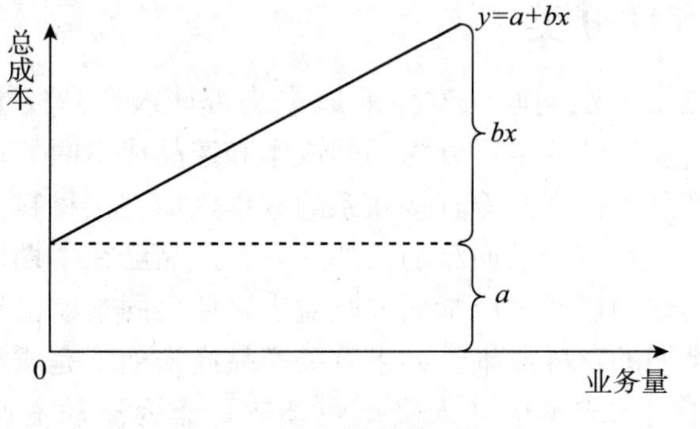

图 2－8　总成本性态模型

总成本性态模型是一个非常重要的模型，只要能确定公式中 a 和 b 的值，就可以利用这个直线方程来进行成本预测、决策和其他分析。

三、成本按可控性分类

成本按可控性可以分为可控成本与不可控成本两类。从一个单位或部门看，凡成本的发生属于这个单位或部门权责范围内，能为这个单位（部门）所控制的，叫做这个单位（部门）的可控成本。反之，成本的发生不属于某一单位或部门的权责范围内，不能为这个单位（部门）加以控制的，叫做这个单位（部门）的不可控成本。

成本的可控与否是有条件的。成本按其可控性分类，是以一个特定的单位和一个特定的时期作为出发点的。某项成本从某一个单位看是不可控的，而对于另一个单位则是可控的。例如，新产品试制费，从产品生产部门看是不可控的，而对于新产品试制部门来说，则是可控的。此外，成本的可控与否，还因不同层次决定问题的权力大小而异，某些成本从基层领导看是不可控的，而对于高层领导来说，则是可控的。例如，机器设备的增加或减少，对于最高层领导来说，是可控的，但对于基层领导来说，则是不可控的。

成本之所以要按其可控性分类，目的在于明确成本责任部门、单位的经济责任，以便评价或考核其工作成绩的好坏，促使可控成本的不断降低。

四、成本按可追踪性分类

成本按可追踪性可以分为直接成本和间接成本两类。直接成本是指能直接计入或归属于各种产品（劳务或作业）成本的费用，如原料及主要材料。间接成本是指不能直接计入，而须先进行归集，然后按照一定标准分配计入各种产品（劳务或作业）成本的费用，如制造费用。正确地划分直接成本和间接成本是正确计算产品成本的重要条件。所以，在计算产品成本时，应考虑哪些费用可以直接计入，哪些费用不能直接计入，然后分别采取不同的处理方法。对那些可以直接计入产品成本的，应尽可能直接计入，以确保产品成本计算的准确性。

五、成本按可盘存性分类

成本的可盘存性是指一定期间内发生的成本是否计入产品成本，并作为资产结转下期。据此，一定期间内发生的成本可分为期间成本和产品成本两类。

产品成本是指同产品的生产有着直接联系的成本，如直接材料、直接工资和变动性制造费用，它们汇集于产品，随产品而流动。如果有关产品已在本期内销售出去，已汇集于它的成本应作为本期的已销售产品成本列入收益表，使之同本期已销售产品实现的销售收入相配合，据以确定本期的财务成果。如果有关产品尚未加工完成或已加工完成但尚未销售出去，则对已汇集于它的成本应列入资产负债表，作为流动资产（在产品、产成品存货）的一个组成部分结转下期。

期间成本是一种和企业生产经营活动持续期的长短成比例的成本，其效益会随着时间的推移而消逝，因而不应结转下期，而应在其发生的当期，全额列入收益表，作为该期销售收入的一个扣减项目。

六、成本按经营决策的不同要求分类

经营决策要运用一系列独特的成本概念，作为分析、评价有关方案经济效益大小的重要依据。下面就经营决策要着重考虑的一些成本概念做简要的阐述。

（一）差别成本

广义的差别成本是指不同方案之间的预计成本的差额。狭义的差别成本是指由于生产能力利用程度不同而形成的成本差别。除现有生产能力的变动所造成的成本上的差别外，其他方面的决策，如零部件外购或自制的选择，特定订货应否接受的选择，某种产品的生产应否停产的选择，均有差别成本。

【例 2-3】　某企业按正常生产能力，每生产甲产品 1 000 件，其正常的单位成本如下：

直接材料	4 元
直接人工	5 元
变动费用	3 元
固定费用	4 元
合　　计	16 元

根据目前的生产情况，该企业的生产能力还有一定的剩余，可以接受追加的订货。现有一客户拟按 15 元的单价订购甲产品 400 件。该企业应否接受这批订货?

从表面观察，接受这批订货似乎会损失 400［400×（16－15）］元。但是用差别分析方法来考虑，情况就不同。因为目前该企业尚有剩余的生产能力，接受这批订货后并不需要增加额外的固定费用，因而不应把已归属于原有产品的固定成本计入差别成本之内，所应考虑的只是接受订货后所增加的差别收入与所增加的差别成本。

差别收入＝400×15＝6 000(元)

差别成本＝400×12＝4 800(元)

差别收入超过差别成本 1 200（6 000－4 800）元。可见，接受这批订货可以给企业带来一定的经济效益。

（二）机会成本

决策时必须从多种可供选择的方案中选取一种最优方案，这时必须有一些次优方案要被放弃。因此，要把已放弃的次优方案的可计量价值看作被选取的最优方案的“机会成本”加以考虑，才能对最优方案的最终利益做出全面的评价。机会成本是因为实施某项方案而放弃的利润或得益。换言之，机会成本就是所放弃的另一项方案的价值。

例如，经过一定工序加工后的半成品可立即出售，也可以继续加工后再出售。假设立即出售可获利 4 000 元，继续加工后再出售可获利 4 750 元。这两种方案是相互排斥的，只能选择其中的一个方案。考虑继续加工，就意味着放弃立即出售的机会，所以立即出售可获利 4 000 元就成为继续加工的机会成本。

机会成本并非实际支出，也不记入账册，但在决策时应作为一个现实的因素加以考虑。对于一个企业（或部门）来说，在任何一定时期所拥有的资源，可以分别用于几个不同的方面，但是却不能同时在几个方面发挥作用，因此它用于某一方面的真正代价，就是它用于其他方面所能取得的利益，这是决策时需认真考虑的。

你可能发现机会成本的概念比较抽象，很难把握，因为它是一种象征性成本，不记载在企业的账簿中。但是，机会成本在某些决策中是相关成本，在决策时是必须要注意的。

（三）边际成本

从经济学的观点来看，边际成本是指成本对产量无限小变化的变动部分。但在实践中，产量无限小的变化，最小只能小到1个单位，产量的变化小到1个单位以下，就没有什么实际意义了。所以，边际成本的实际计量，就是产量增加或减少1个单位所引起的成本变动。很明显，管理会计中的单位变动成本和差量成本都是边际成本这个理论概念的具体表现形式。

在经营决策分析中，边际成本可以用来判断产量的增减在经济上是否合算。当企业的生产能力有剩余时，只要增加产量的销售单价高于单位边际成本，就会使得企业利润增加或亏损减少。

（四）付现成本

付现成本是指所确定的某项决策方案中，需要以现金支付的成本。例如，企业五年前购买了一台机器，现已陈旧，拟购置一台价值为30 000元的更新式机器取代。卖方提出可以旧机器作价1 500元交换，其余的28 500（30 000－1 500）元以现金支付。所以，这28 500元就是现金支出成本。在经营决策中，特别是当企业的资金处于紧张状态，支付能力受到限制的情况下，往往会选择付现成本最小的方案来代替总成本最低的方案。

【例2-4】 某企业急需购置一种零件，但近期企业的资金很缺乏。有两家供应商可提供此种零件，甲公司要价50 000元，货款必须马上支付。乙公司要价55 000元，但货款只需先付7 000元，其余分12个月付清，每月归还4 000元。企业应选择哪个方案？

企业应选择向乙公司购买。因为该方案所需支付的总成本虽然较高，但近期的付现成本则较低，是企业现有支付能力所能承受的；而方案尽早实现所带来的收益，可弥补现金支出成本较高而形成的损失。上述的决策分析表明，当资金紧张时，要把现金支出成本作为考虑的重点。

（五）应负成本

应负成本是机会成本的一种表现形式。它不是企业的实际支出，也不记账，是使用某种经济资源的代价。这种代价在进行方案选择时也要认真考虑。例如，企业要购买生产设备，有多种方案可供选择，应正确地对各种可供选择的方案进行分析对比，以选择最优方案，不论企业为此所用的资金是自有的还是外借的，都必须把利息作为机会成本看待。自有资金部分应计的利息就是应负成本的一种。

（六）重置成本

重置成本是指按照现在的市场价格购买目前所持有的某项资产所需支付的成本。例如，企业原有一批库存材料，现因此种材料的市场价格发生变动，即由原单位历史成本10元提高到15元，所以企业必须按照目前的市场价格进行计算。这里，此种库存材料的现价15元，就称为重置成本。在定价决策时，必须认真考虑重置成本这一因素。因为如果在制定材料售价时，按历史成本考虑，每单位按14元出售，还可取得4元的利润；但如果出售后再重新购买它，每单位要花15元，不仅不能获利，反而亏损1元。

（七）沉没成本

沉没成本是指过去发生、无法收回的成本。如果沉没成本不受决策影响，那么它就是与决策无关的成本。常见的沉没成本有市场调查成本和产品开发成本等。在是否将产品推向市场的最后决策中，市场调查成本和产品开发成本都是沉没成本（即不能收回的成本）。即使沉没成本已经记载在企业的账簿上，决策时也不必加以考虑，这一点正好与机会成本相反。

【例2-5】 某企业在6年前购置一台车床，原价为9 000元，拟报废清理或修理后作价出售。假定报废清理可得残值600元，修理则需花修理费2 000元，可作价4 000元，究竟采用哪个方案较合适？

本例中车床原价9 000元是企业过去的支出，已经无法收回，属于沉没成本。这种沉没成本与当前决策无关，所以在决策时不必考虑。对这项决策可以直接按净收入大小进行计算比较。修理后作价出售可得收入2 000(4 000－2 000）元，比报废清理多得1 400(2 000－600)元，可见修理后作价出售较合算。

（八）可避免成本

可避免成本也称增量成本，是指通过某项决策行动可改变其数额的成本，它的发生直接受决策影响。也就是说，如果某一特定方案被采用了，与其相联系的某项支出就必然发生；反之，如果某项方案没有被采用，则某项支出就不会发生。例如，某企业只生产一种甲产品，在完成生产任务后，还有一定的剩余生产能力，现接受了某项特定订货，对方对这批订货有一个特殊要求，为满足这一要求，需要购买一项价值为1 000元的专用设备，这1 000元专用设备费最终是否发生，完全取决于这一批特定订货的接受与否，如果不接受这一订货，这1 000元的专用设备费就不会发生，所以它是可避免的成本。

（九）不可避免成本

不可避免成本也称约束成本，是同可避免成本相对应的一个成本概念。不可避免成本是指某项决策行动不能改变其数额的成本，也就是同某一特定决策方案没有直接联系的成本，其发生与否并不取决于有关方案的取舍。例如，甲企业在正常的生产能力范围内接受了某项特定订货，假定厂房、设备等固定资产的折旧费为25 000元，这部分的折旧费与特定订货的接受与否无关，它不会随着某项订货接受与否而改变，所以是不可避免的成本。

（十）相关成本与无关成本

所谓相关成本，是指符合高质量管理会计信息要求的成本，即与某项特定的管理决策相关的成本。例如，差别成本、机会成本、应负成本、重置成本、可避免成本等均属于相关成本。

无关成本是与相关成本相对应的成本概念。它是指过去已发生、与某一特定决策方案没有直接联系的成本。例如，不可避免成本、沉没成本等均属于无关成本。掌握了成本的相关性，有助于在决策中正确运用各种成本概念。

在企业管理当局就任何一事项做出决策之前，需要将所有与决策有关的相关成本予以充分考虑。遗漏了相关成本，或包括了无关成本，都会导致企业管理当局在失实的信息基础上进行决策，最终可能会做出错误的决策。

识别相关成本和无关成本，主要依靠决策者对某个决策问题所涉及领域的经验和知识。有了这两项，决策者就可以从所有信息中找出与决策相关的成本（利益）。在识别决策的相关成本时，你会发现没有包括在日常会计记录中的成本不一定与决策无关；与之相反，包括在日常会计记录中的成本不一定与决策有关。会计记录的成本和与决策相关的成本区别很大，意识到这一点非常重要。尽管会计记录的成本中可能包含相当数量的相关成本，但会计记录的成本不一定就是相关成本。会计记录主要用于记录实际成本和收入的发生，然而，决策只能在相关成本及相关利益的基础上做出。

（十一）过剩生产能力成本

由于生产技术的发展，大多数企业的生产效率大大提高，所以企业往往未能充分利用其生产能力。在生产能力过剩的情况下，企业管理当局所做的短期生产决策，对成本的相关性有很大影响。

在企业生产能力过剩的情况下，有些平时可视作增量成本的，在短期内也成了不可避免成本，即无关成本。例如，企业的政策是在短期内保持一定数量的劳动力，那么这批劳动力的成本，对于是否接受一次性的特殊订货就是无关成本。之所以是无关成本，是因为不管是否接受这批特殊订货，工人的工资还是必须按时、足额支付的。但是，若因为完成这批特殊订货任务而导致工人加班，那么加班工资则是接受特殊订货决策的相关成本。

第二节　混合成本的分解

固定成本和变动成本可以说是较为理想化的成本划分方式，在实际工作中，并不是所有的成本费用都会分别以这两种简明的形态出现，大多数成本表现为两者的混合，这种介于固定成本和变动成本之间，既随业务量变动又不成正比例变动的成本称为混合成本，如设备维修费、机械动力费、检验人员薪酬、水电费等。

一、混合成本的分类

根据混合成本的具体变动特征，一般可分为以下四种类型。

（一）半变动混合成本

半变动混合成本的特点是：开始有一个初始值，相当于固定成本；在初始值之上，总成本随业务量成正比例变动，这部分相当于变动成本。

【例 2－6】　某公司租用一辆轿车，每月租金为 2 000 元，租入后，每行驶 1 千米要支付 0.2 元使用费，若当月轿车行驶 4 000 千米，则当月的租金为 2 800(2 000＋4 000×0.2）元。其中，2 000 元是固定成本，800 元是变动成本。

半变动混合成本的成本习性模型如图 2－9 所示，其数学表达式为：

$$y = 2\,000 + 0.2x$$

其中，y 表示总成本；x 表示业务量。

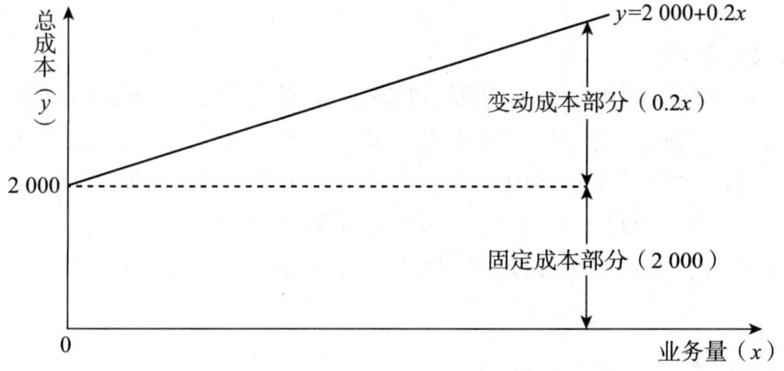

图 2－9　半变动混合成本的成本习性模型

（二）半固定混合成本

半固定混合成本也称为阶梯式混合成本，其特点是：在一定业务量范围之内，其发生额是固定的；当业务量增加到一定限度，其发生额就突然跳跃到一个新的水平，然后在业务量增加的一定限度内其发生额又保持不变，直到另一个新的跳跃为止。

【例 2－7】　某企业的产品产量在 100 件以内，必须配备 1 名质量检验人员，而产量每增加 100 件，就需要增加 1 名质量检验人员。假定每位检验员的工资均为 800 元。在这种情况下，该企业质量检验人员的工资就是一项半固定混合成本。

半固定混合成本的成本习性模型如图 2－10 所示，其数学表达式为：

$$y=\begin{cases} a_1 & (0 \leqslant x < x_1) \\ a_2 & (x_1 \leqslant x < x_2) \\ a_3 & (x_2 \leqslant x < x_3) \\ \vdots & \end{cases}$$

其中，y 表示半固定成本；x 表示业务量；x_1，x_2，x_3 表示临界值；a_1，a_2，a_3 表示半固定成本的值。

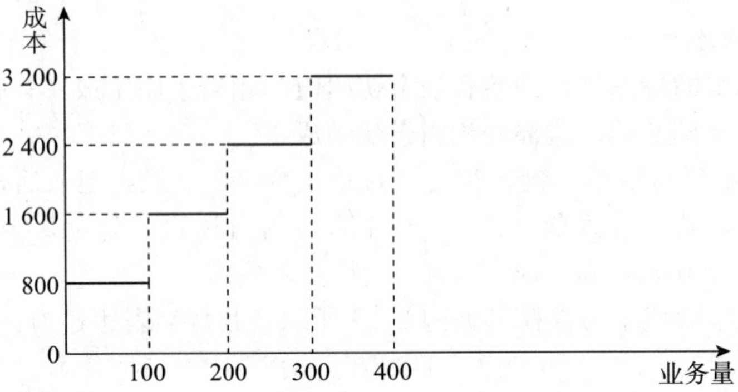

图 2－10　半固定混合成本的成本习性模型

（三）延期变动混合成本

延期变动混合成本也称为延伸变动混合成本，其特点是：在正常的业务范围之内，其发生额固定不变，但当业务量超过正常水平，其发生额与业务量成正比例增长。例如，在计时工资制下，在正常的工作时间内，企业对职工支付的工资是固定的。但若延长工作时间，就需要根据延长时间的长短按比例支付加班工资和津贴。

延期变动混合成本的成本习性模型如图 2－11 所示，其数学表达式为：

$$y=\begin{cases} a & (x\leqslant x_1) \\ a+b(x+x_1) & (x>x_1) \end{cases}$$

其中，y 表示延期变动混合成本；x 表示业务量；x_1 表示临界值；a、b 为参数。

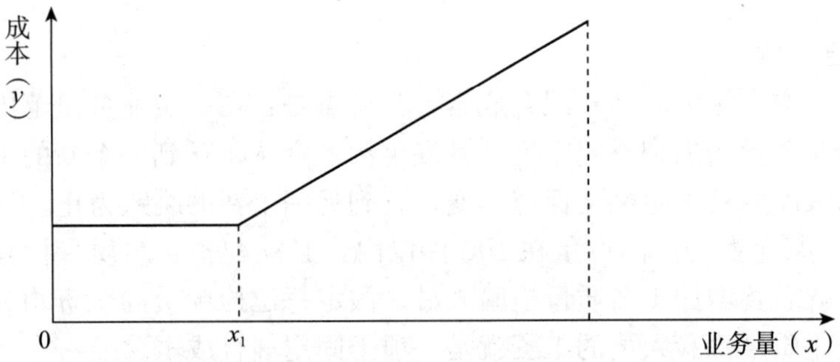

图 2－11　延期变动混合成本的成本习性模型

（四）曲线式混合成本

曲线式混合成本是指成本总额与业务量之间表现为非线性关系的成本。这类成本通常有一个基数，一般不变，相当于固定成本；在这个基数的基础上，随着业务量的增加，成本也逐步增加，但两者之间的变动幅度并不一致，而是呈抛物线上升或下降的趋势，因此可分为以下两种。

1. 递增型曲线成本

该曲线式混合成本的增长率高于业务量的增长率，变化率呈递增状态，故通常称之为递增型曲线成本，如累进计件工资、各种违约罚金等，其变化趋势如图 2－12 所示。

2. 递减型曲线成本

该曲线式混合成本的增长速度低于业务量的增长速度，变化率呈递减状态，故通常称之为递减型曲线成本，如电炉设备热处理电耗等，其变化趋势如图 2－13 所示。

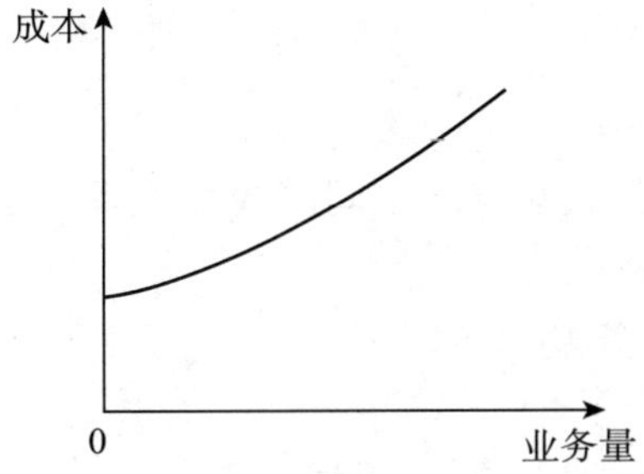

图 2－12　递增型曲线成本

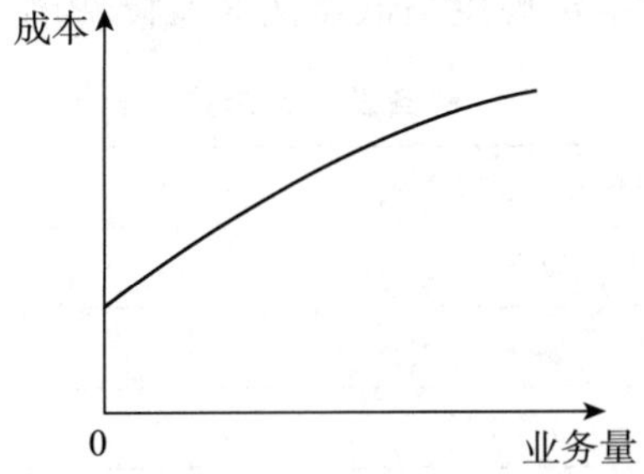

图 2－13　递减型曲线成本

二、混合成本的分解方法

按照成本性态分析的要求，成本最终应全部分为固定成本和变动成本两部分，这样才能满足经营管理上多方面的需要，因此必须对混合成本进行分解。常用的混合成本的分解方法有高低点法、散布图法和回归直线法。

（一）高低点法

高低点法是根据历史资料中最高、最低业务量及所对应的混合成本来测算单位变动成本和固定成本，据以分解混合成本的方法。

高低点法的基本原理，可以理解为任何一项混合成本都包括固定成本部分（a）和变动成本部分（bx）。其中，a 在相关范围内是固定不变的，是常数，那么，总成本随业务量的变化而产生的变量就全部为变动成本。高低点法分解混合成本的运算过程如下：

$$\begin{cases} y_{高}=a+bx_{高} \\ y_{低}=a+bx_{低} \end{cases}$$

两式相减，得：

$$y_{高}-y_{低}=b(x_{高}-x_{低})$$

$$b=\frac{y_{高}-y_{低}}{x_{高}-x_{低}}$$

再将 b 代入高点（或低点）的混合成本模型，求得：

$$a=y_{高}-bx_{高}$$

$$a=y_{低}-bx_{低}$$

计算出 a、b 值后，便确定了 y 与 x 之间的线性关系。

注意：

（1）最高点和最低点看业务量 x。

（2）先计算 b 再计算 a。

（3）计算 a 时，要么用最高点，要么用最低点。

【例 2-8】 某车间 1—6 月相关范围内的机器设备维修工时和维修费如表 2-3 所示。机器设备维修费是一项混合成本，现用高低点法对维修费用进行分解。

表 2-3　机器设备维修费

月份	维修工时 x（工时）	维修费 y（元）
1	550	7 450
2	700	8 500
3	500	7 000
4	650	8 200
5	750	9 600
6	800	10 000

根据表 2-3 中的资料可得：

高点业务量 $x_{高}=800$　　高点混合成本 $y_{高}=10\,000$

低点业务量 $x_{低}=500$　　低点混合成本 $y_{低}=7\,000$

则：

$$b=\frac{y_{高}-y_{低}}{x_{高}-x_{低}}=\frac{10\,000-7\,000}{800-500}=10(\text{元/工时})$$

将 b 代入高点混合成本模型，得：

$$a=10\,000-10\times800=2\,000(\text{元})$$

或将 b 代入低点混合成本模型，得：

$$a=7\,000-10\times500=2\,000(\text{元})$$

混合成本维修模型为：

$$y=2\,000+10x$$

采用高低点法分解混合成本简便易懂，但由于这种方法只利用两个极端的数据资料来建立成本模型，因而当极端值受偶然因素的影响，会使成本模型不准确。所以，这种方法只适用于历史资料中混合成本变化比较稳定的情况。

（二）散布图法

散布图法是根据历史混合成本数据在直角坐标图中绘出若干个混合成本点（即散布点），在散布点之间画一条近似反映混合成本变动趋势的直线，据以确定混合成本中固定成本和变动成本的方法。

其具体做法是：

第一步，建立直角坐标系，以横轴代表业务量 x，以纵轴代表混合成本 y。

第二步，根据各个历史混合成本数据逐一在坐标图中描点，这样，各个历史数据就形成若干散布点。

第三步，通过目测的方法，在各混合成本点之间画一条近似反映混合成本变动趋势的直线，要求所有已知的数据点尽可能均匀地分布在这条直线的两边，这条直线即为所求的混合成本线。

第四步，该直线与纵轴交点处所对应的金额，即为混合成本中的固定成本，固定成本以上图形即表示变动成本。根据画图时所设定的标尺，可测量并计算出固定成本、单位变动成本的大小。

根据例 2-8，用散布图法作图，如图 2-14 所示。

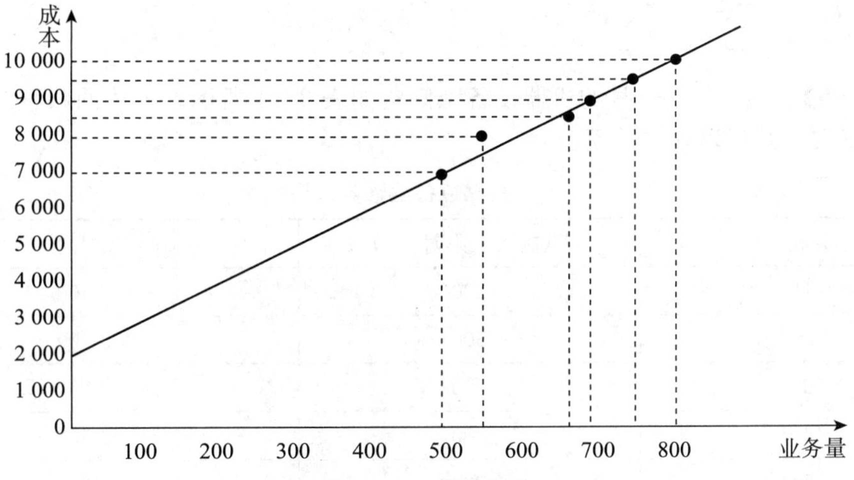

图 2-14　散布图法

由图 2-14 可见，直线与纵轴相交处的金额为 2 000 元，即固定成本总额（a）为 2 000元。图 2-14 中成本趋势的斜率为单位变动成本 b，可用下列公式计算：

$$b=\frac{y-a}{x}$$

将直线上任意一点数值代入该公式，如代入 $x=800$，$y=10\ 000$，则：

$$b=\frac{10\ 000-2\ 000}{800}=10(\text{元/小时})$$

混合成本的模型为：

$$y=2\ 000+10x$$

散布图法以全部成本资料为依据，具有简单和直观的优点。但由于混合成本趋势线是目测而来的，带有明显的主观因素，绘制时容易出现误差，所以测得的数据不够准确。

（三）回归直线法

回归直线法是根据过去一定期间业务量 x 和混合成本 y 的历史资料，运用数学中最小二乘方法的原理来确定混合成本中固定成本与变动成本的方法。

回归直线法的基本步骤是：

（1）确定成本与业务量之间的相互关系，并用回归直线方程 $y=a+bx$ 予以表示。根据最小二乘方法的原理，可形成下列联立方程式：

$$\begin{cases}\sum y = na + b\sum x \\ \sum xy = a\sum x + b\sum x^2\end{cases}$$

（2）根据上述方程式，参数 a、b 的值可表示如下：

$$\begin{cases}a = \dfrac{\sum y - b\sum x}{n} \\ b = \dfrac{n\sum xy - \sum x\sum y}{n\sum x^2 - (\sum x)^2}\end{cases}$$

【例 2－9】 某厂 1—6 月的机器设备维修费如表 2－4 所示。现用回归直线法分解机器设备维修费，并写出其数学模型。

表 2－4　　机器设备维修费

月份	直接人工小时（x）	维修费成本（y）
1	200	2 400
2	600	3 400
3	400	2 800
4	800	3 400
5	1 200	4 600
6	1 000	3 800

首先将表 2－4 中的已知资料进行数据计算，如表 2－5 所示。

表 2－5　　数据计算

月份	x	y	x^2	xy
1	200	2 400	40 000	480 000
2	600	3 400	360 000	2 040 000

续前表

月份	x	y	x^2	xy
3	400	2 800	160 000	1 120 000
4	800	3 400	640 000	2 720 000
5	1 200	4 600	1 440 000	5 520 000
6	1 000	3 800	1 000 000	38 00 000
$n=6$	$\sum x=4\ 200$	$\sum y=20\ 400$	$\sum x^2=3\ 640\ 000$	$\sum xy=15\ 680\ 000$

将表 2－5 的有关数值代入公式：

$$\begin{cases} a=\dfrac{\sum y-b\sum x}{n}=\dfrac{20\ 400-2\times 4\ 200}{6}=2\ 000(\text{元}) \\ b=\dfrac{n\sum xy-\sum x\sum y}{n\sum x^2-\left(\sum x\right)^2}=\dfrac{6\times 15\ 680\ 000-4\ 200\times 20\ 400}{6\times 3\ 640\ 000-4\ 200\times 4\ 200}=2(\text{元}/\text{小时}) \end{cases}$$

因此，机器设备维修费的数学模型可表示为：

$$y=2\ 000+2x$$

用回归直线法分解混合成本，尽管计算过程比较复杂，但计算结果在各种方法中最为准确，其适用性也比较广泛。

需要注意的是，以上介绍的混合成本的分解方法对于混合成本的分解都含有一定的估计和假定成分，回归分析法也不例外，其对混合成本的分解结果不可能绝对精确，只能求其近似值。

第三节　变动成本法

变动成本法又称直接成本法，它是管理会计中广泛应用的一种成本计算方法。由于变动成本法的产生，为了加以区别，人们就把传统的成本计算方法统称为全部（完全）成本法。从目前来看，许多国家会计界的一些权威机构，还是主张采用完全成本法计算产品的单位成本、确定存货和利润，企业编制的对外报表，现在还是采用完全成本法。所以，这两种方法并不能相互取代，而应同时使用，因此，我们在介绍变动成本法时有必要将其与完全成本法进行比较。

一、变动成本法与完全成本法的区别

变动成本法与完全成本法相比较有如下三方面的区别。

（一）产品成本组成方面的区别

两种成本计算法，在产品成本组成项目上的不同可用图 2－15 表示。

成本组成
- 直接材料
- 直接人工
- 制造费用
  - 变动性制造费用
  - 固定性制造费用

（直接材料、直接人工、变动性制造费用）——变动成本计算

（直接材料、直接人工、变动性制造费用、固定性制造费用）——完全成本计算

图 2-15　变动成本法与完全成本法在产品成本组成上的区别

可见，按完全成本法计算，产品成本包括了直接材料、直接人工、变动性制造费用和固定性制造费用；而按变动成本法计算，其产品成本只包括直接材料、直接人工和变动性制造费用。变动成本法对固定性制造费用不计入产品成本，而是作为期间成本，全额列入损益表，从当期的销售收入中直接扣减。由此可见，完全成本法与变动成本法在产品成本组成上的差别在于对固定成本的处理不同。前者把本期已销售产品中的固定性制造费用转作本期销售成本，未销售部分应负担的固定性制造费用则递延到下期。后者把本期发生的固定性制造费用全额作为期间成本，列入损益表，从当期的销售收入中直接扣减。

现举例分别按完全成本法与变动成本法列示其产品的单位成本。

【例 2-10】　某厂生产甲产品，当月生产 8 000 件，每件直接材料为 15 元，直接人工为 12 元，变动性制造费用为 10 元，全月发生的固定性制造费用为 80 000 元。在两种成本法下，其单位产品成本如表 2-6 所示。

表 2-6　　**单位产品成本**

成本项目	完全成本法	变动成本法
直接材料	15	15
直接人工	12	12
变动性制造费用	10	10
固定性制造费用	10	—
产品单位成本	47	37

可见，如果该厂采用完全成本法计算，所有的生产成本（变动和固定）均计入当期的产品成本之中。该厂每出售一件甲产品，则应在损益表上扣除销售成本 47 元。同样，任何未出售的产品将以每单位 47 元的成本列在资产负债表的存货项下。若该厂是采用变动成本法计算，只有变动生产成本加入当期的制造成本中。每出售一件产品，只需在损益表中扣减销售成本 37 元，对未出售的产品仅以每单位 37 元的成本列在资产负债表的存货项下。

两种成本计算方法，在产品成本组成上存在着上述的差别，其理论根据是什么？

变动成本法在计算产品成本和存货成本时，只包括产品在生产过程中所消耗的直接材料、直接人工和变动性制造费用，而将固定性制造费用作为期间成本，全额列入损益表，从当期的销售收入中扣除。其理由是：产品成本和期间成本是两个不同的概念，应明确区分。产品成本是指在产品生产过程中发生的成本，随产量而变动。根据这一原则，只有直

接材料、直接人工和变动性制造费用是在产品生产过程中发生的，随产量变动，所以产品成本只包括这三大部分。固定性制造费用主要是为企业提供一定的生产经营条件而发生的，这些生产经营条件一经形成，不管其实际利用程度如何，有关费用照样发生，同产品的实际生产没有直接联系，并不随产量的增减而增减。也就是说，这部分费用所联系的是会计期间，而不是产品，它只随着时间的推移而逐渐消逝，其效益不应递延到下一会计期间，而应在费用发生的当期，全额列作期间成本，从本期的销售收入中直接扣减。

完全成本计算的理论根据是：凡是同产品生产有关的耗费都应计入产品成本。固定性制造费用是为保持一定的经营条件而发生的，也就是同形成企业生产能力正常维护相联系。产品在生产过程中不仅要消耗一定的直接材料、直接人工、变动性制造费用，同时要消耗一定的生产能力，如果没有厂房、没有基本组织机构、不开动机器设备，产品就生产不出来。所以，为提供生产能力所发生的固定性制造费用同直接材料、直接人工、变动性制造费用一样，都是产品成本的组成部分，随产品而流动。也就是说，如果产品销售出去，汇集于产品上的成本也应转为本期的销售成本，以确定本期的收益；假如产品没有销售出去，构成期末存货，那么汇集于产品上的成本也应结转于下一期，等到下期销售后，才结转到销售成本。

综上所述，由于变动成本法与完全成本法对什么是产品成本这一概念的认识不同，所以在具体计算中，对固定性制造费用的处理方法也就不同了。

（二）产成品与在产品存货估价方面的区别

采用完全成本法时，由于它将全部的生产成本（包括变动的和固定的生产成本）在已销产品、库存产成品和在产品之间分摊，所以期末产成品和在产品存货中不仅包含了变动的生产成本，而且还包含了一部分的固定成本。

采用变动成本法时，由于只将变动成本在已销产品、库存产成品和在产品之间进行分配，固定成本没有结转至下期，全额直接从本期销售收入中扣减，所以期末产成品和在产品存货并没有负担固定成本，其金额必然低于采用完全成本法时的估价。

【例 2－11】 承例 2－10，假设该厂生产甲产品（没有期初存货），当月生产 8 000 件，销售 7 500 件，期末产成品存货 500 件（假定期末没有在产品存货）。甲产品按完全成本法和变动成本法计算的单位产品成本分别为 47 元和 37 元。根据所提供的资料，确定的产成品期末存货的成本如表 2－7 所示。

表 2－7　　期末存货成本

项目	完全成本法	变动成本法
单位产品成本	47	37
产成品期末存货数量（件）	500	500
产成品期末存货金额（元）	23 500	18 500

可见，产成品期末存货采用完全成本法计算为 23 500 元，采用变动成本法计算为 18 500元，两者计算的差额 5 000(23 500－18 500) 元正是由于完全成本法中包括了固定性制造费用 5 000(500 件×10 元/件) 元所造成的。

（三）盈亏计算方面的区别

如前所述，由于两种成本计算方法对固定成本的处理不同，所以对分期损益的影响也不同。现分别说明如下。

1. 产销平衡的情况

在产销平衡的情况下，两种成本计算方法所确定的分期损益是相同的。即当本期生产量等于销售量时，按完全成本法所确定的净收益＝按变动成本法所确定的净收益。

这是因为：按变动成本法计算，本期所发生的固定性制造费用全额从本期销售收入中扣除；按完全成本法计算，本期发生的固定性制造费用先计入本期所生产的产品成本中，在产销平衡的情况下，本期所生产的产品又在本期全部销售出去，产成品的期末存货没有变动。所以，两种成本计算法，在销售收入一样、扣减数也一样的情况下，当然所得的净收益会相等。

2. 产销不平衡的情况

在产销不平衡时，两种成本法所确定的分期损益就不同。因为产销不平衡，可能出现生产量大于销售量和生产量小于销售量这两种情况，所以下面分别就这两种不同情况进行说明。

（1）本期生产量大于销售量。

当本期生产量大于销售量时，按完全成本法所确定的净收益＞按变动成本法所确定的净收益。

这是因为：按变动成本法计算，本期所发生的固定性制造费用全额从本期销售收入中扣除；而采用完全成本法计算，在生产量大于销售量时，意味着本期生产的产品没有全部销售出去，产成品的期末存货增加，它会带走一部分本期发生的固定性制造费用，也就是说，本期发生的固定性制造费用有一部分被销售成本吸收，从本期的销售收入中扣减，其余部分则以期末存货形式结转到下期。可见，从本期销售收入中扣减的固定性制造费用就不是全额了。所以，在销售收入一样的情况下，采用变动成本法扣除了全部的固定性制造费用，而采用完全成本法仅扣除了部分的固定性制造费用，当然由此所确定的净收益，前者会小于后者。

（2）本期生产量小于销售量。

当本期的生产量小于销售量时，按完全成本法所确定的净收益＜按变动成本法所确定的净收益。

这是因为：按变动成本法计算，本期发生的固定性制造费用要全额从本期销售收入中扣减；但按完全成本法计算，在本期生产量小于销售量的情况下，则意味着期末产成品盘存减少，本期销售的产品中不仅包括了本期生产的产品，而且包括了上期结转下来的产成品。可见，本期产品销售成本不仅包括本期发生的全部固定性制造费用，同时还包括了上期产成品所结转下来的固定性制造费用。正因为这样，所以在销售收入一样的情况下，前者扣除的成本少，后者扣除的成本多，当然由此所确定的净收益，前者会大于后者。

	完全成本法下的营业利润	变动成本法下的营业利润
产量＝销量	相等	
产量＞销量	大	小
产量＜销量	小	大

某期完全成本法下的营业利润－该期变动成本法下的营业利润＝完全成本法下期末存货吸收的固定制造费用（期末存货单位成本固定制造费用×期末存货量）－完全成本法下期初存货释放的固定制造费用（期初存货单位成本固定制造费用×期初存货量）

【例 2－12】　某公司三个会计年度的资料如表 2－8 所示。

表 2－8　　**会计年度资料（1）**

项目	第一年	第二年	第三年
期初存货（件）	—	—	500
生产量（件）	2 500	2 500	2 500
销售量（件）	2 500	2 000	3 000
期末存货（件）	—	500	—
单位产品售价（元）	20	20	20
单位产品变动生产成本（元）	11	11	11
固定性制造费用（元）	15 000	15 000	15 000
固定销售与管理费用（元）	3 000	3 000	3 000

在本例中，假设各月份均无期初、期末在产品。现分别采用变动成本法与完全成本法确定各年的净收益，如表 2－9 和表 2－10 所示。

表 2－9　　**按变动成本法计算的净收益**　　单位：元

项目	第一年	第二年	第三年
销售收入	50 000	40 000	60 000
变动生产成本	27 500	22 000	33 000
边际贡献	22 500	18 000	27 000
固定性制造费用	15 000	15 000	15 000
固定销售与管理费用	3 000	3 000	3 000
营业利润	4 500	0	9 000

表 2－10　　**按完全成本法计算的净收益（1）**　　单位：元

项目	第一年	第二年	第三年
销售收入	50 000	40 000	60 000
销售成本：			
期初存货成本	—	—	8 500
加：本期变动生产成本	27 500	27 500	27 500
固定性制造费用	15 000	15 000	15 000
减：期末存货成本	—	8500	—
销售成本合计	42 500	34 000	51 000
销售毛利	7 500	6 000	9 000
固定销售与管理费用	3 000	3 000	3 000
营业利润	4 500	3 000	6 000

以上计算结果表明：

1）当本期生产量和销售量相等时，不管采用变动成本法或全部成本法，其确定的分期损益是相同的（见表 2－9 和表 2－10 中第一年的数据）。其理由是：当生产量等于销售量时，在完全成本法下，没有机会以存货方式结转固定性制造费用或从存货项下减除固定性制造费用。

2）当本期生产量大于销售量时，按完全成本法所确定的净收益大于按变动成本法所确定的净收益（见表 2－3 和表 2－4 中第二年的数据）。其理由是：当生产量大于销售量时，在完全成本法下，本期发生的 15 000 元固定性制造费用中有一部分（12 000 元）由销售成本吸收，从本期的销售收入中扣减，其余部分 3 000（15 000÷2 500×500）元以期末存货形式结转到第三年。然而，在变动成本法下，本期发生的固定性制造费用全额从本期销售收入中扣除。

3）当本期生产量小于销售量时，按完全成本法所确定的净收益小于按变动成本法所确定的净收益（见表 2－3 和表 2－4 中第三年的数据）。其理由是：在这种情况下，两者之差正是由于按完全成本法计算，本期销售的产品成本不仅包括本期发生的全部固定性制造费用 15 000 元，同时还包括上期期末产成品（500 件）所结转下来的固定性制造费用 3 000元；在变动成本法下，本期销售的产品成本仅包括当年（第三年）发生的全部固定性制造费用。

附：

（1）完全成本法下的利润表：

传统式利润表

销售收入（单位售价×实际销量）
销售成本：
期初存货成本（期初存货单位产品成本×期初存货量）
加：本期生产成本：
变动生产成本（单位材料、人工、变动制造费用×实际产量）
固定制造费用＊（单位固定制造费用×实际产量）
减：期末存货成本（期末存货单位产品成本×期末存货量）
多/少分配的固定制造费用＊
毛利
期间费用：
变动销售费用（单位变动销售费用×实际销量）
变动管理费用（单位变动管理费用×实际销量）
固定销售费用
固定管理费用
营业利润

注意：

◆ 如果固定制造费用按实际产量分配，即单位固定制造费用＝固定制造费用总额÷实际产量，则每月单位产品成本随着每月实际产量的变化而不同，无须调整多/少分配的固定制造费用，但需考虑发出存货成本的计价方法（先进先出法/加权平均法等）。

◆ 如果固定制造费用按预计产量分配，即单位固定制造费用＝固定制造费用总额÷预计产量，则每月单位产品成本相同，无须考虑发出存货成本的计价方法，但需调整多/少分配的固定制造费用。两个 x 相加应等于实际固定制造费用总额。

（2）变动成本法下的利润表：

贡献式利润表

销售收入（单位售价×实际销量）
变动成本：
变动生产成本（销售成本）（单位材料、人工、变动制造费用×实际销量）
变动销售费用（单位变动销售费用×实际销量）
变动管理费用（单位变动管理费用×实际销量）
贡献毛益（边际贡献）
固定成本：
固定制造费用
固定销售费用
固定管理费用
营业利润

二、对变动成本法与完全成本法的评价

（一）对完全成本法的评价

采用完全成本法，可以鼓励企业提高产品生产的积极性。因为产量越大，单位产品分摊的固定成本会越少，从而单位产品成本随之降低。

但是这种成本计算法的最大缺陷是：以这种方法为基础所计算的分期损益难以被管理部门所理解。这是因为在产品售价、成本不变的情况下，利润的多少理应和销售量的增减相一致，也就是销售量增加，利润也应增加；反之，销售量减少，利润也应减少。可是，按完全成本法计算，由于其中掺杂了人为计算的因素，使得利润的多少和销售量的增减不能保持相应的比例，因而不易为管理部门所理解，不便于为决策、控制和分析直接提供有关的资料。

每年销售量都相同，销售单价、单位变动成本和固定成本总额均无变动，但是以完全成本计算为基础所确定的净收益却表现出较大的差别。

【例 2－13】　某公司三个会计年度的资料如表 2－11 所示（假设第一年没有期初存货）。

表 2-11　　会计年度资料（2）

项目	第一年	第二年	第三年
生产量（件）	3 000	4 000	2 000
销售量（件）	3 000	3 000	3 000
单位产品售价（元）	10	10	10
单位产品变动成本（元）	4	4	4
固定性制造费用（元）	12 000	12 000	12 000
固定销售与管理费用（元）	2 500	2 500	2 500

根据上述资料，采用完全成本法所确定的净收益如表 2-12 所示。

表 2-12　　按完全成本法计算的净收益（2）　　单位：元

项目	第一年	第二年	第三年
销售收入	30 000	30 000	30 000
减：销售成本			
期初存货成本	—	—	7 000
加：本期变动生产成本	12 000	16 000	8 000
固定性制造费用	12 000	12 000	12 000
减：期末存货成本	—	7 000	—
销售成本合计	24 000	21 000	27 000
销售毛利	6 000	9 000	3 000
减：固定销售与管理费用	2 500	2 500	2 500
净收益	3 500	6 500	500

上述资料说明了第一年、第二年和第三年的销售量是相同的，但是以完全成本法为基础所确定的净收益却不同（第一年 3 500 元，第二年 6 500 元，第三年 500 元），这是难以为人们所理解的。

销售量增加，在产品的售价、成本不变的情况下，利润反而减少。

【例 2-14】　某公司生产一种甲产品，第一年和第二年的有关资料如表 2-13 所示（假设第一年没有期初存货）。

表 2-13　　会计年度资料（3）

项目	第一年	第二年
生产量（件）	2 500	2 250
销售量（件）	2 250	2 500
单位产品售价（元）	80	80
单位产品变动成本（元）	15	15
固定性制造费用（元）	100 000	100 000
固定销售与管理费用（元）	25 000	25 000

根据上述资料，采用完全成本法所确定的净收益如表 2-14 所示。

表 2-14　　按完全成本法计算的净收益（3）　　单位：元

项目	第一年	第二年
销售收入	180 000	200 000
减：销售成本		
期初存货成本	—	13 750
加：本期变动生产成本	37 500	33 750
固定性制造费用	100 000	100 000
减：期末存货成本	13 750	—
销售成本合计	123 750	147 500
销售毛利	56 250	52 500
减：固定销售与管理费用	25 000	25 000
净收益	31 250	27 500

表 2-14 表明，在售价、成本不变的情况下，尽管产品的销售量增加了 250 件，但是，以完全成本法为基础所确定的净收益第二年比第一年减少了 3 750 元。可见，这种成本计算方法难以为管理人员所理解。为什么会出现这种反常的现象？可通过下述的计算做具体的说明。

第二年比第一年增加销售收入（250×80）	20 000
增加变动成本（250×15）	3 750
增加边际贡献	16 250
增加固定成本	
上年结转（250×40）	10 000
加：本年发生	100 000
减：上年实际负担（100 000－10 000）	90 000
本年多负担	20 000
第二年比第一年减少净收益	3 750

由上述计算分析，我们可以清楚地看出，虽然第二年比第一年销售收入增加了 20 000 元，边际贡献也增加了 16 250 元，但由于第二年固定成本比第一年多负担 20 000 元，所以增加的边际贡献还不足以补偿所增加的固定成本，从而造成最终的净收益有所减少。

在销售单价、成本不变的情况下，产成品期末存货增加，企业利润也会增加。

【例 2-15】　某公司第一年和第二年的有关资料如表 2-15 所示（假设第一年没有期初存货）。

表 2－15　　会计年度资料（4）

项目	第一年	第二年
生产量（件）	80 000	100 000
销售量（件）	80 000	60 000
期末存货量（件）	—	40 000
单位产品售价（元）	80	80
单位产品变动成本（元）	15	15
固定性制造费用（元）	4 000 000	4 000 000
固定销售与管理费用（元）	1 000 000	1 000 000

根据上述资料，采用完全成本法所确定的净收益如表 2－16 所示。

表 2－16　　按完全成本法计算的净收益（4）　　单位：元

项目	第一年	第二年
销售收入	6 400 000	4 800 000
减：销售成本		
期初存货成本	—	—
加：本期变动生产成本	1 200 000	1 500 000
固定性制造费用	4 000 000	4 000 000
减：期末存货成本	—	2 200 000
销售成本合计	5 200 000	3 300 000
销售毛利	1 200 000	1 500 000
减：固定销售与管理费用	1 000 000	1 000 000
净收益	200 000	500 000

从上述计算可见，尽管第二年的期末存货增加了 40 000 件，销售量减少，销售单价和单位成本不变，可是净收益却增加了 300 000 元，这是令人难以理解的。

可见，完全成本法所确定的净收益，不能真实反映销售量、成本、利润之间的正常关系，往往会出现假象。如上所述，在销售单价、成本不变的情况下，销售量相同，净收益不同；销售量增加，净收益反而减少；期末存货增加，销售量减少，净收益反而增加。这样所提供的分期损益资料，很难为管理当局所接受、理解。

（二）对变动成本法的评价

变动成本法的优点是：

（1）所提供的成本资料能较好地符合企业生产经营的实际情况，易于为管理部门所理解和掌握。

(2) 能提供每种产品营利能力的资料，有利于管理人员的决策分析。因为管理人员制作计划，进行经营决策时，都要以各种产品的营利能力作为依据。怎样表现各种产品的盈利能力？当然用边际贡献来反映每种产品本身的营利能力还是比较适合的，而边际贡献的计算（销售收入－变动成本＝边际贡献）正需要依据变动成本法所提供的资料。对管理人员来说，掌握各种产品营利能力的资料很重要，可以进行盈亏临界点分析，进行本—量—利依存关系的分析和经营决策的分析评价。

(3) 便于分清各部门的经济责任，有利于进行成本控制与业绩评价。因为一般来说，变动成本是生产车间和供应部门的可控成本，可以通过制定标准成本和建立弹性预算进行日常控制。固定成本则往往是管理部门的可控成本，可以通过制定费用预算的办法进行控制。

(4) 简化了产品成本计算。因为采用变动成本法，其固定成本全额从当期的销售收入中扣除，不计入产品成本。这样可使产品成本计算中的费用分配大为简化，并且可以避免间接费用分摊中的主观随意性。

但是变动成本法本身也存在某些局限性，具体表现在：

(1) 变动成本计算不符合传统的成本概念的要求。因为按照传统的观念，产品成本应该包括变动成本和固定成本。

(2) 所确定的成本数据不符合通用会计报表编制的要求。

(3) 所提供的成本资料较难适应长期决策的需要。因为长期决策要解决的是生产能力的增加或减少和经营规模的扩大或缩小问题。从长期来看，固定成本不可能不发生变动，超过了相关范围就要发生变化，因此，变动成本法所提供的资料不能适应长期决策的需要，只能为短期经营决策提供选择最优方案的有关资料。

(三) 变动成本法与完全成本法结合的问题

目前，在美国和其他西方国家，均按照“公认会计原则”编制定期的财务报表，存货计价和收益确定仍要求以完全成本计算作为基础；但在企业内部，则大多采用变动成本法计算产品成本，编制内部报表，为企业管理部门正确进行预测、决策、分析和控制提供有用的资料。由此可见，企业会计为了能更好地履行其对内、对外两方面的职能，两种成本法可以同时使用，互相补充。但这并不意味着要重复地同时按两套方法进行计算。合理的做法是：把日常核算建立在变动成本计算的基础上，对在产品、产成品账户均按变动成本反映，同时另设“存货中的固定性制造费用”账户，把所发生的固定性制造费用先记入这一账户；期末，把其中应归属于本期已销售产品的部分转入“收益汇总”账户，并列入损益表，作为本期销售收入的一个扣减项目；而其中应归属于期末在产品、产成品的部分，则仍留在这个账户上，并将其余额附加在资产负债表上的在产品、产成品项上，使它们仍按所耗费的完全成本列示。

本章要点

1. 从经营管理角度出发，成本的经济实质是为了实现一定目标，或者为了达到一定的目的而付出的能够用货币度量的价值牺牲。这种成本的含义不局限于产品成本，也不能与生产费用等量齐观，它具有更为广泛的含义。

2. 成本按经济职能可分为制造成本和非制造成本两大类，这种分类是财务会计按制造成本法进行成本核算的基础。

3. 成本性态又称成本习性，是指成本总额与相关业务量之间的依存关系。进行成本性态分析就是要考察成本总额与相关业务量之间的规律性的联系。按照成本对业务量的依存关系，我们通常将成本划分为固定成本、变动成本两大类。

4. 固定成本是指在一定时期和一定业务量范围（即相关范围）内，成本总额不受业务量变动影响而保持固定不变的成本。随着业务量的增加，单位产品分摊的固定成本的份额会相应减少。这种成本可以进一步分为约束性固定成本和酌量性固定成本。

5. 变动成本是指在相关范围内，成本总额随相关业务量成正比例变动的成本。在相关范围内，这些成本总量随着业务量的增减而成正比例变动，但单位产品的耗费则保持不变。

6. 按照成本性态分类，总成本模型可用公式简单表示为：$y=a+bx$。

7. 在实际工作中，大多数成本表现出固定成本和变动成本的混合特征，称为混合成本，一般可分为半变动混合成本、半固定混合成本、延期变动混合成本、曲线式混合成本四种类型。

8. 常用的混合成本的分解方法有高低点法、散布图法和回归直线法。

9. 变动成本法与完全成本法相比，在产品成本组成方面、产成品与在产品存货估价方面、盈亏计算方面有明显的区别。

10. 变动成本法所提供的成本资料能较好地符合企业生产经营的实际情况，易于为管理部门所理解和掌握；能提供每种产品营利能力的资料，有利于管理人员的决策分析；简化了产品成本计算；便于分清各部门的经济责任，有利于进行成本控制与业绩评价。

11. 目前，多数国家均按照“公认会计原则”编制定期的财务报表，存货计价和收益确定仍要求以完全成本计算作为基础；但在企业内部，则大多采用变动成本法计算产品成本，编制内部报表，为企业管理部门正确进行预测、决策、分析和控制提供有用的资料。

案例一

麦斯有限公司刚停止生产一款时钟。这款时钟只接受订制，因此并没有存货。麦斯的一位客户询问可否订制最后一批此款式的时钟，数量为 1 000 个。公司的营业部门为此编制了下列计价表，但客户却表示这个售价远远超出他的预算。

该款时钟的标准成本

	元
零部件 A	9
零部件 B	6
人工：1/2 小时，每小时 16 元	8
变动间接成本：1/2 小时，每小时 6 元	3
固定间接成本：1/2 小时，每小时 24 元	12
生产成本总额	38
利润加成：成本的 35%	13.3
每个时钟的售价	51.3

营业经理提供了以下资料：

（1）零部件 A 只可用作生产此款时钟，库存中有足够生产 2 000 个时钟的零部件 A。麦斯在这位客户询问前已安排出售此批零部件，作价 4 000 元。市场对零部件 A 的需求是无限的，因此把零部件 A 脱手并无困难。

（2）零部件 B 在麦斯内部广泛使用。供应商刚发出价格提升 5%的通知，即时生效。

（3）完成此订单无须增添额外的工人，但一半的工作量须于加班时段内进行。加班费按正常工资的 150%计算。

（4）变动间接成本含组长的工资和包装成本。组长的月薪为 2 400 元，不会另发加班费用。客户所要求的特别包装的额外成本为每个时钟 1 元。

（5）这个订单并不会引起任何额外的固定成本。用作生产此款时钟的一台机器的每月折旧额为 1 400 元。公司也会把该台机器的维修合同延长一个月，费用为 500 元。

要求：

（1）计算这个订单的保本价，并进行相应的解释。

（2）指出于上述保本价的计算中所引发的问题并讨论所做的假设。

（3）讨论营业经理在决定是否接受这个客户订单和应收取的价格时应考虑的其他因素。

案例二

超卓有限公司是一家小型企业。公司的行政总监正考虑接受一个一次性的特别订单合同，因此要求其新入职的会计人员计算订单的成本，以便他决定一个有合理盈利的合同价。该会计人员编制了下列成本资料：

特别订单成本	附注	元
直接人工	(1)	57 000
组长费用	(2)	23 000
一般制造费用	(3)	8 000
机器折旧	(4)	4 600
机器相关的其他制造费用	(5)	36 000
材料	(6)	68 000
		196 600

附注：

(1) 直接人工是两名技工的工资，两名技工本属其他部门，因对上述订单所涉及的工序非常熟悉，可以调配处理该订单，但该部门需另聘替工顶替两名技工原来的工作，费用为 64 000 元。如果从市场上聘请拥有处理该特别订单技能的工人，则所需费用为 62 600 元。

(2) 特别订单需要一名组长监督整个生产程序，费用为 23 000 元，其中包括正常工资 16 000 元及为特别订单所发的额外奖金 7 000 元。正常工资，即组长的固定薪金。此外，组长将因调配处理该订单而损失原来工作的 5 000 元奖金。公司预计将不会因组长的调配而对其原来的工作引起任何其他额外的成本。

(3) 一般制造费用包括按原来预设计算基础分配的 6 000 元和估算的增量制造费用2 000 元。

(4) 机器折旧乃根据合同有效期分配的正常期间成本。此外，公司预计因特别订单而产生的额外机器维修费用总额为 1 000 元。

(5) 机器相关的其他制造费用（运作成本，如电力）按每小时 6 元计算，估计特别订单合同需要花耗 6 000 小时。现时的机器只能提供 4 000 小时的生产时间，另外的 2 000 小时则需抽出现时手头上的一张订单以便腾出所需机器时间，公司因此损失的产品贡献率为每小时 4 元。

(6) 以前购入的 7 500 千克材料，除可用于这个特别订单外，该批材料于现在或将来已无其他用途。公司的所有材料库存（总额 10 000 千克），不论整批或分批，都可按每千克 8.40 元出售。特别订单耗用的材料的重置成本是 66 750 元。

由于没有足够的资金，公司承接该特别订单将需要在三个月的合同期内向银行透支 40 000元，并于期满后偿还。公司就项目评估所使用的资本成本为 20%，银行收取的透支利率为 18%。

公司的行政总监曾听闻，这类特别订单应使用相关成本概念和机会成本计算成本。

要求：

(1) 根据相关成本原则和机会成本概念，重新编制成本资料。

(2) 请从以下角度分别解释中小型企业（如超卓有限公司）比较困难取得合适资金来源的原因：

(a) 公司存在不确定性因素。

(b) 可以作为抵押的资产。

(c) 除资本市场以外，可供新设立的中小型企业选择的资金来源。

案例三

某化学品公司为了维持产品在市场中的地位，聘用了一些擅长市场推广及生产决策的产品经理。其中一种化学制品的资料如下：原材料及其他变动生产成本为30元/千克，固定制造费用每月为450 000元，售价为50元/千克。

公司报告显示，9月份的销量比8月份多了14 000千克，产品经理预期9月份的利润会比8月份多出280 000元。但是将8月份和9月份的财务业绩作比较时，产品经理发觉实际的利润从8月份的170 000元下降至9月份的120 000元，共下降了50 000元。

该公司是采用完全成本法并按每月预计产量30 000千克来分摊固定制造费用的。任何过低或过高分摊的固定制造费用将于发生当月在损益表中列支。

8月份的期初存货量为10 000千克，产量为34 000千克，销量为22 000千克，9月份的期末存货量为12 000千克。

要求：

(1) 列示该产品在8月份和9月份的生产、销售和存货水平，并计算出8月份和9月份的利润。

(2) 解释实际利润下降50 000元和产品经理预期的280 000元利润增加之间的差额330 000元是如何产生的。

(3) 讨论在一般情况下，完全成本法以及过低或过高固定制造费用分摊的明细资料的实用性。可参考(1)和(2)部分的答案来作答。

习题

一、单项选择题

1. 某公司有 3 000 件积压的在产品，总制造成本为 60 000 元。如果花 40 000 元进一步加工商品，该批商品出售可得销售收入 75 000 元。该批商品也可卖给某批发公司，可得销售收入 50 000 元。在分析这两个备选方案时，沉没成本是（　　）元。

A. 50 000　　B. 10 000

C. 40 000　　D. 60 000

2. 企业的生产经营能力一旦形成，在短期内难以做重大改变。属于这种经营能力成本的是（　　）。

A. 约束性固定成本　　B. 酌量性固定成本

C. 重置成本　　D. 沉没成本

3. 在相关范围内，其单位成本不随业务量的变动而变动的成本是（　　）。

A. 固定成本　　B. 变动成本

C. 混合成本　　D. 总成本

4. 机会成本是指（　　）的成本。

A. 不需要动用本期现金等流动资产

B. 在决策时应作为一个现实因素加以考虑

C. 两种决策方案的差额

D. 增加 1 个单位产品所增加

5. 可避免成本与不可避免成本的区别在于（　　）。

A. 费用的发生是否与所决策的问题相关

B. 是否需支付现金等流动资产

C. 是否可通过某项决策行动改变成本数额

D. 决策方案变动时某项支出是否可以避免

6. 在变动成本计算法下，产品成本不包括（　　）。

A. 直接材料　　B. 直接人工

C. 变动制造费用　　D. 固定制造费用

7. 变动成本计算法与完全成本计算法对（　　）的处理方法不同。

A. 管理费用　　B. 销售费用

C. 变动制造费用　　D. 固定制造费用

8. 一般情况下，当本期生产量大于销售量时，按变动成本计算法确定的利润（　　）按完全成本计算法确定的利润。

A. 大于　　B. 小于

C. 等于　　D. 不能确定

9. 某企业只生产一种产品，年初存货为 30 000 元，年末存货为 0 元。在这种情况下，按完全成本计算法确定的营业利润比按变动成本计算法确定的营业利润（　　）。

A. 小　　B. 大

C. 相等　　D. 不确定

10. 以下说法不正确的是（　　）。

A. 在没有期初、期末存货的情况下，按完全成本计算法计算的损益与按变动成本计算法计算的损益相等

B. 在没有期初存货，但有期末存货的情况下，按完全成本计算法计算的损益小于按变动成本计算法计算的损益

C. 在有期初存货，但没有期末存货的情况下，按完全成本计算法计算的损益小于按变动成本计算法计算的损益

D. 以上说法都不对

二、多项选择题

1. 下列各项中，与产品的生产无直接关系，而与生产经营期直接相关的是（　　）。

A. 管理费用　　B. 财务费用

C. 销售费用　　D. 制造费用

2. 下列关于差别成本的说法，正确的是（　　）。

A. 广义的差别成本是指两个备选方案之间预计成本的差异

B. 狭义的差别成本是指由于生产能力利用程度不同形成的成本差别

C. 机会成本是指已放弃的次优方案的成本

D. 边际成本是产量增加或减少 1 个单位所引起的成本变动

3. 固定成本根据其支出数额能否改变，可进一步细分为（　　）。

A. 阶梯式混合成本　　B. 约束性固定成本

C. 直线型混合成本　　D. 酌量性固定成本

4. 常用的混合成本分解方法有（　　）。

A. 高低点法　　B. 散布图法

C. 差量分析法　　D. 回归直线法

5. 在变动成本计算法下，（　　）项目对期末存货成本高低无影响。

A. 变动制造费用　　B. 固定制造费用

C. 变动销售费用　　D. 固定销售费用

6. 变动成本计算法与完全成本计算法的主要区别表现在（　　）。

A. 前提条件不同　　B. 产品成本的组成不同

C. 存货的盘存价值不同　　D. 损益确定程序不同

7. 下列关于变动成本计算法和完全成本计算法的表述，正确的是（　　）。

A. 采用变动成本计算法，只要销售量相同，各年的利润就相等

B. 如果期末存货等于期初存货，且每年产量相等，则两种方法计算的利润相等

C. 如果本期生产量等于销售量，则两种方法计算的利润相等

D. 如果期末存货小于期初存货，则按变动成本计算法计算的利润一定大于按完全成本计算法计算的利润

8. 与完全成本计算法相比，变动成本计算法具有（　　）等优点。

A. 有利于进行成本控制　　B. 有利于业绩评价

C. 当销售不佳时容易将问题暴露出来　　D. 简化成本计算工作

9. 车间维修机器用的材料属于（　　）。

A. 制造费用　　B. 直接材料

C. 间接材料　　D. 间接人工

10. 在我国，下列成本费用中，（　　）属于管理成本的内容。

A. 车间管理人员的工资　　B. 广告宣传费

C. 公司经费　　D. 贷款利息

三、判断题

1. 若企业有剩余生产能力生产零部件，则固定成本属于非相关成本。（　　）

2. 高低点法适用于各期成本变动趋势较为稳定的企业。（　　）

3. 降低约束性固定成本的唯一途径是提高产品产量，相对降低其单位成本。（　　）

4. 对于低质量所发生的机会成本通常并不在会计系统中进行计量，在进行质量成本分析时也不需加以考虑。（　　）

5. 企业在短期经营决策中，付现成本的大小往往会决定企业最终方案的选择，因此，付现成本往往是制定决策时需要考虑的一种成本。（　　）

6. 采用完全成本计算法时，基准水平的选择在很大程度上影响存货成本和利润的高低。（　　）

7. 变动成本计算法下，产品的单位制造成本一般保持不变；而在完全成本计算法下，产品的单位制造成本一般会随产量上下波动。（　　）

8. 由于变动成本计算法不符合公认会计原则，因而不能用于编制对外的财务报表，但企业往往将其用于长期投资决策等内部管理规划上。（　　）

9. 按变动成本计算法和完全成本计算法计算的利润均同销售量保持同方向的增减。（　　）

10. 在期末存货和期初存货数量均不为零时，即使单位产品所负担的固定成本相等，按完全成本计算法计算的损益与按变动成本计算法计算的损益也有可能不等。（　　）

四、业务分析题

1. 某企业上半年的机器维修成本资料如表 2－17 所示。

表 2－17　　某企业上半年的机器维修成本资料

月份	1	2	3	4	5	6
机器小时（小时）	12 000	13 000	11 000	15 000	9 000	8 000
总成本（元）	26 000	24 000	25 000	27 000	22 000	22 000

要求：

（1）根据上述资料，采用高低点法分解该企业维修成本，并写出维修成本的数学模型。

（2）根据上述资料，采用回归直线法分解该企业维修成本，并写出维修成本的数学模型。

2. 某企业有关电费的历史成本资料如表 2 - 18 所示。

表 2 - 18　　　　某企业有关电费的历史成本资料

项目	高点	低点
业务量（小时）	75 000	50 000
成本（元）	176 250	142 500

上述电费成本包括变动成本、固定成本和混合成本三部分。该企业曾对低点业务量 50 000小时的成本总额 142 500 元做了分析，其各类成本的组成情况如下：

变动成本总额　　50 000 元
固定成本总额　　60 000 元
混合成本总额　　32 500 元

要求：

（1）根据上述资料，采用高低点法对该企业的混合成本进行分解，并写出混合成本的数学模型。

（2）若该企业计划期的计划机修小时为 80 000 小时，其总成本将会是多少？

3. 某企业于第一个营业年度生产 A 产品 30 000 件，单位变动制造成本为 5 元，全年固定制造费用为 120 000 元，固定性销售及管理费用为 60 000 元。该年，企业以每件 10 元出售 A 产品 18 000 件。

要求：

（1）采用完全成本法确定企业该年的税前利润。

（2）采用变动成本法确定企业该年的税前利润。

4. 某公司年初有甲产品存货 4 000 件，其单位变动制造成本为 16 元，单位固定制造费用为 5.2 元。该年公司生产并销售甲产品 20 000 件，单价为 30 元，共发生销售及管理费用（全部为固定成本）100 000 元。甲产品的单位制造成本如下：

直接材料　　10 元
直接人工　　4 元
变动制造费用　　2 元
固定制造费用　　4 元
合计　　20 元

假定存货计价采用加权平均法。

要求：

（1）按变动成本法为公司编制该年度的利润表。

（2）运用调整计算的方法，计算公司该年度在完全成本法下的税前利润。

5. 某企业只生产一种产品，第一、第二年度的生产量分别为 170 000 件和 140 000 件，销售量分别为 140 000 件和 160 000 件，存货计价采用先进先出法，产品的单位售价为 5

元。该产品的制造成本资料如下：单位变动成本为 3 元（其中包括直接材料 1.3 元，直接人工 1.5 元，变动制造费用 0.2 元），每年固定制造费用总额为 150 000 元。销售与行政管理费用资料如下：变动的销售与行政管理费用为销售收入的 5%，每年固定的销售与行政管理费用为 65 000 元。

要求：

（1）根据上述资料，分别采用变动成本法和完全成本法计算第一年和第二年的税前利润。

（2）具体说明第一年和第二年分别采用两种成本计算方法据以确定的税前利润发生差异的原因。

（3）具体说明采用完全成本法所确定的第一年和第二年税前利润发生差异的原因。

6. A 企业生产单一产品，当年各月的电费支出与产量的有关数据如表 2 - 19 所示。

表 2 - 19　　A 企业当年各月的电费支出与产量的有关数据

月份	产量（件）	电费（元）
1	1 200	5 000
2	900	4 250
3	1 350	5 625
4	1 500	5 625
5	1 200	5 375
6	1 650	6 875
7	1 500	6 150
8	1 500	6 300
9	1 350	5 800
10	1 050	4 875
11	1 800	7 200
12	1 800	7 250

要求：

（1）分别采用高低点法和回归直线法对电费这一混合成本进行分解。

（2）根据回归直线法的分解结果预测下年 1 月的电费支出，假定下年 1 月计划产量为 1 700 件。

7. 甲公司过去一年 12 个月中最高业务量与最低业务量情况下的制造费用总额如表2 - 20 所示。

表 2 - 20　　甲公司最高业务量与最低业务量的制造费用总额

摘要	高点（10 月）	低点（3 月）
业务量（机器小时）	75 000	50 000
制造费用总额（元）	176 250	142 500

制造费用总额包括变动成本、固定成本和混合成本三类。该厂会计部门曾对低点月份业务量 50 000 机器小时的制造费用总额做了分析，其各类成本的组成情况如下：

变动成本总额	50 000 元
固定成本总额	60 000 元
混合成本总额	32 500 元
制造费用总额	142 500 元

要求：

(1) 采用高低点法将该厂的混合成本分解为变动部分与固定部分，并写出混合成本公式。

(2) 若该公司计划期间的生产量为 65 000 机器小时，则其制造费用总额将为多少？

8. 某企业本期有关成本资料如下：单位直接材料成本为 10 元，单位直接人工成本为 5 元，单位变动制造费用为 7 元，固定制造费用总额为 4 000 元，单位变动销售及管理费用为 4 元，固定销售及管理费用为 1 000 元。期初存货量为零，本期产量为 1 000 件，销量为 600 件，单位售价为 40 元。

要求：分别按变动成本法和完全成本法的有关公式计算下列指标：单位产品成本；期间费用；销售成本；税前利润。

第三章
本量利分析法

目标

当您学完本章，应该做到：

- 解释术语“本量利分析”“边际贡献”“保本点”“安全边际”“保本作业率”。
- 了解本量利分析的基本假设。
- 掌握单一品种和多品种情况下保本点的计算与分析。
- 绘制基本式、边际贡献形式、收入式和利量式四种保本图。
- 掌握安全边际、保本作业率和目标销售量（额）的计算与分析。
- 运用概率分析和敏感分析进行不确定情况下的本量利分析。
- 掌握经营杠杆系数的计算并进行经营杠杆分析。
- 理解本量利分析在各类生产决策中的运用。
- 掌握以成本、市场、目标成本为基础的三种定价方法。
- 对比各种市场定价策略。

第一节　本量利分析概述

一个企业成功与否，常常是以利润的高低来衡量的。利润的高低取决于产品的售价、产品的成本和业务量。产品的成本决定售价，售价影响销售量，销售量直接影响产量，而产量反过来又影响成本。通过对成本、业务量和利润相互间的内在联系所进行的分析，确定企业的保本点，进而掌握有关因素变动对企业盈亏影响的规律，从而为企业改善经营管理和正确地进行经营决策提供有用的资料。

一、本量利分析的意义

本量利分析（cost-volume-profit analysis，简称 CVP）是“成本—业务量—利润”分

析的简称。它是以成本性态分析为基础，研究企业在一定期间内的成本、业务量和利润三者之间内在联系的一种专门方法。

本量利分析法是一种与传统会计分析方法完全不同的分析方法。在传统的会计分析中，人们往往认为，在售价和消耗水平不变的情况下，销售利润的增减变化与销售量的增减变化成正比例关系。而实际上，销售利润的增减幅度一般要大于销售量的增减幅度。这是因为，根据成本特性，任何企业在产品生产过程中所发生的消耗成本均可分为变动成本与固定成本两大类。在业务量发生增减变化时，由于固定成本总额在一定的生产能力范围内是相对固定的，并不随业务量的变化而变化，因而当企业业务量发生增减变化时，随之变化的只是变动成本总额，所以，利润的增减幅度要大于业务量的增减幅度。

【例 3-1】　锦绣制衣公司生产的 T 恤衫，每件售价为 100 元，每件变动成本为 65 元，固定成本总额为 60 000 元，全年业务量（产销一致）为 2 000 件。产品的单位成本与销售利润计算如下：

单位成本＝ 60 000÷2 000＋65＝95(元)

销售利润＝(100－95)× 2 000＝10 000(元)

如果费用耗费水平不变，业务量增加 50%，即增至 3 000 件，则该 T 恤衫的单位成本和销售利润可预计如下：

单位成本＝ 60 000÷3 000＋65＝85(元)

销售利润＝ (100－85)× 3 000＝45 000(元)

很显然，当业务量增加 50%时，销售利润增加 350%，大大高于业务量增加的百分比。这是因为，随业务量增加而成比例增加的只有变动成本，而固定成本总额在相关的范围内是不变的。因而，单位成本随业务量的增加而降低，单位利润随业务量的增加而提高。

同理，当业务量降低 50%，即降至 1 000 件时，单位成本上升为 125 元，利润总额下降为－25 000 元，下降幅度达到 350%。

从上述分析可以看出，研究业务量与利润的关系是与销售价格、销售成本分不开的，即一个企业销售利润的高低取决于产品的售价、成本和业务量，没有一项因素可独立于其他因素，因为成本决定售价，售价影响业务量，而业务量又反过来影响成本。因此，成本、业务量和利润之间的关系可表示如下：

销售利润＝(售价－单位变动成本)× 业务量－固定成本总额

由于成本、业务量和利润之间存在着错综复杂的关系，对诸如“如果要保本，那么应该产销多少件产品”“如果产销更多的产品，那么企业的利润和成本将受到什么影响”“如果要获得更多的利润，企业应产销多少件产品”等问题，很难用传统的方法做出回答，这就需要管理人员建立新的决策和控制模型，利用本量利的分析工具做出回答。

本量利分析是管理会计的重要方法，其基本内容包括将总成本划分为变动成本和固定成本、计算产品的边际贡献、确定产品生产销售的保本点、分析产品销售的安全边际等。

二、边际贡献和边际贡献率

边际贡献和边际贡献率是本量利分析中的重要指标。计算产品的边际贡献和边际贡献率是本量利分析的前提条件。

（一）边际贡献

边际贡献（contribution margin）是指产品的销售收入超过其变动成本的金额，也称贡献毛益。边际贡献首先应该用于补偿固定成本，补偿固定成本之后的余额，即为企业的利润。边际贡献有单位产品边际贡献与边际贡献总额两种表现形式。

单位产品边际贡献是指产品的销售单价减去单位变动成本后的余额，其计算公式如下：

单位边际贡献＝销售单价－单位变动成本

边际贡献总额是指产品销售收入总额减去变动成本总额后的余额，其计算公式如下：

边际贡献总额＝销售收入总额－变动成本总额

或：

边际贡献总额＝单位边际贡献×业务量

或：

边际贡献总额＝营业利润＋固定成本总额

【例 3－2】 承例 3－1，计算锦绣制衣公司 T 恤衫的单位边际贡献和产销 2 000 件时的边际贡献总额。T 恤衫的单位边际贡献与边际贡献总额计算如下：

单位边际贡献＝100－65＝35(元)

边际贡献总额＝35×2 000 ＝70 000(元)

从以上计算可以看出，产销 2 000 件 T 恤衫所提供的边际贡献总额 70 000 元，并非是锦绣制衣公司的销售利润，因为该公司的边际贡献总额首先要用来弥补其 60 000 元的固定成本总额，补偿固定成本后还有多余，才能为公司提供利润，否则，边际贡献总额不够补偿固定成本总额，会出现亏损。

边际贡献是反映企业产品营利能力的一个重要指标，因此，当企业进行短期经营决策分析时，一般都以提供边际贡献总额最大的备选方案为最优。

（二）边际贡献率

边际贡献率（contribution margin ratio）是指单位边际贡献与销售单价之间的比率，或边际贡献总额与销售收入总额之间的比率，它表示每百元销售收入能提供的边际贡献。其计算公式如下：

$$边际贡献率=\frac{单位边际贡献}{销售单价}\times 100\%$$

或：

$$边际贡献率=\frac{边际贡献总额}{销售收入总额}\times 100\%$$

或：

边际贡献率＝1－变动成本率

【例 3－3】 根据例 3－1 中锦绣制衣公司产销 T 恤衫的资料，计算 T 恤衫的边际贡献率。T 恤衫的边际贡献率计算如下：

$$边际贡献率=\frac{35}{100}\times 100\%=35\%$$

或：

$$边际贡献率=\frac{35\times 2\ 000}{100\times 2\ 000}\times 100\%=35\%$$

从以上计算可以看出，锦绣制衣公司每产销 100 元产品，可以产生 35 元的边际贡献。

根据边际贡献率指标，还可以测算出销售额的变动对利润的影响。假定锦绣制衣公司预测计划期增加销售收入 50 000 元，固定成本总额不变，则根据边际贡献率可预计利润将增加 17 500（50 000×35%）元。

从上述计算可以看出，由于变动成本与边际贡献之和等于销售收入，因此，边际贡献率与变动成本率之间存在着互补的关系，即：

边际贡献率(正向)＋变动成本率(反向)＝1

凡变动成本率低的企业，边际贡献率高，创利能力也高；反之，变动成本率高的企业，边际贡献率低，创利能力也低。所以，边际贡献率的高低，在企业的经营决策中具有举足轻重的影响。

三、本量利分析的基本假设

在进行本量利分析时，往往是以下面的基本假设为前提的：

（1）一切进行本量利分析的产品和企业都应将其成本划分为固定成本和变动成本两部分，这是进行本量利分析的一个基本前提。在相关范围内，固定成本总额和单位变动成本不受产销量的影响，是保持不变的。

（2）产品的销售单价不变，在相关的范围内，数量是影响销售收入和总成本的唯一因素。所以，销售收入和总成本都是线性的，即都可用直线来表示，否则就无法计算。这是本量利分析的关键。

（3）企业的计划期内，产品的生产量和销售量是一致的，因而，不考虑产成品期初、期末存货水平变动对利润的影响。

（4）企业在生产和销售多种产品时，其产销量的增减变化是以各产品之间的结构不变为前提的。

（5）所有收入和成本在进行加总或比较时，均不考虑货币的时间价值。

必须注意的是，在实际工作中，以上基本假设不可能保持不变，因此，必须分别计量它们对有关指标的影响程度。

第二节　保本点分析

保本点在管理会计中是一项很重要的管理信息，因为保本点是企业获取利润的基础。任何一个企业为了进行利润规划，首先必须预测保本点。超过保本点，再扩大销售量，才能获得利润。

一、保本点分析的意义

保本点（breakeven point）也称损益平衡点或盈亏临界点，是指企业全部销售收入等于全部成本费用时的销售量或销售额，即在这一销售量或销售额上，企业正好不盈也不亏。也就是说，达到这一销售量或销售额时，企业产品提供的边际贡献正好抵偿固定成本总额。

保本点是一项很重要的管理信息，保本点分析是进行本量利分析的核心内容。进行保本点分析，可以帮助人们认识本量利之间的一些规律性联系。

（1）在保本不变的情况下，如产品销售量超过保本点一个单位的业务量，即可获得一个单位边际贡献的盈利；销售量越大，能实现的盈利就越多。反之，若产品销售量低于保本点一个单位的业务量，即亏损一个单位边际贡献；销售量越小，亏损额越大。

（2）在销售量不变的情况下，保本点越低，产品的营利性越高，即实现的利润越多，或发生的亏损越小；反之，保本点越高，则产品的营利性越低，即实现的利润越小，或发生的亏损越大。

（3）在销售收入既定的情况下，保本点的高低取决于单位变动成本与固定成本总额的大小。单位变动成本或固定成本总额越小，则保本点越低；反之，则保本点越高。

保本点通常有两种表现形式：一是用实物量表现，称为保本点销售量（breakeven units），即销售多少数量的产品才能保本，简称“保本量”；二是用货币金额表现，称为保本点销售额（breakeven sales dollars），即销售多少金额的产品才能保本，简称“保本额”。

二、保本点的计算

（一）单一品种保本点的计算

由于本量利分析的基本模型可表述为：

$$销售利润=(售价-单位变动成本)\times 业务量-固定成本总额$$

而保本点是企业利润等于零时的销售量，即（单价－单位变动成本）×保本量－固定成本总额=0，因而，可得到保本量的计算公式如下：

$$保本点销售量=\frac{固定成本}{单位边际贡献}$$

由于单种产品的保本点既可用实物量表示，又可用金额表示，因而可得到保本额的计算公式如下：

$$保本点销售额=\frac{固定成本}{边际贡献率}$$

或：

$$保本点销售额=保本点销售量\times单价$$

【例 3-4】　根据例 3-1 锦绣制衣公司有关产销 T 恤衫的资料，计算该 T 恤衫的保本点销售量和保本点销售额。

$$保本点销售量=\frac{60\ 000}{(100-65)}=1\ 714(件)$$

$$保本点销售额=\frac{60\ 000}{35\div100}=171\ 429(元)$$

上述计算表明，锦绣制衣公司 T 恤衫的销售量达到 1 714 件，或者销售额达到171 429元时，正好不盈也不亏。

应当注意，保本点销售量的计算只适用于单一产品保本点的分析，而当需要分析多种产品的保本点时，只能计算保本点销售额。所以，保本点销售额这一指标既适用于单一产品保本点的分析，也适用于整个企业多品种保本点的分析。

（二）多品种保本点的计算

如前所述，如果企业生产并销售多种产品，则其保本点不能用数量表示，而只能用金额反映，即只能计算保本点销售额。多种产品保本点销售额的计算方法主要有加权平均法、分别计算法和历史资料法等。

1. 加权平均法

由于各种产品的边际贡献率不同，而整个企业的综合保本点销售额与产品的品种结构有着直接的联系，因此，需要根据各种产品的销售单价、单位变动成本和销售数量计算出一个加权平均的边际贡献率，然后根据固定成本总额和加权平均的边际贡献率计算出保本点销售额。

采用加权平均法计算多种产品保本点销售额的关键，是要确定各种产品的加权平均边际贡献率。其计算公式如下：

$$加权平均边际贡献率=\frac{\sum 各种产品边际贡献额}{\sum 各种产品销售额}\times100\%$$

$$综合保本点销售额=\frac{固定成本总额}{加权平均边际贡献率}$$

【例 3-5】　顺鑫公司计划生产销售甲、乙、丙三种产品，预计销售单价分别为 15 元、20 元和 32 元，单位变动成本分别为 9 元、14 元和 20 元，预计销售量分别为 2 000 件、1 100 件和 1 500 件，固定成本总额为 128 100 元。

顺鑫公司多种产品保本点销售额的计算如表 3-1 所示。

表 3-1　　多种产品保本点销售额的计算（加权平均法）　　单位：元

项目	甲产品	乙产品	丙产品	合计
销售单价	15	20	32	
销售数量	2 000	1 100	1 500	
销售收入	30 000	22 000	48 000	100 000
变动成本	18 000	15 400	30 000	63 400
边际贡献	12 000	6 600	18 000	36 600
固定成本				128 100
加权平均边际贡献率				36.6%
综合保本点销售额				350 000

在生产多种产品的企业中，管理人员往往不仅要了解多种产品的综合保本点销售额，而且还需要了解每种产品保本点销售额的情况。因此，还可根据多种产品综合保本点销售额和各种产品的销售比重推算各种产品的保本点销售额。其计算步骤如下：

（1）计算出各种产品销售额占全部产品销售额的比重。

$$某产品销售比重=\frac{某产品销售额}{\sum 各种产品销售额}\times 100\%$$

（2）以各种产品的边际贡献率为基础，以各产品的销售比重为权数，计算出整个企业的加权平均边际贡献率。

$$加权平均边际贡献率=\sum(某产品的边际贡献率\times 某产品的销售比重)$$

（3）计算多种产品综合保本点销售额。

$$综合保本点销售额=\frac{固定成本总额}{加权平均边际贡献率}$$

（4）根据每种产品的销售比重推算各产品的保本点销售额，其计算公式如下：

$$某产品的保本点销售额=综合保本点销售额\times 某产品的销售比重$$

（5）根据每种产品的保本点销售额推算其保本点销售量，其计算公式如下：

$$某产品的保本点销售量=\frac{某产品的保本点销售额}{某产品的销售单价}$$

根据例 3-5 中顺鑫公司的资料，预测甲、乙、丙三种产品的保本点如下：

（1）计算各种产品的销售比重。

$$甲产品：\frac{30\ 000}{100\ 000}\times 100\%=30\%$$

$$乙产品：\frac{22\ 000}{100\ 000}\times 100\%=22\%$$

$$丙产品：\frac{48\ 000}{100\ 000}\times 100\%=48\%$$

（2）计算各种产品的边际贡献率和全部产品的加权平均边际贡献率。

甲产品：$\frac{12\ 000}{30\ 000}\times 100\%=40\%$

乙产品：$\frac{6\ 600}{22\ 000}\times 100\%=30\%$

丙产品：$\frac{18\ 000}{48\ 000}\times 100\%=37.5\%$

加权平均边际贡献率 $=40\%\times30\%+30\%\times22\%+37.5\%\times48\%=36.6\%$

（3）计算全部产品的综合保本点销售额。

综合保本点销售额 $=\frac{128\ 100}{36.6\%}=350\ 000$（元）

（4）计算各种产品的保本点销售额。

甲产品保本点销售额 $=350\ 000\times30\%=105\ 000$（元）
乙产品保本点销售额 $=350\ 000\times22\%=77\ 000$（元）
丙产品保本点销售额 $=350\ 000\times48\%=168\ 000$（元）

（5）计算各种产品的保本点销售量。

甲产品保本点销售量 $=105\ 000\div15=7\ 000$（件）
乙产品保本点销售量 $=77\ 000\div20=3\ 850$（件）
丙产品保本点销售量 $=168\ 000\div32=5\ 250$（件）

从上述计算可以看出，多种产品保本点销售额计算是以各种产品的预计销售结构不变为前提的，即甲、乙、丙三种产品的销售结构之比为 2 000∶1 100∶1 500。但在实际销售过程中，各种产品的销售结构会发生变化，这时保本点销售额也会发生变化，因为各种产品的边际贡献率不相同。变化的规律是：当边际贡献率高的产品多销售时，实际的保本点就会低于预计的保本点；反之，当边际贡献率低的产品多销售时，实际保本点就会高于预计的保本点。

加权平均法适用于固定成本无法在各种产品之间进行分配的企业。

2. 分别计算法

分别计算法先将固定成本总额分配给各种产品，然后按单种产品保本点的预测方法分别计算每种产品的保本点销售额，并据以计算全部产品的综合保本点销售额。在分配固定成本时，应选择适当的分配标准（如销售额或销售量比例，产品重量、长度、面积、所需工时比例等）分配给各种产品。例如，在有些企业中，产品品种并不很多，且各种产品的生产都是封闭式的，即其固定成本都可分清，这时，只需将企业管理部门的固定成本按恰当的比例分配给各种产品，就可计算出各种产品的保本点。

【例 3-6】　假定例 3-5 中的顺鑫公司的固定成本可按甲、乙、丙产品的销售额比例进行分配，则顺鑫公司各种产品的保本点销售额及全部产品的综合保本点销售额的计算如表 3-2 所示。

表 3－2　　多种产品保本点销售额的计算（分别计算法）　　单位：元

项目	甲产品	乙产品	丙产品	合计
销售收入	30 000	22 000	48 000	100 000
销售比重	30%	22%	48%	
固定成本	38 430	28 182	61 488	128 100
边际贡献率	40%	30%	37.5%	
保本点销售额	96 075	93 940	163 968	353 983

从上述计算可以看出，甲产品销售额达到 96 075 元，乙产品销售额达到 93 940 元，丙产品销售额达到 163 968 元时，三种产品分别保本，即企业的销售额达到 353 983 元即可保本。

应该注意的是，企业的保本点销售额为 353 983 元是有一定条件的，即各种产品的销售结构保持不变。如果各种产品的销售结构发生了变化，则企业的保本点也会发生变化。这时，需要进一步分析产品销售结构的变化对保本点的影响。分析的具体方法是：将各种产品实际销售额超过或不到预计保本点销售额的差额分别乘上各种产品的边际贡献率，计算出各种产品超额或不足的边际贡献，然后将它们加总。如果加总后的边际贡献总额为正数，说明已超过保本点销售额；如果加总后的边际贡献为负数，说明还不足保本点销售额；如果加总后的边际贡献为零，说明不盈也不亏，企业正好保本。

【例 3－7】　承例 3－6，到 7 月底为止，甲、乙、丙产品的销售额分别达到 85 000 元、105 600 元和 163 968 元，总销售额达 354 568 元。从表面上看，已达到保本点销售额。但是，由于产品的销售结构已经发生变化，此时是否真正保本，还得通过进一步的分析才能确定。具体分析如下：

甲产品超过保本点销售额的边际贡献＝(85 000－96 075)×40%＝－4 430(元)

乙产品超过保本点销售额的边际贡献＝(105 600－93 940)×30%＝3 498(元)

丙产品超过保本点销售额的边际贡献＝(163 968－163 968)×37.5%＝0(元)

加总后的边际贡献＝－4 430＋3 498＋0＝－932(元)

从上述的分析可以看出，尽管实际销售额超过保本点销售额 585(354 568－353 983)元，但这是边际贡献率高的甲产品少销售、边际贡献率低的乙产品多销售的结果。因此，到 7 月底为止，该企业还未保本。

分别计算法适用于固定成本能在各种产品之间合理进行分配的多种产品生产企业。

3. 历史资料法

所谓历史资料法，就是根据若干时期的历史资料，计算平均每年的销售收入和边际贡献总额，并据以计算多种产品综合保本点销售额的一种方法。有些企业（如百货商店）的产品品种比较多，如果仍然按上述两种方法进行多种产品的保本点分析，那么工作量将非常大。在这种情况下，可采用历史资料法预计多种产品的综合保本点销售额。

【例 3－8】　某百货商店根据过去 3 年的销售资料，采用历史资料法预测计划期的综合保本点销售额。其具体资料及保本点的计算如表 3－3 所示。

表 3-3　　多种产品保本点销售额的计算（历史资料法）　　单位：元

项目	1年	2年	3年	合计	平均
销售收入	525 000	555 000	576 000	1656 000	552 000
变动成本	375 000	412 500	427 500	1215 000	405 000
边际贡献	150 000	142 500	148 500	441 000	147 000
平均边际贡献率					26.63%
固定成本					735 000
保本点销售额					2 760 000

从表 3-3 的计算可以看出，3 年的平均边际贡献率为 26.63%，预计当年的固定成本总额为 735 000 元，则当年的保本点销售额应为 2 760 000 元。用历史资料法可解决品种繁多企业保本点销售额的计算问题，在销售品种结构及各种产品的边际贡献率相对稳定的企业，其计算结果比较正确。但在品种结构变化较大，且各种产品的边际贡献率变化不定的情况下，其计算结果就不够正确。因此，历史资料法只能作为利润控制的辅助参考数据。

三、保本点分析图示法

保本点的分析也可采用绘制保本图（breakeven chart）的方式进行。保本图围绕保本点，将影响企业利润的有关因素集中在一张图上形象而具体地表现出来，从而揭示有关成本、业务量和利润三者之间的规律性联系。由于图示法把本、量、利三者之间的关系描绘得更为直观，容易使人理解，因而对于在经营管理中提高预见性和主动性有较大的帮助。

保本图一般有以下四种表示方法。现结合例 3-1 的资料，说明保本图的绘制方法。

（一）基本式保本图

在保本图上，一般以纵轴表示销售收入和成本的金额，横轴表示销售量（业务量），基本式保本图也可称为数量式保本图。基本式保本图的具体绘制程序如下。

1. 绘制总收入线

先在横轴上选择一个整数的销售量（如 1 000 件），并在坐标上标出销售收入总额［1 000×100=100 000（元）］的那一点，然后在原点与该点之间画一条直线连接起来，即为总收入线。

2. 绘制总成本线

通常在坐标图上先画一条与横轴平行的反映固定成本总额 60 000 元的固定成本线，并与纵轴相截在 60 000 元处。然后，在横轴上选择一个整数的销售量（如 1 000 件），根据变动成本率（单位变动成本）计算出其总成本［$y=a+bx=60\ 000+65\times1\ 000=125\ 000$（元）］，并在坐标图上标出销售量为 1 000 件和总成本为 125 000 元的那一点。最后，再画一条直线把该点与固定成本总额在纵轴上的截点连接起来，即为总成本线。

3. 确定保本点

总收入线与总成本线相交之处就是保本点，这一点所对应的横轴上的数量就是保本点的销售量。如销售量超过这一保本点，就能为企业创造盈利，总收入线与总成本线所截的一段即为预计销售量所产生的利润总额；如销售量未达到这一保本点，就会使企业发生亏损，总收入线与总成本线所截的一段即为预计销售量所发生的亏损数额。

根据上述步骤，绘制基本式保本图，如图 3－1 所示。

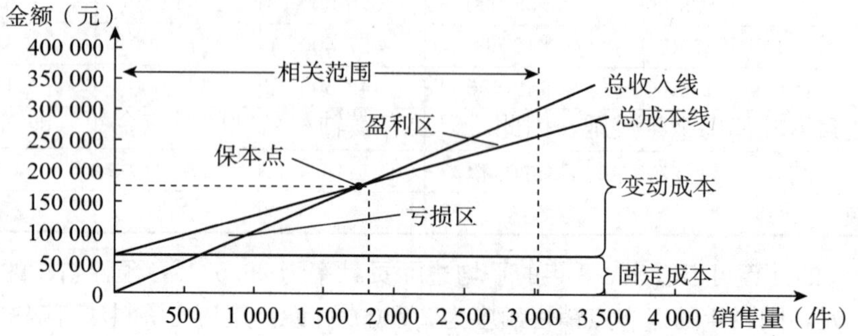

图 3－1　基本式保本图

图 3－1 中的相关范围是指在这一范围内单位变动成本保持不变，即图中的变动成本率保持不变的区域，表示这一保本点分析模式的适用范围。如超出这一范围，变动成本率就会发生变化。这种先画固定成本线再画变动成本线的方法，与成本的实际发生情况相近，因为在产品生产过程中，总是先发生固定成本，然后才发生变动成本，因而更易为人们所理解。

（二）边际贡献式保本图

边际贡献式保本图着重揭示了本量利分析中的边际贡献、固定成本以及保本点之间的关系。在绘制总成本线时，也可先从原点出发绘制变动成本总额线［$bx=65\times 1\ 000=65\ 000$（元）］，然后再从纵轴上 60 000 元处，画一条与变动成本线相平行的线，即总成本线。按此法绘制的边际贡献式保本图如图 3－2 所示。

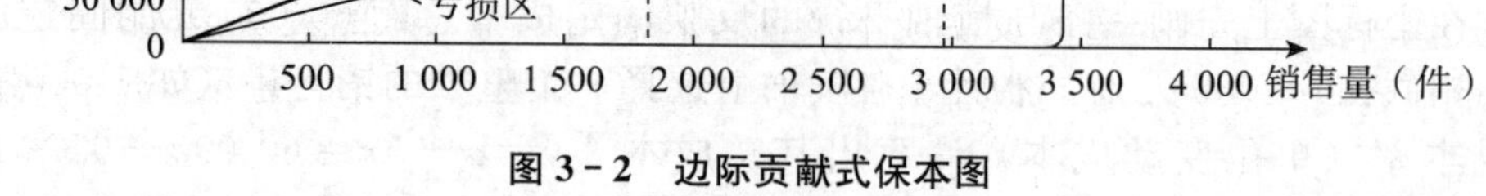

图 3－2　边际贡献式保本图

在图 3－2 中，有关保本点的意义和作用与前一种方法一样。但在这张保本图中，还可以反映出销售收入减去变动成本后的边际贡献。当边际贡献小于固定成本时，即为亏损；反之，当边际贡献大于固定成本时，即为盈利。

和基本式保本图一样，边际贡献式保本图也属于数量式保本图。数量式保本图一般只适用于单品种产品的保本点分析。

（三）收入式保本图

收入式保本图是一种以纵轴表示销售收入和成本的金额，以横轴表示销售金额的保本图，也称为金额式保本图。收入式保本图的具体绘制程序如下。

1. 绘制总收入线

由于横轴和纵轴都用金额表示，因此，只要有横轴和纵轴的对应金额，即可画出这一直线，当两根轴的坐标刻度相等时，销售收入线就是该坐标图的角平分线。

2. 绘制总成本线

根据变动成本与销售收入的比例关系（即变动成本率，例 3－1 中为 65%）画出变动成本线，然后再从纵轴上固定成本总额的截距处画出一条与变动成本线相平行的线，即总成本线。

3. 确定保本点

总收入线与总成本线的相交之处就是保本点，这一点所对应的横轴与纵轴上的金额，均为保本点销售额。

根据上述步骤，绘制收入式保本图，如图 3－3 所示。

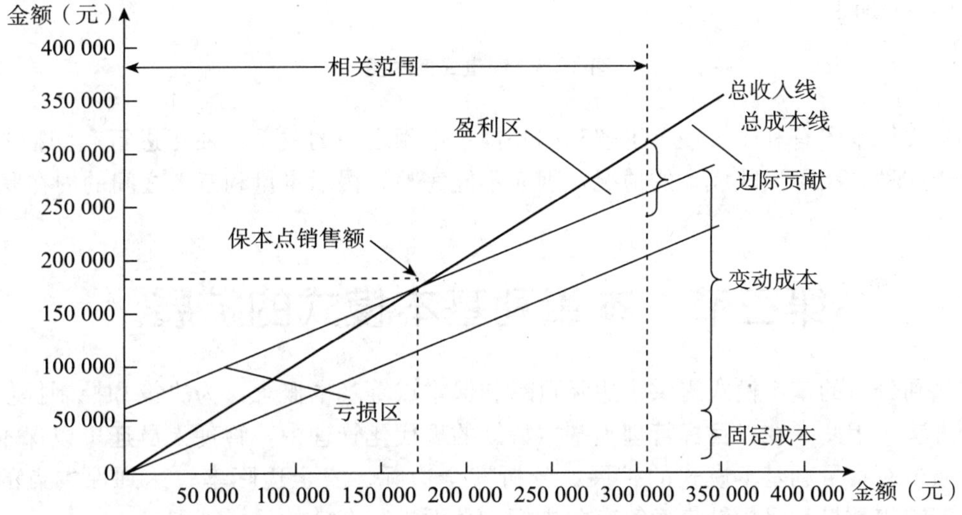

图 3－3　收入式保本图

收入式保本图的特点是着重反映成本及销售利润与销售收入的关系。从图 3－3 中不仅可以看出保本点销售额，还可以看出任何销售水平上的盈亏情况，便于分析和控制企业的销售利润。

收入式保本图既可用于分析单品种产品的保本点，又可用于分析多种产品的保本点。

（四）利量式保本图

利量式保本图是一种着重反映利润与销售金额之间关系的保本图。与收入式保本图一样，利量式保本图也属于金额式保本图。利量式保本图的具体绘制程序如下：

(1) 在纵轴的负数区域确定固定成本，即企业销售收入为零时的亏损额。例 3－1 中，固定成本总额为 60 000 元。

（2）计算出保本点的销售额，并在横轴上予以标出。例 3－1 中，保本点销售额为 171 429元。

（3）连接纵轴上的固定成本点与横轴上的保本点销售额，即为利润线，表示不同销售金额下可实现的利润额。

根据上述步骤，绘制利量式保本图，如图 3－4 所示。

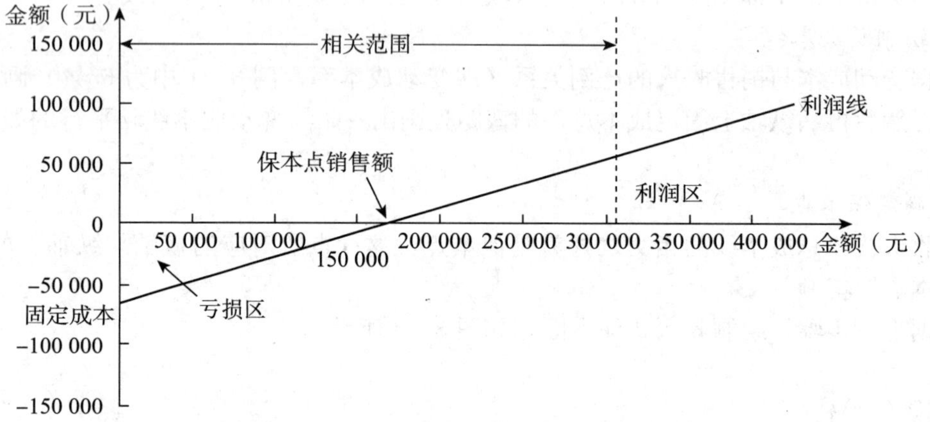

图 3－4　利量式保本图

利量式保本图有利于管理者了解利润和销售金额之间的关系，便于进行利润控制。但是，由于这种方法不反映成本的情况，因而不能完整地揭示本量利三者之间的内在联系。

第三节　本量利基本模式的扩展

本量利分析的基本模式提供了边际贡献和保本点等基本概念，为决策和控制提供了很有用的方法。因此，在以目标管理为基本特征的现代化管理中，管理人员还可以保本点为基础，通过对本量利基本模式的扩展，分析安全边际、安全边际率、达到保本点的作业率、目标销售数量和目标销售额等有关指标，从而进行有效的目标管理。

一、安全边际与安全边际率

安全边际（margin of safety）是指产品的预计销售量（销售额）超过保本点销售量（销售额）的差额。安全边际反映了该产品的安全幅度。安全边际越大，销售该产品发生亏损的可能性越小，安全性越高；反之，安全边际越小，销售该产品发生亏损的可能性越大，安全性越低。

由于保本点有两种表现形式，因此安全边际同样也有两种表现形式：一种是用实物量表示，称为安全边际量；另一种是用货币金额表示，称为安全边际额。根据安全边际与保本点之间的关系，安全边际的计算公式如下：

安全边际量＝预计销售量－保本点销售量

安全边际额＝预计销售额－保本点销售额

或：

安全边际额＝安全边际量×销售单价

企业生产经营的安全性还可以用安全边际率（margin of safety ratio）表示。安全边际率是安全边际与预计销售量（销售金额）之间的比率。其计算公式如下：

$$安全边际率=\frac{安全边际量}{预计销售量}\times 100\%$$

或：

$$安全边际率=\frac{安全边际额}{预计销售额}\times 100\%$$

或：

安全边际率＝1－保本作业率

安全边际率属于相对数指标，利用安全边际率便于不同企业和不同行业之间进行比较。安全边际率越高，企业盈利的安全系数越大。

【例 3－9】　根据例 3－4 锦绣制衣公司的有关资料，计算销售 2 000 件 T 恤衫时的安全边际和安全边际率。

安全边际量＝2 000－1 714＝286(件)

安全边际额＝200 000－171 429＝28 571(元)

$$安全边际率=\frac{286}{2\ 000}\times 100\%=14.3\%$$

或：

$$安全边际率=\frac{28\ 571}{200\ 000}\times 100\%=14.3\%$$

上述计算结果说明，在锦绣制衣公司预计销售量 2 000 件的销售收入 200 000 元中，有 171 429 元是达到保本点的销售额，28 571 元安全边际额在补偿了其固定成本后，才能提供利润。根据安全边际率 14.3%，可以看出锦绣制衣公司 T 恤衫的经营业务安全性较低。

由于安全边际是预计销售量（销售额）超过保本点销售量（销售额）的差额，而这部分销售量（销售额）所产生的边际贡献能为企业创造利润，因此，我们还可以利用安全边际指标推算出企业预计利润率，进一步揭示销售利润率与安全边际之间的关系。销售利润率与安全边际率的关系可表述如下：

利润＝安全边际量×单位边际贡献

利润＝安全边际额×边际贡献率

销售利润率＝安全边际率×边际贡献率

【例 3-10】 根据例 3-3 和例 3-9 锦绣制衣公司的有关安全边际与边际贡献的资料，可计算其销售利润率如下：

$$销售利润率=14.3\%\times35\%=5\%$$

二、保本作业率

保本作业率（breakeven capacity）是指保本点销售量（销售额）占企业正常销售量（销售额）的比重，它表明在保本的情况下，企业生产经营能力的利用程度。这里的正常销售量（销售额）是指在正常市场和正常开工情况下企业的销售数量（销售金额）。保本作业率的计算公式如下：

$$保本作业率=\frac{保本点销售量}{正常销售量}\times100\%$$

$$保本作业率=\frac{保本点销售额}{正常销售额}\times100\%$$

【例 3-11】 假定锦绣制衣公司的正常销售量为 2 000 件。根据锦绣公司的有关资料，达到保本点的作业率计算如下：

$$保本作业率=\frac{1\ 714}{2\ 000}\times100\%=85.7\%$$

上述计算结果表明，锦绣制衣公司生产 T 恤衫，其作业率至少要达到正常销售量的 85.7%才能保本。若作业率超过 85.7%，就能实现利润；反之，若作业率低于 85.7%，就会发生亏损。

从上述计算结果还可以看出，保本作业率与安全边际率之间存在着如下关系：

$$安全边际率(正向)+保本作业率(反向)=1$$

保本作业率对安排生产具有一定的指导意义。

三、目标销售量和目标销售额

当目标利润确定后，就要编制销售预算，对实现目标利润需完成的目标销售量或目标销售额做出规划和控制。将企业目标（主要是利润目标）引入本量利分析模式，其目的是通过本量利分析反映出实现目标利润所需控制的销售量和销售额，从而正确地进行目标利润的规划。

为了保证目标利润的实现，目标利润应与固定成本总额一样，均需由边际贡献总额来补偿。因此，只需对保本点销售量和销售额的公式稍加改变，即可得到目标销售量和目标销售额。其计算公式如下：

$$目标销售量=\frac{固定成本+目标利润}{单位边际贡献}$$

$$目标销售额=\frac{固定成本+目标利润}{边际贡献率}$$

或：

$$目标销售额=目标销售量\times销售单价$$

【例 3-12】 锦绣制衣公司预计实现目标利润 45 000 元，根据有关资料，计算目标销售量和目标销售额。

$$目标销售量=\frac{60\ 000+45\ 000}{35}=3\ 000(件)$$

$$目标销售额=\frac{60\ 000+45\ 000}{35\%}=300\ 000(元)$$

应该注意的是，目标销售量公式只能用于单种产品的目标利润控制；而目标销售额既可用于单种产品的目标利润控制，又可用于多种产品的目标利润控制。

还应注意的是，上述公式中的目标利润一般是指税前利润。其实，从税后利润角度来进行目标利润的规划和分析，更符合企业生产经营的需要。如果企业预测的目标利润是税后利润，则上述公式应加以如下改变：

$$目标销售量=\frac{固定成本+税后利润\div(1-税率)}{单位边际贡献}$$

$$目标销售额=\frac{固定成本+税后利润\div(1-税率)}{边际贡献率}$$

四、不确定情况下的本量利分析

前面所述及的本量利分析都假定销售单价、单位变动成本和固定成本总额是一个定值。事实上，在实际工作中，这些因素往往是不确定的，对它们的变动很难事先预计。在这种情况下，就应采用不确定情况下的本量利分析方法。不确定情况下的本量利分析方法包括概率分析与敏感分析。

（一）概率分析

在日常经营管理过程中，由于未来往往充满着不确定因素，事先只能大概估计出它们的变动范围及在某个范围内出现的可能性，即概率。所以，在这种情况下，要计算保本点就必须借助于概率分析。

概率是指某一事件发生的可能性，这种可能性的大小可用 0～1 的数来表示，越接近于 1，可能性越大；反之，越接近于 0，可能性越小。概率分析是运筹学中专门针对风险型决策的不确定因素进行分析的一种方法。将概率引进本量利分析模式，其目的就是通过考虑各种因素的变化情况及各种情况出现的概率大小，来合理地确定保本点，使保本点的预计更具科学性，从而减少风险。

【例 3-13】 某公司计划生产甲产品，有关售价、成本以及可能出现的概率如表 3-4 所示。试采用概率分析的方法进行保本点的分析。

表 3-4　　甲产品的售价、成本、概率

项目	可能出现的情况	概率
售价（元）	250	0.4
	300	0.6
单位变动成本（元）	200	0.2
	220	0.8
固定成本总额（元）	30 000	0.9
	45 000	0.1

根据上述资料，进行保本点的概率分析，如表 3-5 所示。

表 3-5　　保本点的概率分析　　单位：元

销售单价	单位变动成本	固定成本	保本点销售额	联合概率	期望值（保本额）
250 (p=0.4)	200 (p=0.2)	30 000 (p=0.9)	150 000	0.072	10 800
		45 000 (p=0.1)	225 000	0.008	1 800
	220 (p=0.8)	30 000 (p=0.9)	250 000	0.288	72 000
		45 000 (p=0.1)	375 000	0.032	12 000
300 (p=0.6)	200 (p=0.2)	30 000 (p=0.9)	90 000	0.108	9 720
		45 000 (p=0.1)	135 000	0.012	1 620
	220 (p=0.8)	30 000 (p=0.9)	112 500	0.432	48 600
		45 000 (p=0.1)	168 750	0.048	8 100
合计				1.00	164 640

从表 3-5 的计算可以看出，由于销售单价、单位变动成本和固定成本总额各有两种情况出现，所以，各种情况的随机组合就有 8（2×2×2）种，每一种组合都有一个保本点销售额。因而，可将每一种组合中各因素的概率进行连乘，分别求出各种组合的联合概率。将各种组合的保本点销售额分别乘其联合概率，即可求得各种组合的期望值。最后，把 8 种组合的期望值加以总计，即可求得产品的保本点销售额。本例中，该公司甲产品的保本点销售额为 164 640 元。

（二）敏感分析

在根据基本数据进行本量利分析以后，还要根据企业的生产能力及市场预测的情况进行敏感分析，以把握和控制实际经营过程销售单价、单位变动成本和固定成本的变化范围，从而保证企业目标利润的实现。

根据本量利分析的基本公式如下：

$$利润=(单价-单位变动成本)\times 业务量-固定成本总额$$

我们可以逐一计算为保证目标利润的实现，各有关因素（销售单价、单位变动成本、业务量和固定成本总额等）所应采取的措施。

【例3-14】 锦绣制衣公司产销T恤衫2 000件，单价为100元，单位变动成本为65元，固定成本总额为60 000元，原预计销售利润为10 000[(100－65)×2 000－60 000]元。现根据公司的生产能力（该公司最大的生产能力为3 000件）和市场预测，要求在现有基础上增加利润100%，即达到目标利润20 000元。为保证目标利润的实现，各个因素应如何变动？

1. 销售单价的变化幅度

如果其他因素不变，销售单价变化的最大幅度计算如下：

由：

$$目标销售量=\frac{固定成本+目标利润}{单价-单位变动成本}$$

得出：

$$\begin{aligned}单价&=\frac{固定成本+目标利润}{目标销售量}+单位变动成本\\&=\frac{60\ 000+20\ 000}{2\ 000}+65=105(元)\end{aligned}$$

上述计算表明，在其他条件不变的情况下，为了实现20 000元的目标利润，产品的单价应由原来的100元提高到105元。

2. 单位变动成本的变化幅度

如果其他因素不变，单位变动成本变化的最大幅度计算如下：

由：

$$目标销售量=\frac{固定成本+目标利润}{单价-单位变动成本}$$

得出：

$$\begin{aligned}单位变动成本&=单价-\frac{固定成本+目标利润}{目标销售量}\\&=100-\frac{60\ 000+20\ 000}{2\ 000}=60(元)\end{aligned}$$

上述计算表明，在其他条件不变的情况下，为了实现20 000元的目标利润，产品的单位变动成本应由原来的65元降低到60元。

3. 目标销售量的变化幅度

如果其他因素不变，目标销售量变化的最大幅度计算如下：

由：

$$目标销售量=\frac{固定成本+目标利润}{单价-单位变动成本}$$

得出：

$$目标销售量=\frac{60\ 000+20\ 000}{100-65}=2\ 286(元)$$

上述计算表明，在其他条件不变的情况下，为了实现 20 000 元的目标利润，目标销售量应由原来的 2 000 件提高到 2 286 件。

4. 固定成本总额的变化幅度

如果其他因素不变，固定成本总额变化的最大幅度计算如下：

由：

$$目标销售量=\frac{固定成本+目标利润}{单价-单位变动成本}$$

得出：

$$\begin{aligned}固定成本总额&=（单价-单位变动成本）\times 目标销售量-目标利润\\&=(100-65)\times 2\ 000-20\ 000=50\ 000(元)\end{aligned}$$

上述计算表明，在其他条件不变的情况下，为了实现 20 000 元的目标利润，固定成本总额应由原来的 60 000 元下降到 50 000 元。

5. 多因素同时变动的影响

以上所述是为了保证实现目标利润，分项逐一计算各有关因素所应采取的相应措施。事实上，这些措施不一定可行，且各有关因素往往不是孤立存在的，而是相互制约、互为影响的。因此，当多种因素发生变动，为了如实、客观地反映实际情况，就要将各种因素的相互作用与对利润的影响同时加以考虑，还需要综合计算各有关因素同时变动的影响。

【例 3-15】 承例 3-14，锦绣制衣公司 T 恤衫的售价提高到 102 元，单位变动成本下降到 62 元，固定成本总额增加 3 000 元。如果所得税税率为 25%，为实现税后利润 15 000元，应销售多少件 T 恤衫？此时的目标销售量与保本点销售量分别为多少？

$$目标销售量=\frac{60\ 000+3\ 000+15\ 000\div(1-25\%)}{102-62}=2\ 075(件)$$

$$保本点销售量=\frac{60\ 000+3\ 000}{102-62}=1\ 575(件)$$

以上计算表明，当 T 恤衫的售价提高、固定成本总额同时增加、单位变动成本降低时，保本点的销售量由原来的 1 714 件下降为 1 575 件，目标销售量由原来的 2 286 件下降为 2 075 件。

通过上述敏感分析可以看出，只要有效地控制了各因素的变化范围允许值，就可保证企业目标利润的实现。

五、经营杠杆分析

经营杠杆分析是企业经营管理风险分析的重要方法，尤其是在预测和决策分析时。由于经营杠杆分析主要涉及产销量、成本和利润三个方面，因而也属于本量利分析的内容之一。

(一) 经营杠杆的含义

根据成本性态分析的原理，在相关范围内产销量的变化不会改变固定成本总额，但会引起单位产品分摊的固定成本数额呈现反向变动趋势。因此，当企业在一定时期中产销量增加时，一方面会直接引起利润的增加；另一方面，由于单位产品分摊的固定成本减少，从而间接地使利润再增加，结果导致利润的变动幅度将大于产销量的变动幅度。

这种现象，我们也可以通过公式推导来验证。

根据本量利分析基本模型 $I=(P-b)\times Q-a$，我们假定 P、b、a 均不变，仅由于产销量发生了 r_1 的变化，从而使得利润发生了 r_2 的变化，则：

$$
\begin{aligned}
I\times(1+r_2)&=(P-b)\times Q\times(1+r_1)-a\\
I+I\times r_2&=(P-b)\times Q+Q\times r_1\times(P-b)-a\\
&=I+Q\times r_1\times(P-b)\\
I\times r_2&=Q\times r_1\times(P-b)
\end{aligned}
$$

若 $r_1\neq 0$，则：

$$\frac{r_2}{r_1}=\frac{Q\times(P-b)}{I}=\frac{I+a}{I}=1+\frac{a}{I}$$

由于企业中固定成本总是存在，即 $a>0$，

如果 $I>0$，则：

$$\frac{r_2}{r_1}>1$$

即 $r_2>r_1$，也就是，利润变动率大于销售变动率。

这种由于固定成本的存在而使利润变动率大于销售变动率的现象称为经营杠杆。

经营杠杆与企业的成本结构有关。在企业的成本总额中，假若固定成本总额比重大，经营杠杆功能强，那么销售变动对企业利润的影响程度就强，企业经营的风险加大；反之，固定成本总额比重小，经营杠杆的功能则较弱，销售变动对企业利润的影响程度就弱，企业经营的风险也会相应降低。利用经营杠杆的变动，可以对企业经营活动进行预测分析，同时可以反映企业的经营风险。

(二) 经营杠杆系数

经营杠杆分析中通常采用经营杠杆系数来衡量。经营杠杆系数是指利润变动率相当于销售变动率的倍数，通常用 *DOL* 来表示。其计算公式如下：

$$经营杠杆系数=\frac{利润变动率}{销量变动率}$$

根据前面的推导过程可知：

$$DOL=\frac{r_2}{r_1}=\frac{Q\times(P-b)}{I}=1+\frac{a}{I}$$

即：

$$经营杠杆系数=\frac{基期边际贡献}{基期利润}=1+\frac{固定成本}{基期利润}$$

【例 3-16】 某公司只产销一种产品，该产品单位售价为 20 元，单位变动成本为 12 元，全年固定成本为 50 000 元，预计下年度销售量将达到 10 000 件。要求计算该公司的经营杠杆系数。

本量利分析基本模型为：

$$I=(P-b)\times Q-a$$

$$I=(20-12)\times 10\,000-50\,000=30\,000(元)$$

$$DOL=1+\frac{a}{I}=1+\frac{50\,000}{30\,000}\approx 2.667$$

（三）经营杠杆的作用

在企业内部管理中，我们可以利用经营杠杆分析来加强日常经营管理，具体作用如下。

1. 经营杠杆分析可以用于衡量企业经营风险

经营风险又称商业风险，是指企业未来的经营利润的波动程度。引起经营风险的主要原因是产品市场需求、产品的价格、产品成本结构、行业内部竞争程度等因素的不确定性。经营杠杆本身虽不是企业利润不稳定的根源，但经营杠杆对经营风险的影响体现得最综合。经营杠杆系数越大，企业利润对销售变动也越敏感，变动越剧烈，企业的经营风险也越大。因此，经营杠杆系数反映了企业所面临的经营风险程度。

2. 经营杠杆分析可以帮助企业调整成本结构

经营杠杆作用程度越大，尽管企业经营风险越高，但企业获利的可能性也越高。一旦销售水平稍有上升，就会引起利润较大幅度的上升。因此，当产品供不应求、市场销售状况景气时，企业应选择资本密集型生产方式，采用固定成本高的成本结构，充分利用经营杠杆的效用；反之，当产品供过于求、市场销售不景气时，特别是接近保本销售时，企业应选择劳动密集型生产方式，尽量避免经营杠杆的副作用。

3. 经营杠杆分析可以用于预测利润和销售水平

（1）在已知经营杠杆和预计销售水平的条件下，可迅速计算出规划期的利润，而无须通过预计损益表测算。计算公式如下：

$$计划期利润=基期利润\times(1+销售变动率\times经营杠杆系数)$$

【例 3-17】 某企业 2016 年度利润为 20 万元，其固定成本为 60 万元。该企业经市场调查可知，2017 年度市场需求仍很旺盛，销售预计会增长 40%，则 2017 年度的利润会达到多少？

$$DOL=1+\frac{a}{I}=1+\frac{600\ 000}{200\ 000}=4$$

2017 年度利润＝20×(1＋4×40%)＝52(万元)

(2) 在已知经营杠杆和预期利润的条件下，可直接预测出为达到目标利润必须实现的销售水平。计算公式如下：

$$销售变动率=\frac{利润变动率}{经营杠杆系数}$$

【例 3－18】 某企业只生产一种产品，2016 年度销售量为 4 000 台，利润为 20 万元，其固定成本为 60 万元。假定该企业将 2017 年的目标利润确定为 30 万元，在其他条件不变的情况下，2017 年的销售量应达到多少才能实现？

$$DOL=1+\frac{a}{I}=1+\frac{600\ 000}{200\ 000}=4$$

利润变动率＝(300 000－200 000)÷200 000×100%＝50%

销售变动率＝50%÷4＝12.5%

2017 年的销售量＝4 000×(1＋12.5%)＝4 500(台)

第四节 本量利分析在生产决策中的运用

生产决策是企业短期经营决策的重要内容之一。一个企业经常碰到的决策问题大多是生产方面的决策问题，如企业的生产布局、新产品的投产、几种产品生产的合理安排、材料的最佳利用、亏损产品处理等。这些需要决策的问题往往有多种方案可以进行，不同的方案往往经济效益相差很多。通过生产决策，选取一个最佳方案，就能提高企业的经济效益。

本节着重介绍本量利分析在新产品开发决策、零部件自制或外购的决策、产品进一步加工或直接出售的决策、亏损产品应否停产或转产的决策、生产能力约束下的产品组合决策等内容中的运用。

一、新产品开发决策

企业必须不断地开发新产品，促使产品更新换代，才能不断满足社会需要，维护和扩大市场占有率，取得经营主动权。大量追加投资开发新产品属于长期投资决策的范围，这里介绍的新产品开发的决策是指可以利用现有剩余生产能力开发某种在市场上有销路的新产品，而且已经掌握可供选择的多个新产品方案的有关资料。这种决策可以分为以下三种情况。

(一) 不追加专属成本，也不存在机会成本

在新产品开发的决策中，如果有关方案均不涉及追加专属成本，并且也不存在机会成本，就可以用单位资源边际贡献分析法直接进行决策。

$$单位资源边际贡献=\frac{单位产品边际贡献}{单位产品消耗的资源}$$

【例 3－19】 锦绣制衣公司想充分利用数量有限的甲布料设计一种新款外套。经初步调查，市场上可供公司选择生产的款式有 A、B、C 三种。经分析，三种款式外套的相关资料如表 3－6 所示。试分析公司应选择哪一种产品进行开发。

表 3－6 产品相关资料

外套款式	A	B	C
单价（元/件）	200	100	500
单位变动成本（元/件）	160	70	400
甲布料的消耗定额（尺/件）	10	6	30

根据上述条件可知，公司在开发新产品时没有追加固定成本，也没有压缩原有产品的生产，因此可采用单位资源边际贡献法进行分析。

A 款式外套的单位边际贡献＝200－160＝40(元/件)

单位 A 款式外套消耗单位甲材料提供的边际贡献＝40÷10＝4(元/尺)

B 产品的单位边际贡献＝100－70＝30(元/件)

单位 B 款式外套消耗单位甲材料提供的边际贡献＝30÷6＝5(元/尺)

C 产品的单位边际贡献＝500－400＝100(元/件)

单位 C 款式外套消耗单位甲材料提供的边际贡献＝100÷30＝3.333(元/尺)

可见，三种新产品在消耗相同甲布料时，B 款式外套提供的边际贡献最大，因此应选择 B 款式外套来开发。

（二）涉及追加专属成本

当开发新产品决策方案涉及追加专属成本时，可以使用差量分析法或产品边际贡献分析法进行决策。

【例 3－20】 承例 3－19，假若锦绣制衣公司剩余甲布料 30 000 尺，设计三种新款式外套均需租赁专用设备。其中，A 款式每年需支付租金 80 000 元，B 款式每年需支付租金 90 000 元，C 款式每年需支付租金 35 000 元。在新条件下，公司应选择开发哪种产品？

根据上述条件，可以通过编制产品边际分析表进行分析，如表 3－7 所示。

表 3－7 产品边际分析表（1） 单位：元

项目	A 款式	B 款式	C 款式
产销量（件）	30 000÷10＝3 000	30 000÷6＝5 000	30 000÷30＝1 000
销售收入	200×3 000＝600 000	100×5 000＝500 000	500×1 000＝500 000
变动成本	160×3 000＝480 000	70×5 000＝350 000	400×1 000＝400 000
边际贡献	120 000	150 000	100 000
专属成本	80 000	90 000	35 000
产品边际	40 000	60 000	65 000

由表 3－7 可知，三种新产品中 C 款式外套的产品边际最大，因此，应选择 C 款式外套进行开发。

（三）需压缩现有产品的生产，从而产生机会成本

当需要压缩现有产品的产销量才能满足新产品开发需要时，被压缩的原有产品生产所能带来的边际贡献就构成了机会成本，也可使用产品边际分析法进行分析。

【例 3-21】 承例 3-20，假如锦绣制衣公司原来只生产 W 款式衣服，年产销量为 2 000件，单价为 400 元/件，单位变动成本为 250 元/件。若设计 A 款式外套 3 000 件，剩余甲布料足以保证生产，不需压缩现有产品生产；若开发设计 B 款式外套 5 000 件，需压缩 W 款式服装 10%的产量；若开发设计 C 款式外套 1 000 件，则需压缩 W 款式服装 15%的产量。企业应选择哪种产品进行开发？

根据上述资料，编制产品边际分析表进行分析，如表 3-8 所示。

表 3-8　　产品边际分析表（2）　　单位：元

项目	A 款式	B 款式	C 款式
销售收入	200×3 000=600 000	100×5 000=500 000	500×1 000=500 000
变动成本	160×3 000=480 000	70×5 000=350 000	400×1 000=400 000
边际贡献	120 000	150 000	100 000
专属成本	80 000	90 000	35 000
机会成本	0	2 000×（400−250）×10%=30 000	2 000×（400−250）×15%=45 000
产品边际	40 000	30 000	20 000

由表 3-8 可知，由于 A 款式外套的产品边际最大，因此，应选择 A 款式外套进行开发。

二、零部件自制还是外购的决策

随着生产专业化及产业分工协作的程度越来越高，企业常常面临着零部件自制还是外购的决策问题。企业自制某些生产所需的零部件，便于控制质量，但有时为了保持灵活，适应市场需求的能力，保持与客户的长期互利关系，企业也可从外部购买某些零部件。在零部件自制还是外购的决策问题中，当企业全年所需的零部件总量固定时，自制或外购的收入相同，故采用差量分析时可以不考虑差量收入而只比较差量成本，选择差量成本较小的方案。

【例 3-22】 华北公司全年需要甲零部件 5 000 件，该零部件既可以自制也可以从市场购买。若从市场购买，购价和运杂费为每件 8 元。自制的单位成本资料如下：

直接材料	4 元
直接人工	2 元
变动制造费用	1 元
固定制造费用	2 元
单位生产成本	9 元

分别判断在下列情况下，企业应自制还是外购该零部件？

（1）企业具有生产甲零部件 5 000 件的剩余生产能力，且企业剩余生产能力无法转移。

（2）企业具有生产甲零部件 5 000 件的剩余生产能力，但生产所利用的空置厂房可对外出租，年租金预计为 3 000 元。

（3）企业剩余生产能力只足够生产甲零部件 3 500 件，为了自制 5 000 件甲零部件，企业需购入一台专用设备，预计该设备的年使用成本为 2 800 元。

（4）沿用（3）的资料，若企业选择自制 5 000 件甲零部件，将影响企业乙产品的正常生产，使乙产品的产量减少 1 000 件，已知乙产品的单位边际贡献为 6 元。

根据上述资料，分析如下：

（1）企业的剩余生产能力无法转移，因而利用剩余生产能力不会增加企业的固定制造费用。自制甲零部件的单位变动成本为直接材料、直接人工、变动制造费用之和，即甲零部件自制的单位变动成本为 7 元，小于外购的单位成本 8 元，所以企业应选择自制该零部件。

自制零部件可节约的成本＝(8－7)×5 000＝5 000(元)

（2）若企业选择自制甲零部件，便无法获得空置厂房对外出租的租金，即年租金 3 000元应作为自制甲零部件的机会成本，则：

自制甲零部件的相关成本＝7×5 000＋3 000＝38 000(元)

外购甲零部件的相关成本＝8×5 000＝40 000(元)

所以企业应选择自制甲零部件，可节约成本 2 000 元。

（3）企业最多可自制 3 500 件甲零部件，且为自制甲零部件购入专用设备的年使用费应作为自制决策的专属成本。编制差量损益分析表进行分析，如表 3－9 所示。

表 3－9　差量损益分析表　　单位：元

项目方案	自制 5 000 件甲零部件	外购 5 000 件甲零部件	差量成本
变动成本	7×5 000＝35 000	8×5 000＝40 000	－5 000
专属成本	2 800	0	2 800
相关成本合计	37 800	40 000	－2 200

由以上分析可知，企业自制甲零部件 3 500 件的相关成本较低，相比外购该零部件，企业可节约成本 2 200 元。

（4）若甲零部件全部自制，损失的 1 000 件乙产品的边际贡献额应作为自制甲产品的机会成本。相关成本的计算如表 3－10 所示。

表 3－10　相关成本的计算　　单位：元

项目方案	自制 5 000 件甲零部件	外购 5 000 件甲零部件	差量成本
变动成本	7×5 000＝35 000	8×5 000＝40 000	－5 000
机会成本	6×1 000＝6 000	0	6 000
相关成本合计	41 000	40 000	1 000

通过比较可以看出，5 000 件甲零部件全部自制时成本为 41 000 元，高于外购成本 1 000元，企业应选择外购 5 000 件的决策方案。

三、产品进一步加工或直接出售的决策

加工使产品增值，这是不言而喻的，那么，加工到何种程度再出售才最有利呢？这是企业经营管理过程中经常遇到的决策问题。一般来说，是否进一步加工决策包括半成品、联产品、副产品三种情况。不论哪种情况，进一步加工前的成本都是沉没成本，与决策无关，属非相关成本，而只需通过分析进一步加工后增加的收入是否能抵补为此而增加的成本来选择进一步加工或直接出售。

(一) 半成品是否进一步加工的决策

半成品既可以出售，也可以加工后再出售。直接出售半成品，成本与售价相对低些；进一步加工后再出售，因售价升高可获得较高的销售收入，但需追加一定的成本。如何选择，需遵循下列原则：

(1) 进一步加工后的销售收入－半成品的销售收入 ＞ 进一步加工的追加成本，应进一步加工。

(2) 进一步加工后的销售收入－半成品的销售收入 ＜ 进一步加工的追加成本，应出售半成品。

在这里，“进一步加工后的销售收入－半成品的销售收入”为差量收入；“进一步加工的追加成本”为差量总成本，此项包括追加的变动成本和专属固定成本。

【例 3-23】 锦绣制衣公司年产甲布料 10 000 米，每米甲布料的变动成本为 20 元，固定成本为 5 元，销售价格为 35 元。若对甲布料继续加工，每米需支付追加变动成本 8 元；另需租入一台设备，年租金为 5 000 元，因此，售价会提高到 50 元。试对甲布料应否进一步加工做出决策。

进一步加工后的销售收入＝50×10 000＝500 000(元)

半成品的销售收入＝35×10 000＝350 000(元)

进一步加工的追加成本＝8×10 000＋5 000＝85 000(元)

因为进一步加工后的增量收入 150 000 元 ＞ 进一步加工的追加成本 85 000 元，所以，锦绣公司应选择进一步加工甲布料的方案。

(二) 联产品是否进一步加工的决策

联产品是在同一生产过程中生产出来的若干种经济价值较大的产品。有些联产品，既可在分离后立即出售，也可以继续加工后再出售。对这类联产品是进一步加工后出售还是直接出售，也是企业经常遇到的决策问题。联产品分离前所发生的成本是联合成本，与决策无关，属非相关成本；而联产品在分离后继续加工所发生的追加变动成本和专属固定成本是可分成本，属相关成本，所以在决策时应按下列原则选择方案：

进一步加工后的销售收入－分离后即售的销售收入＞可分成本，应进一步加工。

进一步加工后的销售收入－分离后即售的销售收入<可分成本，应分离即出售。

【例 3－24】 锦绣制衣公司在同一生产过程中生产出甲、乙两种布料，有关资料如表 3－11 所示。试分别为甲、乙两种布料做出是否进一步加工的决策。

表 3－11　　锦绣制衣公司产品产量、成本及售价

产品项目	产量（米）	联合成本（元）	分离后立即出售的价格（元/米）	分离后进一步加工的成本（元）	加工后售价（元/米）
甲	500	18 000	120	10 000	150
乙	300	9 600	150	5 600	165
合计	800	27 600	—	15 600	—

根据题意，分别编制甲、乙两种布料的差量分析表，如表 3－12 和表 3－13 所示。

表 3－12　　甲布料差量分析　　单位：元

项目方案	进一步加工	分离后立即出售	合计
差量收入	150×500＝75 000	120×500＝60 000	15 000
差量成本	10 000	0	10 000
差量利润	65 000	60 000	5 000

表 3－13　　乙布料差量分析　　单位：元

项目方案	进一步加工	分离后立即出售	合计
差量收入	165×300＝49 500	150×300＝45 000	4 500
差量成本	5 600	0	5 600
差量利润	43 900	45 000	－1 100

从表 3－12 和表 3－13 可知，甲布料继续加工后出售比分离后立即出售多获 5 000 元的差量利润，乙布料分离后立即出售比继续加工后再出售多获 1 100 元的差量利润。所以，锦绣公司应对甲布料进一步加工，而对乙布料分离后立即出售比较有利。

（三）副产品是否进一步加工的决策

副产品是经济价值很低或没有经济价值的联产品。对副产品是否进一步加工的决策，与联产品大致相同。可以说，副产品是否进一步加工的决策是联产品是否进一步加工决策的特例。所不同的是，副产品如不继续加工而作废料需支付一定的处理费用；若进一步加工，则可节约这部分处理费用，相当于增加了收入。因此，在决策时，只要分析副产品进一步加工后的销售额与节约的废料处理费之和是否超过可分成本即可。其选择方案的原则为：

进一步加工后的销售收入＋废料处理的费用>可分成本，应进一步加工。

进一步加工后的销售收入＋废料处理的费用<可分成本，应作废料处理。

四、亏损产品应否停产或转产的决策

企业生产经营过程中，往往由于市场需求变化、产品过时、质量较次等原因导致产品滞销、积压，发生亏损。对于亏损产品，从财务会计的角度看，一般认为应停产或转产以增加企业的营业利润，但事实往往并非如此。从成本性态的角度看，停产某一亏损产品，一般只能减少该产品的变动成本，如果该亏损产品边际贡献大于零，能弥补部分的固定成本，就不应该停产该亏损产品。否则该产品的边际贡献消失，全部的固定成本只能全部由其他产品的边际贡献来负担，反而降低了企业的经营利润。因此，亏损产品可分为“实亏损”产品和“虚亏损”产品两种。对于“实亏损”产品，由于其边际贡献为负数，生产得越多，亏损得越多，除非特殊需要，一般不应该继续生产。而对于“虚亏损”产品，由于其边际贡献是正数，所以它对企业还是有贡献的，它之所以亏损是因为其边际贡献不足以弥补全部固定成本，如果停产，由于固定成本依然存在，亏损不仅不能减少，反而会增加，所以应该设法扩大该产品的生产。

【例 3－25】　锦绣制衣公司现生产 A、B、C 三种款式服装，其中 B 款式服装是亏损产品。若让 B 款式服装停产，则其生产能力将闲置起来。该公司盈亏计算结果表明，A 款式服装获利 28 000 元，B 款式服装亏损 14 400 元，C 款式服装获利 38 400 元，该公司净利总额为 52 000 元。假定三种款式服装的有关资料如表 3－14 所示。试对亏损产品应否停产进行决策。

表 3－14　　锦绣制衣公司产品销量、售价及成本

项目	A 款式服装	B 款式服装	C 款式服装
销售量（件）	1 000	4 500	8 000
销售单价（元）	300	80	30
单位变动成本（元）	200	64	18
固定成本总额（元）	216 000（按各种产品销售金额比例进行分摊）		

据题中资料编制停产前损益表，如表 3－15 所示。

表 3－15　　停产前损益表　　单位：元

项目	A 款式服装	B 款式服装	C 款式服装	合计
销售收入	300 000	360 000	240 000	900 000
变动成本	200 000	288 000	144 000	632 000
边际贡献	100 000	72 000	96 000	268 000
固定成本	72 000	86 400	57 600	216 000
利润	28 000	－14 400	38 400	52 000

由于固定成本总额 216 000 元，无论 B 款式服装是否停产总要发生，因此，如果 B 款式服装停产，则它所负担的 86 400 元固定成本就应由 A、C 两种产品负担（B 产品的变动成本随着停产而消失）。其盈亏结果如表 3－16 所示。

表 3-16　　停产 B 款式服装后的损益计算　　单位：元

项目	A 款式服装	C 款式服装	合计
销售收入	300 000	240 000	540 000
变动成本	200 000	144 000	344 000
边际贡献	100 000	96 000	196 000
固定成本	120 000	96 000	216 000
利润	−20 000	0	−20 000

计算结果表明，锦绣制衣公司若停产 B 款式服装，不但失去了 72 000 元边际贡献，而且把原来由 B 产品弥补的固定成本交由 A、C 两种产品去负担，其结果反而使原来盈利的 A 产品和 C 产品变成亏损产品和不盈不亏产品，从而导致整个企业由盈变亏。

通过上例可以得出结论：当盈利产品不能增产，也无新产品代替亏损产品时，只要亏损产品提供的边际贡献总额大于零，亏损产品就不应该停产。

另外，亏损产品不提供边际贡献时，也应慎重决定。首先要考虑是否尚有潜力可挖。若通过改善经营管理、降低成本或在市场允许的范围内适当提高产品售价等手段可扭亏为盈，就应暂不停产。即使无潜力可挖，也应考虑亏损产品停产后是否影响其他产品的销售等因素。

【例 3-26】　锦绣制衣公司在 B 款式服装停产后，准备转产 D 款式服装，若其销售单价为 180 元，单位变动成本为 135 元，预计 D 款式服装一年可销售 2 000 件。试对停产 B 款式服装转产 D 款式服装的方案是否可行进行决策，并计算转产后锦绣制衣公司的利润额。

根据题意，可分两步进行计算分析：

（1）计算判定转产方案是否可行。

对于转产方案是否可行，只要计算出 D 款式服装提供的边际贡献总额是否大于 B 款式服装的边际贡献总额即可判定。

D 款式服装的销售收入＝180×2 000＝360 000(元)

D 款式服装的变动成本＝135×2 000＝270 000(元)

D 款式服装的边际贡献总额＝90 000(元)

从计算结果可以看出，D 款式服装提供的边际贡献总额比 B 款式服装提供的边际贡献总额多 18 000（90 000−72 000）元，说明停产 B 款式服装转产 D 款式服装这一方案可行。

（2）转产 D 款式服装后的净利总额可通过编制损益表求得，如表 3-17 所示。

表 3-17　　转产 D 款式服装的损益表　　单位：元

项目	A 款式服装	C 款式服装	D 款式服装	合计
销售收入	300 000	240 000	360 000	900 000
变动成本	200 000	144 000	270 000	614 000
边际贡献	100 000	96 000	90 000	286 000
固定成本	72 000	57 600	86 400	216 000
利润	28 000	38 400	3 600	70 000

从表 3 - 17 的计算结果可以看出，停产 B 款式服装转产 D 款式服装后，可使整个企业利润额由 52 000 元增至 70 000 元，这表明转产方案可行。

五、生产能力约束下的产品组合的决策

如果企业同时生产两种或两种以上的产品，到底应怎样安排各种产品的生产量呢？这是企业管理人员在生产决策中经常面临的一个问题。管理人员必须根据市场的需要和企业现有的资源，合理地安排各种产品的生产量，使各种产品的生产量达到最优组合，以取得最佳的经济效益。

【例 3 - 27】 锦绣制衣公司生产甲、乙两种布料，每种布料都要经过部门Ⅰ和部门Ⅱ进行加工才能完成，其有关的资料如表 3 - 18 所示。

表 3 - 18 　　　　**加工资料**

	甲布料	乙布料
售价（元/米）	17	15
单位变动成本（元/米）	14	13
单位边际贡献（元/米）	3	2
布料在各部门加工的时间		
部门Ⅰ（小时）	2	1
部门Ⅱ（小时）	1.5	2

各部门可利用的生产能力：部门Ⅰ为 500 小时，部门Ⅱ为 480 小时。

根据上述条件，应如何有效地利用企业现有的生产能力，确定甲、乙两种布料的最优组合，以争取为企业提供最多的贡献毛益？

这类问题便于用线性规划法求解。其具体步骤是：

(1) 确定目标函数与约束条件，并用代数式表现。

设：以 X_1 代表甲布料的产量，X_2 代表乙布料的产量，S 代表可提供的边际贡献，则约束条件表现为：

$$\begin{cases} 2X_1+X_2\leqslant 500 \\ 1.5X_1+2X_2\leqslant 480 \\ X_1\geqslant 0, X_2\geqslant 0 \end{cases}$$

目标函数为：

$$S=3X_1+2X_2$$

(2) 这一问题涉及的变量较少，可用图解法求解，为此，先确定产品组合的可行解区域，然后将约束条件化为等式，并在平面直角坐标系的第一象限内作图，如图 3 - 5 所示。

其具体做法如下：

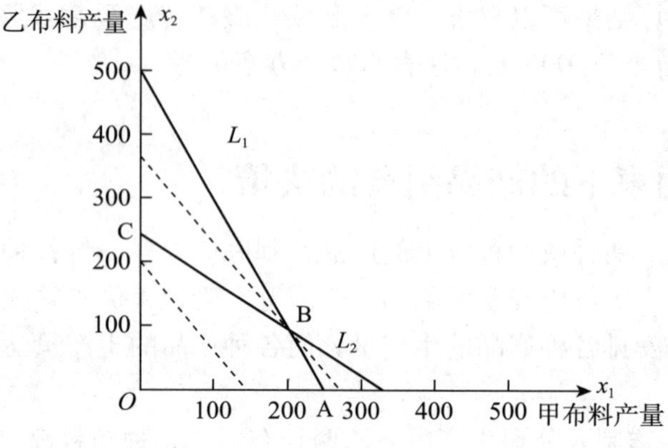

图 3-5　线性规划图

1）将部门Ⅰ生产能力约束条件在坐标图中画一条直线 L_1，即：

$$2X_1+X_2=500$$

在纵轴上取（0，500）这一点，在横轴上取（250，0）这一点，用直线连结这两点，即为直线 L_1。由于 $2X_1+X_2\leqslant 500$，所以，可确定满足约束条件的解必定在直线 L_1 的左下方（包括直线 L_1）。

2）将部门Ⅱ的生产能力约束条件在坐标图上画一条直线 L_2，即：

$$1.5X_1+2X_2=480$$

在纵轴上取（0，240）这一点，在横轴上取（320，0）这一点，用直线连结起来，即为直线 L_2。由于 $1.5X_1+2X_2\leqslant 480$，所以，可确定满足约束条件的解必定在直线 L_2 的左下方（包括直线 L_2）。

3）确定产品组合的可行解区域。

综合上述可见，满足全部约束条件的解必须在四边形 OABC 的内部或其边界上。

（3）最后，确定产品的最优组合。

因为上述分析仅仅找出 X_1、X_2 的取值范围，还没有找到具体的解，即 X_1、X_2 要生产多少，才能使目标函数找到最大值。要找到这一点，就得将目标函数在图上表现。为了确定目标函数的图像，可将目标函数 $S=3X_1+2X_2$ 改成下列形式：

$$X_1=-\frac{2X_2}{3}+\frac{S}{3}$$

然后，在图上作一组平行线（其斜率为−2/3），称为等利润线，用虚线表示。

在图 3-5 中，B 点是可行解区域四边形 OABC 内的一个角点，也是直线 L_1 和 L_2 的交点。由于 B 点不仅在可行解区域里，而且通过这一点所作的等利润线的纵截距最大，所以 B 点的坐标值 208 和 84 就是甲、乙两种布料的最优组合。也就是说，安排生产甲布料 208 米、乙布料 84 米，既能使两个部门的生产能力得到充分利用，又能为企业提供 792（3×208+2×84）元的边际贡献。

确定产品的最优组合的另一种方法是：首先，计算可行解区域里各个角点的坐标值（坐标值表示甲、乙两种布料的生产量）；其次，把各个角点的坐标值分别代入目标函数线性方程，以计算各个角点生产甲、乙两种布料所取得的边际贡献总额；最后，选出使边际贡献最大化的那个角点，作为最优解。其具体计算如表 3-19 所示。

表 3-19　　**最优解的计算**　　单位：元

角点	甲布料（X_1）	乙布料（X_2）	边际贡献（$S=3X_1+2X_2$）
O	0	0	0
A	0	250	3×0+2×250=500
B	208	84	3×208+2×84=792
C	0	240	3×0+2×240=480

上述计算表明，应当生产和销售甲产品 208 件、乙产品 84 件，才能使得边际贡献总额的最大值为 792 元，其计算结果与前面所计算的结果是一致的。按照这样来安排生产，符合了上面所讲的约束条件，即部门Ⅰ所耗工时为：208×2+84×1=500，部门Ⅱ所耗工时为：208×1.5+84×2=480。这样既充分利用两个部门的生产能力，又使边际贡献总额达到最大值。

第五节　定价决策

一、定价决策概述

（一）定价决策的意义

定价决策（pricing decision）是企业短期经营决策的重要内容之一。为企业产品制定合理的价格，关系到企业能否实现利润目标和企业经济效益的高低，甚至影响到企业的生存和发展。一般来说，售价的高低与销售数量、单位成本以及销售利润之间存在着错综复杂的关系。在其他条件不变的情况下，提高销售价格将提高企业的销售利润，但提高售价的同时势必降低产品的销售数量，而生产数量的降低将提高产品的单位成本，这又导致企业销售利润的降低。所以说，如何制定最佳的销售价格，确定产品合理的销售数量，关系到企业利润的高低，关系到企业近期利益和长远利益的实现。

（二）影响价格的因素

影响产品价格的因素很多，在完全自由竞争的市场经济条件下，产品的价格不是由企业管理者决定的，市场上众多的供给者和需求者之间的供需竞争决定了产品的市场均衡价格。此外，一些与人们生活息息相关（如粮食、电、水等），与社会生产有重大影响（如钢铁、煤矿等）的行业的产品价格常常受到政府的干预和管制，这些行业产品的价格显然不能由企业根据利润最大化的简单目标来决定。虽然我国实行市场经济，但市场还远未达到完全自由竞争，市场上很多的产品仍需要企业合理决策、制定最符合企业经济效益的产品价格。总的来说，企业在进行定价决策时，应充分考虑以下几个方面的因素。

1. 产品价值

产品价值是产品价格的基础，产品价格是产品价值的货币表现。产品价值量的大小很大程度上影响着产品价格的高低，是影响产品价格发生变动的最重要因素。但这并不是说产品价格在数量上必然等于产品的价值。由于市场供求关系的变动，产品的价格围绕着产品价值上下波动。

2. 市场供求

市场供求是指一定时期市场上产品供应与需求的关系。市场供求影响产品价格，是买卖双方之间竞争的结果。一般来说，市场供应量超过需求量时，产品价格降低；市场需求量超过供应量时，产品价格上升。同时，产品价格降低会反过来刺激需求，使产品的需求量上升；产品价格上升会抑制对产品需求，使产品需求量下降，最终的结果是产品的供给与需求趋于平衡。另外，不同产品的价格变动对需求量的影响程度也是不同的，即产品的需求弹性是不同的。需求量随价格的变动而变动较大的，即需求弹性较大的产品，适度降价可提高产品的销售额；需求量随价格的变动而变动较小的，即需求弹性较小的产品，适度提价可提高产品的销售额。

3. 价格政策

价格政策是国家管理价格的有关政策和措施，是国家经济政策的组成部分。价格在一定程度上影响着生产者和消费者之间的利益分配和社会资源的配置。国家为了实现一定的宏观经济目标，调节资源配置，优化产业结构，有必要在自觉利用价值规律的前提下，对部分产品价格实行调节政策，从而鼓励或限制某些生产和消费。企业应在遵守国家价格政策的基础上自主决定产品价格。

4. 竞争态势

产品的价格在一定程度上还要受到其所处市场竞争状况的影响。不同的市场竞争态势将决定企业在定价时的“自由程度”。在市场经济条件下，一般存在着完全自由竞争、垄断竞争、寡头垄断和垄断这四种市场类型。在完全自由竞争的市场中，买卖双方之间的供求竞争决定产品的市场均衡价格，众多买者和卖者只是市场均衡价格的接受者，任何一个企业都没有动力制定偏离市场均衡价格的销售价格，因为都会降低企业的销售额。在垄断竞争的市场上，由于企业提供的产品存在一定的差异性，企业对自己产品的价格有一定的控制力，企业可自主进行产品的价格决策。在寡头垄断市场中，市场上只存在少数几个产品的提供者，企业调节产品价格将很大程度上影响其他厂商的销售价格，从而受到其他厂商的限制，因而寡头垄断市场上的厂商之间常常制定某种价格和销售量的协议。纯粹垄断市场上只有一个厂商提供某种产品，垄断厂商对产品价格具有完全的控制权，但同时国家对垄断产品的价格也常常制定一定的价格政策以制约垄断厂商，垄断厂商必须遵守国家的价格政策，在国家允许的范围内自主定价。

此外，还有很多其他影响产品价格的因素，比如产品的成本消耗水平、产品的质量、产品所处的寿命周期等。

二、定价决策的基本方法

（一）以成本为基础的定价

以成本为基础的定价决策方法又叫作按成本定价的方法，即以产品成本为基础，再加上一定的利润等因素来考虑制定产品价格的方法。产品定价的依据可以是单位成本指标，也可以是总成本指标；可以根据完全成本法提供的资料定价，也可以根据变动成本法提供的数据定价。

按成本定价的主要方法是成本加成定价法（cost-plus pricing method）。其计算公式为：

$$产品价格=预计(目标)单位成本\times(1+成本加成率)$$

$$成本加成率=\frac{加成内容}{成本基础}$$

1. *以制造成本进行定价*

以制造成本进行定价，其加成内容和成本基础分别为：

（1）加成内容：期间成本和目标利润。

（2）成本基础：产品制造成本。

【例 3－28】 锦绣制衣公司生产大衣，预计年产销量为 15 000 件，目标利润为 300 000元，其有关成本资料如表 3－20 所示。试采用制造成本法确定产品价格。

表 3－20 **成本资料** 单位：元

成本项目	单位成本	总成本
直接材料	20	300 000
直接人工	10	150 000
变动制造费用	10	150 000
固定制造费用	20	300 000
推销及管理费用	10	150 000

$$单位产品制造成本=20+10+10+20=60(元)$$

$$成本加成率=(150\ 000+300\ 000)\div(60\times15\ 000)=50\%$$

$$产品价格=60\times(1+50\%)=90(元)$$

2. *以变动成本进行定价*

以变动成本进行定价，其加成内容和成本基础分别为：

（1）加成内容：固定制造费用、期间成本和目标利润。

（2）成本基础：产品变动成本。

【例 3－29】 沿用例 3－28，试采用变动成本法确定产品价格。

$$单位产品变动成本=20+10+10=40(元)$$

$$成本加成率=(300\ 000+150\ 000+300\ 000)\div(40\times15\ 000)=125\%$$

$$产品价格=40\times(1+125\%)=90(元)$$

成本加成定价法计算简便，特别是在市场诸因素基本稳定的情况下，可以保证企业获取正常的预期利润。然而，成本加成定价法也有明显不足，它只考虑产品本身成本的补偿和获取预期利润，忽视了产品的社会价值、市场供求和竞争情况，也没有考虑消费者的心理因素等，仅仅从保证卖方利益出发而去“保本求利”。因此，它是传统的生产观念和销售观念指导下的一种定价方法，根据此种方法确定的产品价格，很难为客户所接受，或者缺乏市场竞争能力，最终导致企业预期利润难以实现。

（二）以市场为基础的定价

在一个完全竞争的市场上，供求之间的平衡关系将决定商品的价格，如果商品供大于求，价格将会下降，而价格下降会刺激需求和抑制供给，直到供求关系达到再次平衡；相反，商品供小于求，价格会上升，而价格上升会刺激生产和抑制需求，在另一较高点上供求又会平衡。

在供求变化过程中，价格、销售数量和利润有着密切的关系。例如，如果成本水平不变，产品售价高，企业的利润就多。但价格高要影响销售数量，而销售数量减少又会使成本增大，销售数量减少和成本增大都会影响利润。这就需要平衡售价、销售量和利润之间的关系，它们的关系如图 3－6 所示。

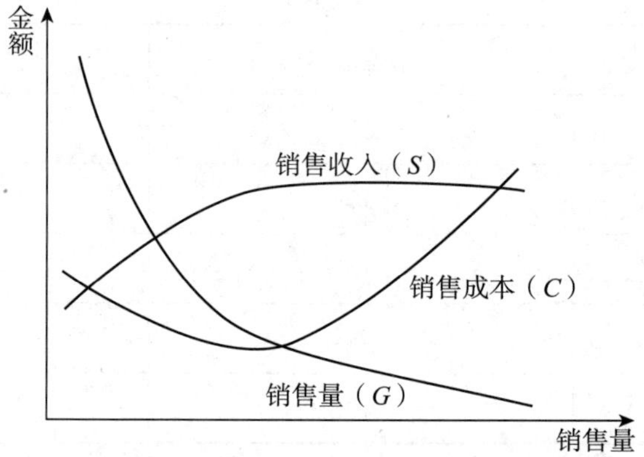

图 3－6　销售量、销售收入和销售成本的关系

在图 3－6 中，曲线（G）表示销售量。当售价高时，销售量比较少，随着价格的下降，销售量相应增加。当价格降低到一定限度时，销售量的增加就缓慢了。

曲线（S）表示销售收入，当价格较高时，由于销售量少，总的销售收入也比较少；当价格下降时，销售量增加。增加销售量后的销售收入大于价格下降的损失，所以，总的销售收入是增加的；当价格下降到一定程度，销售量增加缓慢，价格下降的损失大于销售量增加的收入，总的销售收入反而呈下降的趋势。

曲线（C）表示销售成本。当销售量很低的时候，产品成本比较高。随着销售量增加，产品单位成本逐渐下降，但成本下降有一定限度，超过这个限度，单位成本又会提高，呈现一个下凹的曲线。在曲线（S）和曲线（C）之间有一个距离最大的销售量，就是最佳利润点，与此点相适应的销售量和价格水平是最优的。

我们知道，边际成本和边际收入除了具有经济学含义外，还表现为由于产量增减所引起的销售成本和销售收入的变动。这种变动同样适应在市场经济条件下产品定价决策的需要。

在以市场为基础的产品定价决策中，通常以边际收入等于或接近于边际成本作为选择最优价格的依据。这是因为当边际收入等于或接近于边际成本时，即边际利润等于或者接近于零时，企业实现的利润最多。

【例3-30】 假定某产品销售收入为：

$$S=106X-8X^2$$

成本函数为：

$$C=\frac{X^3}{3}-8X^2+25X-400$$

其中，X表示销售量。

利润函数P为：

$$P=S-C=-\frac{X^3}{3}+81X+400$$

边际收入是指相对于销售量的无限小变化，收入的变化量，可以通过销售收入函数对销售量求微分得到：

$$MS=\frac{\mathrm{d}S}{\mathrm{d}X}=106-16X$$

边际成本是指相对于销售量的无限小变化，成本的变化量，可以通过成本函数对销售量求微分得到：

$$MC=\frac{\mathrm{d}C}{\mathrm{d}X}=X^2-16X+25$$

令边际收入等于边际成本，求出X，即可得到最大利润的销售量：

$$106-16X=X^2-16X+25X^2=81$$
$$X=\pm 9$$

因为产量不能是负数，所以最佳利润点销售量为9件，其售价为：

$$\frac{S}{9}=\frac{106\times 9-8\times 9^2}{9}=34(元)$$

可实现利润为：

$$P=-\frac{9^3}{3}+81\times 9+400=886(元)$$

【例3-31】 锦绣制衣公司薄利多销生产的A款式服装因为单价的降低而对销售量、销售收入和销售成本的影响如表3-21所示。要求确定销售单价为多少时，企业获得的利润最多。

表 3-21　　产品资料

销售单价（元）	销售数量（件）	销售收入（元）	销售成本（元）
20	800	16 000	15 000
19	900	17 100	15 500
18	1 000	18 000	16 000
17	1 100	18 700	16 500
16	1 200	19 200	17 000
15	1 300	19 500	17 500
14	1 400	19 600	18 000

根据上述资料，编制利润计算表，如表 3-22 所示。

表 3-22　　利润计算表（1）

销售单价（元）	销售数量（件）	边际收入（元）	边际成本（元）	边际利润（元）	利润（元）
20	800	—	—	—	1 000
19	900	1 100	500	600	1 600
18	1 000	900	500	400	2 000
17	1 100	700	500	200	2 200
16	1 200	500	500	0	2 200
15	1 300	300	500	−200	2 000
14	1 400	100	500	−400	1 600

表 3-22 表明，随着销售单价的下降和销售数量的增加，边际收入逐渐减少，而边际成本固定不变。当边际收入大于边际成本时，边际利润为正数，说明降价有利，如本例中销售单价从 20 元降到 17 元；如果边际收入等于边际成本，边际利润等于零，说明降价没有意义，既不增加利润，也不减少利润，如本例中从 17 元降到 16 元；当边际收入等于边际成本时，边际利润小于零，说明降价是不利的，如本例中从 16 元降到 14 元。

由此可见，销售价格降低的最优幅度应是在边际收入等于边际成本的地方，价格应是最接近边际利润等于零的地方。本例中，销售单价为 17 元、销售数量为 1 100 件时，利润最大，为 2 200 元。

在上述分析中，我们假定销售成本中固定成本不变，变动成本与销售量呈正比例。这样形成的边际成本也是固定不变的，它表现为销售量变动引起的单位变动成本的差额。但在实际工作中，当产量超过一定水平后，由于市场竞争因素存在，企业可能以较高的价格购买追加原材料或支付较高的运费；同时，可能增加机器设备，增添管理人员、生产辅助人员以及增加广告和其他摊销费用等，从而引起变动成本和固定成本的变化。在这种情况下，边际成本不再是固定不变的，但定价决策的选优标准仍然是边际收入等于边际成本或者是边际收入接近于边际成本。

例如，将表 3-22 的有关资料加以变化和发展，编制利润计算表，如表 3-23 所示。

表 3-23　　利润计算表（2）

销售单价（元）	销售数量（件）	销售收入（元）	销售成本（元）	边际收入（元）	边际成本（元）	边际利润（元）	利润（元）
20	800	16 000	15 000	—	—	—	1 000
19	900	17 100	15 300	1 100	300	800	1 800
18	1 000	18 000	15 600	900	300	600	2 400
17	1 100	18 700	15 900	700	300	400	2 800
16	1 200	19 200	16 300	500	400	100	2 900
15	1 300	19 500	16 900	300	600	−300	2 600
14	1 400	19 600	17 500	100	600	−500	2 100

从表 3-23 可以看出，当销售量超过 1 100 件时，边际成本呈递增状态，当边际收入接近于边际成本时，企业获得的利润最大，在本例中，最优价格为 16 元。

应注意的是，边际收入等于边际成本只是从理论意义上讲的，在实际工作中，往往是以边际收入接近于边际成本作为选择最优销售价格的标准。

（三）目标成本定价法

传统的定价决策方法首先要确定产品的成本，然后在弥补成本的基础上，加上企业期望的利润，从而确定产品的价格，这种定价法不利于企业降低成本，赢得市场。而目标成本定价法是一种以价格为基础的成本计算方法。目标价格是指预计潜在客户愿意接受的价格，也是一种竞争性的市场价格；目标成本是可以为企业带来目标利润的产品或服务的预计长期成本。

目标成本定价法的具体措施是：首先确定所开发的某种新产品期望实现的目标利润，并在目标利润的基础上，通过市场调研，确定一个竞争性的目标销售价格，然后用目标销售价格减去目标利润，就得到制造该新产品的目标成本，用公式表示为：

目标成本＝目标销售价格－目标利润

由于产品开发、设计阶段决定了产品的绝大部分成本，要实现产品的目标成本，就必须从产品的设计阶段开始进行严格的成本控制，做好成本规划。在现代激烈的市场竞争中，产品不断推陈出新，更新换代速度加快，产品的寿命周期越来越短。为使企业不断维持和扩大市场占有率，在激烈的市场竞争中立于不败之地，企业有必要不断提高产品质量，降低产品成本，使用价值工程可实现企业的这一目标。价值工程是一种系统的方法，它以功能分析为核心，目的是以最低的成本来实现产品或作业应具备的必要功能。通过功能分析，能够引导产品设计的改进、材料选择的变化或者工艺方法的改进，在满足产品必要功能的前提下，降低成本，保证目标成本的实现。

三、市场定价策略

在现实经济生活中，由于经济环境瞬息万变，企业所面临的宏观经济环境、行业状况、市场供需以及竞争对手的对策等方面都存在着诸多的不确定性，企业往往很难用精确的定价理论模型进行定价决策，而需要根据实际情况，在借助理论模型的同时，依靠自己的实践经验和判断能力对有关问题进行定性的分析，制定合理的定价策略。

（一）需求导向的定价策略

所谓需求导向的定价策略，是指根据消费者的不同消费心理制定价格，区别对待，采取不同的定价方法。

1. 需求弹性定价策略

对于需求弹性较大的商品，适宜制定较低的价格，实行薄利多销；对于需求弹性较小的商品，应制定相对较高的价格，以获得较高的利润；而对于单一弹性的商品，这两种价格策略都不适用，应选择其他的价格策略。

2. 消费者心理定价策略

企业定价决策时常常可以利用消费者的某些心理特征制定合适的价格。例如，对于某些常被消费者视为身份和地位象征的奢侈品，制定较高的价格更易被消费者接受；对于中低档商品，很多厂商常使用尾数定价法，即让价格的尾数为非整数，以零头结尾，如 9.98 元、19.99 元等。

（二）竞争导向的定价策略

所谓竞争导向的定价策略，是指根据竞争对手的情况制定价格，区别对待，采用不同的定价方法。

1. 根据竞争对手的实力定价

如果竞争对手实力较弱，一开始可以采取较低的价格，挤走竞争对手后再行提价；如果竞争对手的实力较强，适宜制定稍低于竞争对手的价格紧紧跟随，即对手提价我也提价，对手降价我也降价；如果双方的实力不相上下，双方宜协议定价，以免两败俱伤。

2. 根据双方产品的质量差异定价

如果竞争对手的产品质量较高，企业宜制定较低的价格，以低价吸引消费者，薄利多销；如果企业的产品质量较高，对手望尘莫及，企业应利用这一竞争优势，制定较高的价格以获取丰厚的利润。此外，双方还可以在交货时间、售后服务等方面展开竞争。

（三）新产品的定价策略

企业推出新产品需要进行定价决策，但由于新产品存在诸多的不确定性，如消费者对新产品的接受程度、市场销售量的多少、市场上已有产品对新产品的替代程度、新产品的推销成本等方面有很多的未知数，所以许多企业在推出一项新产品时，常常先选择在某些地区采用不同的价格进行试销，以获得新产品在不同的销售价格下有关销售量、销售价格与销售量的关系以及竞争对手的反应等信息，再根据试销阶段收集的这些信息，为新产品制定能给企业带来最大经济效益、最适宜于企业长远发展的定价策略。一般来说，新产品的定价策略有撇油性的定价策略和渗透性的定价策略两种。

1. 撇油性的定价策略

撇油性的定价策略是指在产品销售初期制定较高的价格，获取高额的利润，迅速收回产品研发阶段的成本，并保障新产品在产销方面无法预知的成本得到弥补。随着新产品趋于成熟及高额利润所引致的激烈竞争，新产品的高价难以维持，此时再逐步降低价格。总之，这是一种先高后低的定价策略。撇油性的定价策略是一种着眼于短期利益的定价策略，适用于市场上暂时没有类似的替代品，初期没有竞争对手，而且较容易开拓市场的新产品。

2. 渗透性的定价策略

渗透性的定价策略是指在产品销售初期制定较低的价格招揽顾客，迅速开拓和占领市场，确立市场优势后再行提价。这是一种先低后高的定价策略。这种定价策略尽管在销售初期利润不高，但其低价有利于排挤竞争对手、在市场确立长期的竞争优势，能持久地给企业带来长期利益，是一种着眼于企业长期利益的定价策略。

（四）特殊订货定价策略

特殊订货定价策略是指订单的价格低于一般正常销售产品的售价，甚至低于产品的制造成本。特殊订货定价往往发生在以下几种情况。

1. 闲置生产能力

当企业存在闲置生产能力，而闲置生产能力又无法转移、没有其他用途时，只要制定的产品价格略高于单位变动成本，便可以为企业带来边际贡献，弥补部分固定成本，提高企业整体利润。

2. 市场需求变化

市场需求变化是指当市场对企业某种产品的需求量突然减少时，企业不得不削价销售。此时，只要产品定价略高于单位变动成本，就能弥补部分固定成本。

3. 激烈的竞价

当企业面临激烈的市场竞争时，企业定价不应以完全成本为基础。为了战胜竞争对手，企业应以单位变动成本为价格下限，采取薄利多销的方式，从扩大销售中获得较多的利润。

企业是否接受特殊订货的决策标准是：当特殊订货能给企业带来边际贡献，即边际贡献大于零，且企业有剩余的生产能力时，就可以接受特殊订货。即便该项特殊订货的完全成本大于其售价，但由于其边际贡献可弥补部分固定成本，接受该特殊订货对企业来说依然是有利可图的。

除此之外，企业在进行特殊订货决策时，还应该考虑接受较低价的特殊订货是否会影响企业正常渠道的销售，是否会招致其他客户的不满，是否会失去潜在客户等问题，应综合考虑相关因素后做出最优的决策。

【例 3-32】　百达公司现生产甲产品的单位直接材料成本为 7 元，单位直接人工成本为 5 元，单位变动制造费用为 3 元，单位固定制造费用为 4 元，甲产品的单位正常售价为 22 元。企业年生产能力为 10 000 件，利用率为 80%。现有一客户欲追加订货 3 000 件，每件出价 18 元。企业是否应接受该项特殊订货？

甲产品的单位完全成本为 19(7+5+3+4)元，大于特殊订货的出价 18 元，似乎不该接受该项特殊订货。但考虑到企业是利用剩余生产能力进行生产，接受订货不会增加企业的固定成本，只需考虑相关成本 15(7+5+3)元。因此，若接受该项特殊订货，企业将增加的边际贡献总额计算如下：

特殊订货的单位边际贡献＝18－15＝3(元)

特殊订货的边际贡献总额＝3× 3 000＝9 000(元)

因特殊订货而减产所减少的正常供货的边际贡献＝1 000×（22－15)＝7 000(元)

该项特殊订货所增加的边际贡献总额＝9 000－7 000＝2 000(元)

所以，在不考虑其他因素的情况下，企业接受该项特殊订货是有利可图的。

需要注意的是，如果接受特殊订货需要企业追加专属成本或损失部分机会成本，企业应将这部分成本考虑在内。

【例 3－33】 承例 3－32，如果百达公司接受特殊订货需要追加投入一项专用设备，价值 1 500 元。试分析百达公司是否应该接受该项特殊订货。

该项特殊订货所增加的边际贡献总额＝2 000－1 500＝500(元)

若百达公司不接受该特殊订货，可将剩余的生产能力出租，租金为 1 200 元，此时该项特殊订货所增加的边际贡献总额为 800(2 000－1 200)元，所以企业仍应接受该项特殊订货。

（五）薄利多销的定价决策

所谓薄利多销，就是采取主动降低价格措施，通过扩大产品的销售量来争取实现更多的利润。因此，薄利多销不是目的，而是手段。“薄利”是对单位产品而言的，“多销”是对整个企业而言的，其最终目的是使企业实现更多的利润。所以，薄利多销只是一个美名，其实质是降价、多销、增利。

企业要想使薄利多销能够取得好的效果，除了应该慎重考虑其产品的性质之外，还必须着重掌握好降价时机和降价幅度这两个关键性的环节。怎样实行薄利多销的决策呢？一是要考虑利润最优，二是要考虑风险因素，三是要考虑企业现有生产能力。

1. 利润最优

薄利多销要求利润最优，也就是说，产品降价后销售量增加，因增加销售数量而增加的利润在抵偿降价带来的收入减少的损失后，还绰绰有余，从而使所得的利润比降价前高。关于这一点，可采用市场基础定价法加以解决。

2. 风险因素

如果预计销售量能够实现，预计利润就能得到保证，决策无疑是正确的。但是，如果预计销售量不能达到，利润也就不能实现，决策就成问题。因此，在决策中应该考虑预计销售量的实现可能性问题，即概率问题。

【例 3－34】 承例 3－33，如果产品降价以后，销售量不增加的机会是 0.1，销售量只达到预计增加销售量（预计销售量减去目前销售量）一半的机会是 0.25，达到预计销售量的机会是 0.5，超过预计销售量 10%的机会是 0.15。这样，原来的预计销售量要按照上述概率进行调整，计算出销售量的期望值，然后再按前面所讲的方法计算边际利润进行决策。因此，原来的预计销售量需要按照概率进行调整。现分别计算销售单价降至 19 元、18 元和 17 元时的销售量，具体如下：

（1）19 元售价时的预计销售量为：

800×0.1＋850×0.25＋900×0.5＋990×0.15＝891(件)

(2) 18 元售价时的预计销售量为:

800×0.1＋900×0.25＋1 000×0.5＋1 100×0.15＝970(件)

(3) 17 元售价时的预计销售量为:

800×0.1＋1 050×0.25＋1 100×0.5＋1 210×0.15＝1 074(件)

3. 企业现有生产能力

上述所讲的决策中没有涉及企业的生产能力。要知道，这并不意味着市场销售量有多大，企业就能生产多少以满足需求。实际上，在一定时间内，销售量不可能无限制地增加，它将受到企业生产能力的约束。因此，在决策时，应考虑企业的生产能力这一因素。

【例 3-35】　锦绣制衣公司生产 A 款式服装，年产销量为 1 200 件，年生产能力为 2 000件。A 款式服装的售价为 100 元，单位变动成本为 50 元，固定成本为 21 000 元。若销售价格降到 80 元，则预计可销售 2 800 件，但因超过现有生产能力，要满足降价后预计的销售量，必须扩大生产能力，从而要增加固定成本 15 000 元。试为锦绣制衣公司做出 A 款式服装的定价决策。

根据本例资料，我们考虑如下三个方案：

方案 1：维持原状。

方案 2：扩大生产能力以满足降价后的预计销售量。

方案 3：降价但不扩大生产能力。

我们采用本量利分析法来计算三个方案的保本点和利润，计算结果如表 3-24 所示。

表 3-24　　**备选方案的保本点及利润**

方案	销售量（件）	保本销售量（件）	利润（元）
1	1 200	420	39 000
2	2 800	1 200	48 000
3	2 000	700	39 000

从三个方案的计算结果可做如下分析：

仅从利润这个指标考虑，当然应首推方案 2。但方案 2 的风险也是显而易见的。第一，保本销售量达到 1 200 件，一旦不能达到 2 800 件的预计销售量，利润会大幅下降，假如实际销售量只有 2 000 件，利润只有 24 000 元，下降 50%。第二，扩大生产能力并不仅仅是增加当年的固定成本，而是在整个固定资产使用年限内每年都要增加的，这将是企业的长期负担，若销售量的增加仅是当年的，这将使第二年乃至以后数年的固定成本过高，生产能力过剩。对此项风险，在扩大生产能力时应慎重考虑。由此，我们也可以看到，在经营决策中，涉及固定资产投资的，均应慎重，因为它产生的影响不仅仅在一年以内。对于方案 3，虽然实现的利润与方案 1 相同，但若考虑降价至 90 元，则只要求销售量达到 2 000件（这一要求应该可以达到，因为 80 元时的销售量可达 2 800 件）。此时的利润可计算如下：

(90－50)× 2 000－21 000＝59 000(元)

并且，保本销售量也不高，仅 525 件。

结论：最优方案是不扩大生产能力，售价定为 80～90 元。

（六）赊销定价策略

企业在制定商品价格时，往往同时制定货款的收款期和现金折扣，两者都是定价决策的有机组成部分。收款期的长短对商品销售量和企业财务状况有一定的影响。如果期限短，可以使货款早日收回，减少应收账款的余额，从而降低催账费用和可能发生的坏账损失。同时，减少应收账款金额，就是减少应收账款投资，增加了现金，而现金可以滋生利息。这些都对企业有利，但却对顾客不利。因为从顾客的立场看，企业的收款期（即顾客的付款期）短，就是价格相对贵，从而影响商品的销路。所以，企业在制定收款期时，必须权衡得失。

【例 3-36】 锦绣制衣公司为销售某款式 T 恤衫制定的收款期为 30 天，现在拟放长到 60 天。公司预测单价为 5 元时，销售量将为 100 000 件，按 100 000 件计算的单位成本为 4.50 元，其中变动成本为 4 元。如果收款期延长到 60 天，将使销售量增加到 120 000 件，这样平均成本将降低，因为超额部分可以不分摊固定成本。但是，由于付款期延长，每年耗费的应收账款催收费用将从 3 000 元增加到 4 000 元，同时坏账损失从占销售收入的 1%增加到 1.5%。锦绣制衣公司规定，增加的应收账款金额应按投资报酬率 20%计算成本。试问收款期从 30 天增加到 60 天是否有利？

（1）首先，应计算比较两种不同收款期的利润。

预计销售量 120 000 件的成本合计＝常规销售量× 平均成本＋增长销售量× 变动成本＝100 000× 4.5＋20 000× 4＝530 000(元)

单位成本＝530 000÷120 000＝4.42(元)

假定其他费用不变，比较两种不同收款期的利润，如表 3-25 所示。

表 3-25　利润的计算

收款期（天）	销售量（件）	销售收入（元）	销售成本（元）	毛利（元）	催账费（元）	坏账损失（元）	利润（元）
30	100 000	500 000	450 000	50 000	3 000	5 000	42 000
60	120 000	600 000	530 000	70 000	4 000	9 000	57 000

收款期 60 天的预计销售利润比 30 天的预计销售利润多 15 000(57 000－42 000)元。

（2）然后计算应收账款投资报酬。

年平均应收账款投资额的计算公式如下：

$$\text{年平均应收账款投资额}=\frac{\text{年销售收入}}{\text{应收账款年周转次数}}\times\frac{\text{产品平均单位成本}}{\text{产品单位售价}}$$

1）按 30 天收款期计算。

$$\text{年平均应收账款投资额}=\frac{500\ 000}{12}\times\frac{4.50}{5}=37\ 500(\text{元})$$

2）按 60 天收款期计算。

$$年平均应收账款投资额=\frac{600\ 000}{6}\times\frac{4.42}{5}=88\ 400(元)$$

60 天收款期比 30 天收款期的应收账款投资额增加 50 900(88 400－37 500)元，而利润增加 15 000 元。应收账款报酬率为 29.5%(15 000÷50 900)，超过预定的报酬率 20%，所以 60 天收款期获取的利润较多，为最优。

（七）现金折扣定价策略

企业规定现金折扣是为了加速应收账款现金回收，减少应收账款投资额，从而可以将这笔款项（减少的差额）另外进行投资取得报酬。此时企业要决策的是提供现金折扣，使顾客提前付款而增加的收益是否超过提供折扣而发生的损失，如果前者大于后者，为可取的方案。

【例 3 - 37】　承例 3 - 36，假定锦绣制衣公司规定收款期为 60 天，现规定对 10 天内付款者给予 2%折扣优待。公司预测有一半顾客将会在 10 天内付款，从而可以使收款期缩短到平均 30 天。试问，提供 2%折扣是否可取?

因提供现金折扣而少收的销售收入＝600 000×0.5×2%＝6 000(元)

因应收账款投资额减少而增加的收益＝(88 400 ÷ 2)×20% ＝8 840(元)

由于增加收益超过减少的销售收入，因此，此项现金折扣策略是可行的。

四、外部定价的非财务因素

不管采用上述哪种方法制定产品或劳务价格，要正确定价，还必须考虑下列非财务因素。

（一）法律要求

定价决策必须在国内价格政策和国际法的约束下制定。国家的价格政策是国家管理价格的有关措施和法规，是国家经济政策的组成部分，企业应在国家规定的定价范围内自由决定产品的价格。国际法则通常禁止掠夺性定价或歧视性的定价。所谓掠夺性定价，是制定很低的价格把竞争者赶出市场，然后这一定价者就可以在没有重大竞争的情况下大幅度涨价或制定垄断性价格。歧视性定价是相同的产品或服务针对不同的顾客制定不同的价格。企业产品的定价应当注意不要超越国际法的限制。

（二）市场状况

所有的自由市场都存在着产品的供求关系。市场供求关系的变动直接影响产品价格的变动。一般来说，产品的市场需求超过市场供应，可将其价格定得高些；反之，则定得低些。同时，产品价格下降，将会引起该产品需求量的增长；产品价格上升，将会引起该产品需求量的减少。在制定产品或劳务价格时必须考虑到这一点。经济理论认为，在供求关系的共同作用下，存在着一个使企业利润最大化的价格。

1. 竞争者价格

如果竞争者向市场供应相似的产品或劳务，那么竞争者的价格可作为企业制定自己产品或劳务价格的参考依据。

2. 产品寿命周期

任何产品从最初投放市场到最终退出市场都是一个有效的生命过程。就像人一样，一般要经历几个发展阶段，即产品的投放期、成长期、成熟期和衰退期四个阶段。在不同发展阶段，产品的质量、成本、产销量、竞争情况及市场的需求情况都不同，销售增长率也不一样。为了使产品在每一个发展阶段都具有竞争力，企业必须采用不同的定价策略。

（三）一般经济指标

消费价格指数、通货膨胀、行业预测等都是一般经济指标。企业产品的定价，需要根据一般经济指标做相应的调整。

本章要点

1. 本量利分析是以成本性态分析为基础，研究企业在一定期间内的成本、业务量和利润三者之间内在联系的一种专门方法。

2. 边际贡献是指产品的销售收入超过其变动成本的金额，也称贡献毛益。边际贡献有单位产品边际贡献与边际贡献总额两种表现形式。

3. 保本点销售量的计算只适用于单一产品保本点的分析，而当需要分析多种产品的保本点时，只能计算保本点销售额。多种产品保本点销售额的计算方法主要有加权平均法、分别计算法和历史资料法等。

4. 保本图一般有以下四种表示方法：基本式保本图、边际贡献式保本图、收入式保本图、利量式保本图。

5. 安全边际是指产品的预计销售量（销售额）超过保本点销售量（销售额）的差额，安全边际有两种表现形式：安全边际量和安全边际额。

6. 保本作业率是指保本点销售量（销售额）占企业正常销售量（销售额）的比重，它表明在保本的情况下，企业生产经营能力的利用程度。

7. 不确定情况下的本量利分析方法包括概率分析与敏感分析。

8. 经营杠杆分析可以用于衡量企业经营风险，可以帮助企业调整成本结构，可以用于预测利润和销售水平。经营杠杆分析中通常采用经营杠杆系数来衡量。

9. 本量利分析在生产决策中的运用包括新产品开发决策、产品进一步加工或直接出售的决策、亏损产品应否停产或转产的决策、零部件自制或外购的决策、生产能力约束下的产品组合决策等内容。

10. 影响价格的因素包括产品价值、市场供求、价格政策、竞争态势等。

11. 定价决策的基本方法包括以成本为基础的定价法、以市场价格为基础的定价法和目标成本定价法三种。

12. 市场定价策略包括需求导向的定价策略、竞争导向的定价策略、新产品的定价策略、特殊订货定价策略、薄利多销的定价决策、赊销定价策略和现金折扣定价策略等方面。

13. 外部定价的非财务因素包括法律要求、市场状况、竞争者价格、产品寿命周期、一般经济指标等内容。

案例四

卡臣是一家小型的工程公司，其中的一个部门专门替另外一家企业生产一种特别的零部件。该零部件现时的每年需求量为 10 000 件，每件售价为 36 元。零部件的年度预算成本列示如下：

原材料	120 000 元
人工	60 000 元
机器租赁费用	50 000 元
其他固定成本	90 000 元
成本总额	320 000 元

人工乃雇用两名机器操作员的固定总成本。不论零部件的生产数量是多少，此两名工人的工资按月计算。最近，卡臣曾考虑租用另外一台机器的可能性。如果租用新的机器，则可使用较便宜的原材料，每件成本为 6 元，新机器的每年租赁费用为 110 000 元。此外，不论使用现有的或是建议的新机器，在上述的产品需求量范围内，人工成本维持不变。

要求：

（1）假设公司使用现有的机器和按照现时的需求量，计算其保本点和安全边际。请以生产件数作答。

（2）试评论租赁新机器的建议，并以数据来支持你的论点。

（3）卡臣得悉在短期内该零部件的每年需求量可能增加至 14 000 件。如果生产量超过 12 000 件，公司便需要雇用多一名固定员工，其每年的人工成本为 30 000 元。评述如果使用下列机器来生产 14 000 件零部件的财务结果：

（a）现有的机器。

（b）建议的新机器。

案例五

推销国际名牌电视机的公司（如 Sowa），不一定是制造商。制造的工作一般都发包给认可的制造商，Pana 便是其中的一家制造商，但 Pana 同时亦替其他连锁商店制造以这些商店为名的电视机。

一家连锁商店曾接触 Pana 的管理层，商讨投标供应 5 000 台或 7 000 台以这家商店为名的产品。只需稍作改动，Pana 便能够增加下季度的生产能力至 7 500 台来应付这个可能的订单。

Pana 采用完全成本加成利润的方法来进行成本预算。制造费用（固定）分配是按直接人工成本的400%计算的，行政费用（固定）则按制造成本的40%计算。以这个投标来看，一台电视机的原材料估计是80元，直接人工是每台20元，销售佣金和包装成本（变动）是每台48元。在厘定投标价时，管理层决定若较大量生产便按完全成本加成30%利润，若较小量生产则加成40%。

在Pana呈交其投标价之前，Pana收到了Sowa要求供应6 000台单价为500元的查询。经审查Sowa设计规格的直接成本，显示出每台原材料成本价为100元，直接人工为每台35元，销售佣金和包装成本为每台55元。倘若Pana接受了这个订单，便不能接受连锁商店的订单，因其现时的生产能力只能应付下季度已签订合约的生产。

Pana为了制造额外7 500台而需要的制造费用及行政费用的增量成本为130 000元，如果只需制造额外的5 000台，则只需120 000元，这是间接费用中的唯一改变。

要求：

（1）按公司的完全成本法，计算给予连锁商店的大约报价。

（2）利用有关的成本及收益数字，评论销售给连锁商店或Sowa的选择。

（3）市场推广部估计Pana可以取得Sowa订单的概率是60%。另外，它们预测连锁商店接受其报价并下订单的概率是80%。如果连锁商店接受7 000台订单的概率是70%，接受5 000台订单的概率是30%，请把上述资料应用在（2）中，计算每个订单的预期利润价值（上述概率都是独立的）。

案例六

德龙有限公司出产四款巧克力——A、B、C和D。这些巧克力的售价和成本资料如下：

	A	B	C	D
	元/千克	元/千克	元/千克	元/千克
售价	50	55	60	60
直接原材料	12	15	8	10.5
直接人工(每小时3元)	9	7.5	12	13.5
其他直接费用	—	—	1.5	—
变动间接费用	6	5	8	9
固定间接费用(注)	12	10	16	18
单位利润	11	17.5	14.5	9

注：固定间接费用按基础工时和每季度1 600小时的预算计算。

在未来的三个月，预计的可用直接工时上限为1 345小时。在制造过程中，四款巧克力都用相同的一批工人。

市场推广部的总监指出四款产品在未来三个月的最高需求量如下：

A：200千克。

B：150千克。

C：100 千克。

D：120 千克。

上述的最高需求量已包含德龙有限公司与其一位客户莎惠有限公司签订的合同，答允在未来三个月供应四款巧克力 A、B、C 和 D 各 20 千克。

要求：

（1）如果希望取得最高的利润额，计算德龙有限公司在未来三个月内需要生产的产品 A、B、C 和 D 的数量及所带来的利润。假设在此三个月的开始期间公司并未持有可应付上述需求的存货。

（2）在完成了上述生产计划的计算后，你收到了下列两则讯息：

第一则来自研发部总监：

为减低产品 D 的制造过程中所产生的污染，公司从下月初起实施一些控制污染的措施。每年的固定成本因而增加了 6 000 元。

第二则来自营业部总监：

一家海外的供应商能按分包形式替公司生产 C 和 D 两款巧克力，收取的价钱如下：

C：每千克 52.5 元。

D：每千克 50 元。

指出并计算上述两则讯息对德龙有限公司的计划的影响。

习题

一、单项选择题

1. 下列各项中，其计算结果不等于变动成本率的是（　　）。

A. 1－边际贡献率　　B. 1－保本作业率

C. $\frac{单位变动成本}{单价}\times 100\%$　　D. $\frac{变动成本}{销售收入}\times 100\%$

2. 下列措施中，只能提高安全边际而不能降低保本点的是（　　）。

A. 提高单价　　B. 增加业务量

C. 降低单位变动成本　　D. 压缩固定成本开支

3. 下列各项指标中，其数值越小，说明企业经营的安全程度越大的是（　　）。

A. 安全边际率　　B. 销售利润率

C. 边际贡献率　　D. 保本作业率

4. 某企业只经营一种销路不稳、单位边际贡献大于零、保本点销售量为 3 200 件的产品。下年度预测销售量为 2 000 件、3 000 件和 4 000 件时的概率分别为 0.2、0.5 和 0.3，则当该产品的销售量达到其期望值时，企业处于（　　）。

A. 保本状态　　B. 盈亏不确定状态

C. 盈利状态　　D. 亏损状态

5. 已知某产品的销售利润率为 16%，安全边际率为 40%，则边际贡献率为（　　）。

A. 40%　　B. 6.4%

C. 2.5%　　D. 56%

6. 在新产品开发的决策中，当单位产品资源消耗定额增加时，单位资源边际贡献（　　）。

A. 增加　　B. 减少

C. 不变　　D. 不能确定

7. 在半成品是否进一步加工的生产决策分析中，当差量收入大于差量成本时，应当（　　）。

A. 进一步加工　　B. 出售半成品

C. 都可以　　D. 不能确定

8. 当企业有剩余生产能力时，（　　）即可接受客户的追加订货。

A. 出价大于单位完全成本　　B. 出价大于单位变动成本

C. 出价小于单位变动成本　　D. 以上均错

9. 在本量利分析中，产品成本按（　　）进行计算。

A. 完全成本法　　B. 制造成本法

C. 变动成本法　　D. 吸收成本法

10. 如果其他因素不变，销售价格提高，会使保本点（　　）。

A. 上升　　B. 下降

C. 不变　　D. 各种可能

二、多项选择题

1. 保本点也称损益平衡点或盈亏临界点，是指（　　）时的销售量或销售额。

A. 边际贡献总额等于固定成本总额　　B. 利润等于零

C. 销售毛利等于期间成本　　D. 销售毛利等于固定成本

2. 在其他因素不变的情况下，单价变动会引起（　　）变动。

A. 边际贡献　　B. 保本点

C. 目标利润　　D. 安全边际

3. 下列计算公式中，正确的有（　　）。

A. 销售利润率＝安全边际率×边际贡献率

B. 目标利润＝销售收入×边际贡献率－固定成本总额

C. 固定成本＝边际贡献总额－目标利润

D. 边际贡献＋变动成本＝1

4. 下列表述中，正确的是（　　）。

A. 保本点不变，销量越大，实现的利润越多

B. 销售量不变，保本点越低，实现的利润越低

C. 在销售收入一定的条件下，保本点高低取决于固定成本总额和单位变动成本的多少

D. 固定成本总额越高，或单位变动成本越高，保本点也越高

5. 影响目标利润实现的主要因素有（　　）。

A. 单价　　B. 单位变动成本

C. 税率　　D. 固定成本总额

6. 与长期投资决策相比，短期经营决策主要的特点有（　　）。

A. 从性质上讲，由于短期决策一般不涉及大型固定资产投资，属于经营决策的范畴

B. 从时间上讲，短期经营决策只涉及一年以内的一次性专门业务，决策结果的影响较短

C. 从方法上讲，短期决策一般不考虑货币时间价值因素和风险因素

D. 从决策者层次上讲，短期经营决策主要是较低管理层次的决策，长期投资决策主要是较高管理层次的决策

7. 产品的售价与（　　）有直接关系。

A. 销售量　　B. 企业目标利润

C. 单位销售成本　　D. 销售利润

8. 如果企业缩短货款的收款期，则会（　　）。

A. 销售量增加　　B. 减少应收账款投资

C. 对企业有利　　D. 降低催账费用

9. 企业的生产决策包括（　　）。

A. 零部件自制还是外购的决策　　B. 剩余生产能力利用的决策

C. 产品最优组合的决策　　D. 经济订货批量的决策

10. （　　）可以降低保本点。

A. 提高价格　　B. 降低单位变动成本

C. 提高固定成本　　D. 增加销量

三、判断题

1. 变动成本率高的企业，边际贡献率也高，创利能力也大。（　　）

2. 超过保本点的安全边际所提供的边际贡献是企业的利润。（　　）

3. 当边际贡献总额等于固定成本时，保本作业率为100%，安全边际为0。（　　）

4. 某产品的变动成本率为60%，安全边际率为40%，则其销售利润率为24%。（　　）

5. 保本点销售量这一指标，既适用于单一产品保本点的分析，也适用于整个企业多品种保本点的分析。（　　）

6. 企业在进行生产决策时，凡是亏损的产品都应当停产。（　　）

7. 商品供大于求，价格将会下降，价格下降会刺激需求和抑制供给。（　　）

8. 短期经营决策一般不涉及固定资产投资。（　　）

9. 用图解法安排两种产品的生产决策的最优解一定在可行解区域的角点上。（　　）

10. 生产何种产品的关键是看哪种产品提供的利润较多。（　　）

四、业务分析题

1. 某企业生产销售A产品，有关资料如下：

单价	100元
单位直接材料	40元
单位直接人工	20元
单位变动销售费用	2元
固定制造费用	294 000元
固定管理费用	200 000元

要求：

（1）计算A产品的保本点销售量和销售额。

（2）预计销售量为80 000件，预计利润为多少？

（3）计算安全边际量、安全边际额、安全边际率和保本作业率。

2. 某企业计划年度产销A、B、C三种产品，其有关资料如表3-26所示。

表3-26　　A、B、C三种产品资料

产品名称	A产品	B产品	C产品	合计
产销量	100件	160件	120件	
单价	300元	400元	550元	
单位变动成本	180元	220元	357.5元	
固定成本总额				31 950元

要求：

（1）采用加权平均法预测该企业计划年度三种产品的综合保本点销售额。

（2）根据综合保本点销售额和各产品的销售比重，计算各种产品的保本点销售额及保本点销售量。

（3）三种产品计划期内预计实现的税前利润是多少？

（4）若实际销售 A 产品 100 件、B 产品 215 件、C 产品 80 件，保本点会发生怎样的变化？

（5）若该企业的固定成本 31 950 元能够在 A、B、C 三种产品之间合理分配：A 产品 13 200 元，B 产品 7 200 元，C 产品 11 550 元，采用分别计算法预测该企业的综合保本点。

3. 某企业产销一种产品，有关资料如下：

实际产销量	10 000 件
最大的生产能力	11 000 件
售价	20 元
单位变动成本	12 元
固定成本总额	60 000 元
目标利润	40 000 元

要求：

（1）要实现目标利润，如果其他因素不变，销售量应增加多少？固定成本应降低多少？单位变动成本应降低多少？售价应提高多少？

（2）如经过测算，固定成本可降低 2 000 元，销售量可扩大到 11 000 件，但售价要降低 2%，要达到目标利润，单位变动成本应降低多少？

4. 某企业生产销售甲产品，该产品的单位变动成本为 20 元，固定成本总额为 18 000 元，边际贡献率为 36%，安全边际率为 20%。

要求：

（1）计算甲产品的销售单价。

（2）假定甲产品的产销量一致，则甲产品的预计产销量应为多少？预计利润为多少？

（3）如果甲产品降价 4%，增加 3 000 元的销售费用，如要实现 6 000 元的目标利润，甲产品的产销量应为多少？

5. 某企业计划生产 A 产品，其单位变动成本为 40 元，固定成本总额和业务量之间的关系如表 3－27 所示。假定该企业产销一致。

表 3－27　　其企业业务量与固定成本总额

业务量（件）	0～1 500	1 501～3 000	3 001～4 500	4 501～6 000
固定成本总额（元）	20 000	40 000	56 000	68 000

要求：

（1）如果该企业的目标利润为 16 000 元，并要求达到 20%的成本利润率，则应销售 A 产品多少件？其售价应为多少？

（2）如果按上述售价，企业希望获利 20 000 元，则应销售 A 产品多少件？

6. 某厂计划生产销售甲产品 10 000 件，该产品预计单位变动成本为直接材料 10 元，直接人工 8 元，变动性制造费用 7 元，固定成本总额 75 000 元，预计利润总额按完全成本总额的 10%予以加成。

要求：计算该产品的单位销售价格应为多少？

7. 某厂生产一种产品，售价为 2 元，每月销售 100 件，单位变动成本为 0.5 元，固定成本总额为 100 元。如果销售单价逐步下降，预计其销售量也将发生变化，有关资料如表 3 - 28 所示。

表 3 - 28　　销售单价与销售量

销售单价（元）	销售量（件）
2	100
1.9	110
1.8	120
1.7	130
1.6	140
1.5	150
1.4	160

要求：计算该产品销售价格应该定为多少元，才能使企业获得最高的利润？

8. 某企业现有生产能力 20 000 机器小时，利用率为 75%，企业决定用剩余的生产能力投产甲、乙两种产品。甲、乙产品的有关资料如表 3 - 29 所示。

表 3 - 29　　甲、乙产品资料

项目	甲产品	乙产品
销售单价（元）	40	26
单位变动成本（元）	25	14
单位产品耗用的机器小时	3	2

要求：

（1）企业应投产何种产品？

（2）若投产乙产品，企业须追加投入某专用设备，若租用该设备，年租金为 3 000 元；若购入该设备，价格为 20 000 元，预计使用 5 年。若投产乙产品，企业应租入还是购入该设备？

9. 某公司本年度产销 A、B、C 三种产品，其相关资料如表 3 - 30 所示。

表 3 - 30　　A、B、C 产品资料

项目	A 产品	B 产品	C 产品
销售量（件）	7 000	3 500	2 800
销售单件（元）	14	42	18
单位变动成本（元）	6	32	10
固定成本总额（元）	100 000（按各产品的销售额比例分摊）		

要求：

（1）编制各产品的损益表。

（2）试做出B产品是否要停产的决策。

10. 某公司使用同一台设备，可生产甲产品，也可生产乙产品，两种产品均产销平衡。若该设备的生产能力为20 000小时，生产两种产品所需的加工能力及有关的售价和成本资料如表3-31所示。

表3-31　　相关资料

项目	甲产品	乙产品
销售单价（元）	56	32
单位变动成本（元）	48	26
单位固定成本（元）	7	5.6
加工能力（小时）	50	40

要求：试根据上述资料，为该公司做出使甲、乙两种产品的生产较为有利的决策。

11. 已知有甲、乙、丙是三家只生产单一产品的企业。

要求：填列表3-32中字母所代表的数字。

表3-32　　甲、乙、丙企业资料

企业	销售量（件）	单价（元）	单位变动成本（元）	边际贡献（元）	固定成本（元）	保本量（件）
甲	2 000	（A）	10	30 000	（B）	1 000
乙	（C）	40	22	18 000	7 200	（D）
丙	3 000	50	（E）	（F）	50 000	2 500

12. 某公司当年度有关资料如下：

预计生产量	5万件
预计销售量	4万件
单价	20元/件
固定生产成本	16万元
变动生产成本	20万元
固定销售及管理费用	14万元
变动销售及管理费用	4万元

要求：

（1）计算该公司的保本点销售额、安全边际额和经营杠杆系数。

（2）公司准备购买设备以代替人工。若此方案实施，在销售收入不变的情况下，固定成本将增加4.86万元，而变动生产成本将减少3万元，则公司保本点销售额将是多少？

（3）销售经理建议将售价降低5%，预计销售量会上升15%，变动成本率不变。若此方案实施，则企业的保本点将达到多少？试对其经营的安全性做出评价。

13. 某企业生产A、B、C三种产品，有关资料如表3-33所示。

表 3-33　A、B、C 三种产品的相关资料

项目	销售量	单价	单位变动成本
A	1 000	800	500
B	3 000	300	165
C	5 000	60	45

假定该企业固定成本为 468 000 元，采用加权平均法进行多种产品的本量利分析。

要求：

（1）计算保本点销售额、安全边际额和经营杠杆系数。

（2）如果根据市场调查，A 产品的产销量增加为 1 500 件，并且追加固定成本 12 500 元，其他条件假定不变，则其保本点销售额是多少？

14. 某厂需用 A 零件 500 件，如自制，需购置一台专用设备，发生固定成本 2 000 元，自制单位变动成本为 4 元/件；如外购，则按 6 元/件购入。

要求：为该厂做出自制还是外购的决策。

15. 某厂现有生产能力：直接人工 10 000 小时，可用于生产产品 A，也可以用于生产产品 B。生产产品 A 每件需 1/3 小时，生产产品 B 每件需 1 小时。有关资料如下：

项目	产品 A	产品 B
单位售价（元/件）	20	30
单位变动成本（元/件）	16	21
单位边际贡献（元/件）	4	9
边际贡献率	20%	30%

要求：请据以确定该厂现有的生产能力适宜生产产品 A 还是生产产品 B？

第四章 全面预算

目标

当您学完本章，应该做到：

- 解释术语“预算”“固定预算”“弹性预算”“零基预算”“滚动预算”“概率预算”。
- 描述预算的意义及分类。
- 理解业务预算和财务预算的编制程序。
- 掌握弹性预算、零基预算、滚动预算、概率预算的编制方法。
- 对比企业实施预算的古典管理理论和现代管理理论。
- 分析预算编制过程中所涉及的行为因素。

第一节 预算的意义及分类

任何一个企业，不论规模的大小，其可使用的人力、物力和财力等资源总是有一定限度的。一般来说，企业的全部资源主要用来满足生产经营的需要，从而实现目标利润。为了以较少的经济资源取得尽可能大的经济效益，提高企业的竞争能力，实现企业的战略目标，就必须事先编制预算。

编制预算是经营的战略战术中一个十分重要的部分。战略是一个广义的术语，通常被用来表示总体目标的选择。战术是为达到战略目标的总体手段。战略分析是编制长期计划和短期计划的基础，而这些计划又可用于编制预算。可见，战略、计划和预算都是相互关联、相互影响的。

一、预算的意义

预算（budget）是用货币形式来表示的企业经营计划（定量化的计划），是具体化的企业经营目标。企业可以通过编制预算制订一个能够协调企业内部各部门工作的全面计划，以控制企业的经营活动，分析和考核企业内部各个责任部门的工作业绩，保证经营目标的实现。利用预算来控制未来的行动和业绩，就是预算控制。

在企业的计划和控制中，预算是使用得最为广泛的工具之一，全球许多地区的大中型公司几乎都采用了预算。预算制度促使管理者着眼未来，前瞻性的视野有助于管理者更好地发掘机会。

预算的作用，概括起来有以下几个方面。

（一）明确目标

预算就是为整个企业和多个职能部门在计划期间的工作分别制定目标，它不仅有助于企业全体职工更好地了解整个企业的经营目标，而且有助于企业全部职工了解自己在实现企业整体经营目标中的地位、作用和责任，从而充分发挥主观能动性，想方设法为完成经营目标而努力。

（二）协调工作

预算围绕着企业的经营目标，把整个企业各方面的工作严密地组织起来。由于预算是从基层开始，自下而上逐级综合，经过上下反复磋商而制定的，因此，这种预算能调动广大职工的积极性，使企业内部各部门、各环节齐心协力，相互协调，从而使企业成为一个为完成其经营目标而顺利运行的有机整体。

（三）全面控制

预算的全面控制作用主要体现在三个方面：事前控制、事中控制和事后控制。预算的事前控制主要是控制预算单位的业务范围和规模，以及可用资金的限额。由于企业预算的资金是有一定限度的，因此，预算可促使企业合理安排资金，使有限的资金发挥充分的作用。预算的事中控制主要是按预算确定的目标，对预算的收入和支出进行监督，保证预算的执行。预算的事后控制主要是进行预算和实际执行结果的比较，分析差异产生的原因，以便及时采取有效措施，消除薄弱环节，保证预定目标更好地完成。

（四）评价业绩

预算是评价企业生产经营活动多个方面工作成果的基本尺度。一个良好的预算既能促使管理人员以计划检验业务，从而发现一些平时注意不到的无效劳动，又能提醒管理人员新机遇可能产生的收入、成本和利润。在实际经营过程中，把实际与预算进行比较，可以避免因技术、人员、产品、竞争、经济形势等各项因素的日益变化使现在与过去的业绩之间缺乏可比性的缺陷，从而不仅可以加强企业内部管理，而且可以较合理地考核各部门或有关人员的工作成绩。

二、预算的分类

(一)长期预算和短期预算

预算按其适用的时间长短可分为长期预算和短期预算。

1. 长期预算

长期预算主要是指预算期在一年以上的预算，一般为长期投资方面的预算，如固定资产购置的预算，厂房改建、新建的预算，长期资金收支预算，长期科研经费预算等。由于长期预算是一种规划性质的预算，且金额较大，影响期较长，因此，长期预算编制的好坏，将影响到一个企业的长期战略目标是否能够实现，影响到企业今后若干年的经济效益。

2. 短期预算

短期预算是指预算期在一定时期内（一般不超过一年或一个经营周期）的预算，一般指全面预算，主要包括业务方面的预算和财务方面的预算，前者如销售预算，生产预算，采购预算和费用、成本预算，后者如现金收支预算、结算款项预算和财务报表预算等。与战略性长期预算不同，短期预算是一种执行性预算，是结合长期战略目标，根据目前的实际情况和短期经营目标所作的预算，因而，要求数据尽可能具体化，以便于控制和执行。

(二)业务预算、财务预算和专门决策预算

预算按其具体内容的不同可分为业务预算、财务预算和专门决策预算。

1. 业务预算

业务预算是指企业在计划期间日常发生的具有实质性的基本活动的预算，一般为短期预算。业务预算主要包括销售预算、生产预算、直接材料预算、直接人工预算、制造费用预算、期末产成品存货预算、销售费用及管理费用预算等。

2. 财务预算

财务预算是指企业在计划期内关于现金收支、经营成果和财务状况的预算。各种业务预算和专门预算，最终大多可以反映在财务预算中，因此，财务预算就成为各项经营业务和专门决策的整体计划，所以又称总预算。财务预算主要包括现金预算、预计收益表、预计资产负债表和预计现金流量表等。

3. 专门决策预算

专门决策预算是指针对企业重大决策所编制的预算，如购建固定资产预算、改建扩建预算等。与在日常业务基础上编制的业务预算和财务预算不同，专门决策预算所涉及的不是经常性预测和决策事项，因而一般为长期或不定期编制的预算，其针对性较强。专门决策预算又可分为资本支出预算和一次性专门业务预算。资本支出预算是根据经过审核批准的各个长期投资决策所编制的预算。一次性专门预算是指财务部门在日常理财活动中为提高资金的使用效果而进行的筹措资金和投放资金等财务决策的预算。由于专门决策预算的具体情况各不相同，因而没有统一的格式和内容，可按需要自行设计。

三、预算编制的行为因素

预算编制的行为因素的一个内在主题就是道德。由于预算经常被用来判断管理者的实际业绩，因而，预算在业绩评价、加薪、晋升等方面的重要性导致了不道德行为产生的可能性。管理者可能会采取的所有关于预算的逆向选择行为都会有不道德的方面。比如，为了使预算目标更容易实现，管理人员故意低估销售、高估成本，这就是一种不道德的行为。创造一种预算激励机制，阻止不道德行为，这就是公司的责任。避免采取这样的不道德行为，这是管理者的责任。

一个理想的预算体系应该是，具有完全的目标协调性，同时又驱动管理者以道德的方式努力实现公司的目标。尽管理想的预算体系很可能不存在，但是，我们可以采取积极行为促使管理者和公司的目标一致。这些积极的行为包括经常的业绩反馈、货币和非货币激励、员工参与、现实标准、成本的可控性和多重业绩指标。

（一）经常的业绩反馈

经常的业绩反馈能够使管理者了解他们的努力是否成功，同时也使他们有时间和机会采取正确的措施，并在必要时调整和修改计划。

（二）货币和非货币激励

激励是一种鼓励员工努力工作以实现公司目标的方式。激励可能是消极的，也可能是积极的。消极的激励通过利用人们害怕惩罚的心理来进行激励，积极的激励则使用奖励。

（三）参与性预算编制

参与性预算编制允许下级管理人员对预算的编制提出各种意见和建议，而不是把预算强加给下级。通过编制参与性预算，可向下级管理人员传达一种责任感，并培养他们的创新能力。

由于下级管理人员亲自编制这些预算，所以，预算的目标更有可能变成管理人员个人的目标，这就导致了更大程度上的目标协调性。因此，参与性预算的编制应注意三个潜在的问题。

1. 标准过高或过低

当管理者被允许参与编制预算时，预算目标倾向于变成下级管理者个人的目标，如果在编制预算的过程中出现这种错误，很可能会降低业绩水平。解决这个问题的方法就是使下级管理人员处在一个积极参与的环境中，建立较高且又能达到的一系列目标。

2. 松弛预算

当一个管理者故意低估收入或高估成本时，就产生了松弛预算。低估收入或高估成本中的任何一种手段都提高了管理者完成预算的可能性，并因此降低了他面临的风险。高层管理者应仔细检查下级管理人员提出的预算，以降低松散预算带来的负面影响。

3. 虚假参与

高层管理者只得到下级管理人员对预算编制的形式上的参与，而实际上他们并没有真正地提供编制预算所需要的信息。因此，没有得到任何参与性预算标准行为带来的好处。

（四）现实标准

预算目标常用来评估业绩。相应地，它们应该是以现实条件和预期作为制定的基础。预算应该反映如业务量水平、季节性变动、效率和总体经济走势等一系列生产经营的现实情况。

（五）成本的可控性

可控性是指某个管理人员对收入、成本或者其他项目施加影响的程度。可控成本就是在一定期限内主要受某一责任中心的某一管理者影响的成本。在评价管理人员的经营业绩时，应该对可控成本与不可控成本加以区分。

（六）多重业绩评估指标

将预算作为进行管理业绩评估的唯一标准，这是公司经常犯的错误。财务业绩指标固然很重要，但过于强调人员的经营业绩反而又可能达不到预期的目标。因此，在评估管理人员经营业绩时，还应考虑如生产率、质量、个人发展等长期性的指标。

第二节　全面预算编制程序

全面预算（overall budget），又称总预算（master budget），是企业未来计划和目标等方面的总称，是指以本企业的经营目标为出发点，通过对市场需求的研究和预测，以销售为主导，进而延伸到生产、成本和资金收支等方面，最后编制预计财务报表的一种预算体系。全面预算主要用来规划计划期间企业的全部经济活动及成果。全面预算的内容一般包括业务预算、财务预算和专门决策预算三大部分。其中，业务预算具体包括销售预算、生产预算、直接材料预算、直接人工预算、制造费用预算、期末产成品存货预算、销售与管理费用预算等；财务预算具体包括现金预算，预计损益表、预计资产负债表和预计现金流量表预算等；专门决策预算具体包括资本支出预算和一次性专门业务预算等。本节主要探讨业务预算和财务预算的编制方法。

一、销售预算

只要商品经济存在，任何企业都必须遵循“以销定产”的原则，因此，销售预算（sales budget）是编制全面预算的起点，生产、材料采购、存货和费用方面的预算都是以销售预算为基础的。如果销售预算编制不当，全面预算就会变得毫无价值。

由于销售预算是编制全面预算的关键，因而，编制销售预算前必须进行科学的销售预测，根据预计销售量和预计销售单价预计出计划期的销售收入。预计销售收入的计算公式如下：

预计销售收入＝预计销售量×预计销售单价

销售预算一般分别列示全年和各季度的预计销售量和销售收入。为了方便现金预算的编制，还应根据产品销售的收款条件，编制“预计现金收入计算表”，其中包括前期应收账款的收回，以及本期销售收入的实际收到数。

二、生产预算

生产预算（production budget）是根据销售预算编制的。编制生产预算的关键是确定计划期的生产量。只有确定了一定的生产量，才能进一步预算其成本和费用。为了避免存货过多，导致资金的积压、浪费，或存货不足，影响销售计划的正常执行，从而影响企业经营目标的实现，生产预算的编制应以预计销售量和预计产成品存货为基础。因此，预计生产量可根据预计销售量和期初、期末的预计产成品存货确定，其计算公式如下：

$$预计生产量=预计销售量+预计期末产成品存货量-预计期初产成品存货量$$

三、直接材料预算

直接材料预算（direct materials budget）是以生产预算为基础编制的，用以预计企业在计划期间需要采购直接材料的数量和采购成本。为了避免直接材料的供应不足或超储积压，应根据生产需要量与预计采购量之间的关系编制直接材料预算。预计直接材料采购量的计算公式如下：

$$预计直接材料采购量=\begin{matrix}预计直接材料\\耗用量\end{matrix}+\begin{matrix}预计期末材料\\库存量\end{matrix}-\begin{matrix}预计期初材料\\库存量\end{matrix}$$

其中：

$$预计直接材料耗用量=预计生产量\times单位产品材料耗用量$$

为了便于现金预算的编制，在直接材料预算中，还应根据直接材料的付款情况，编制“预计现金支出计算表”，其中包括上期采购的材料将于本期支付的现金和本期采购的材料中应由本期支付的现金。

四、直接人工预算

直接人工预算（direct labor budget）也是以生产预算为基础编制的。根据生产预算中预计的生产量和单位产品工时定额确定的直接人工小时，即可计算出预计的直接人工小时，然后再乘上小时工资率，就可得到预计的直接人工成本。如果生产中直接人工工种不止一种，应先按工种分别计算直接人工成本，然后进行汇总。预计直接人工的计算公式如下：

$$预计直接人工成本=预计生产量\times\sum(小时工资率\times单位产品工时定额)$$

五、制造费用预算

制造费用预算（overhead budget）是指除直接材料和直接人工以外的其他生产费用的预算。由于在制造费用中，有些费用如间接材料费用、间接人工费用等基本上随产量成正比例变动，而另一些费用如折旧费、修理费、水电费等，则在一定时期内基本保持不变。因此，在编制制造费用预算时，需将制造费用按其成本性态划分为变动制造费用和固定制造费用两部分。预计变动制造费用根据预计生产量和预计的变动制造费用分配率确定；预计固定制造费用可在工期的基础上根据预期变动的幅度加以适当修正进行预计，或采用零基预算的方法进行预计。

为了便于现金预算的编制，在制造费用预算中，通常包括费用方面预期的现金支出。因此，可在制造费用预算总额中扣除非现金支付的费用（如折旧费等），从而求得以现金支付的制造费用数额。预计制造费用的计算公式如下：

预计制造费用合计＝预计直接人工小时×预计变动制造费用分配率
＋预计固定制造费用

预计需用现金支付的制造费用＝预计制造费用合计－非现金支付的制造费用

六、期末产成品存货预算

编制期末产成品存货预算（ending finished goods inventory budget）是为了综合反映预算期内单位产品的预计生产成本，同时也为正确计量预计损益表中的销售成本和预计资产负债表中的期末存货项目提供数据。

由于期末存货的计价方法很多，因此，在编制期末存货预算前，应先确定存货的单位成本，然后根据存货的单位成本和预计期末存货数量，就可计算出预计期末存货成本。预计期末存货成本的计算公式如下：

预计期末产成品存货成本＝预计期末产成品存货数量×预计产成品单位成本

采用变动成本法计算产品成本时，单位产品成本只包括直接材料、直接人工和变动制造费用，至于固定制造费用则作为期间费用直接计入当期损益。

七、销售与管理费用预算

销售与管理费用预算（marketing and administrative expense budget）包括预算期内将发生的除制造费用以外的各项费用，也称营业费用预算。与制造费用预算相同，销售与管理费用预算也应根据费用的成本性态进行。如果各费用项目的数额较大，则销售费用与管理费用可以分别编制预算。

八、现金预算

现金预算（cash budget）是关于预算期内企业现金流转状况的预算。这里所说的现金是指企业的库存现金和银行存款等货币资金。现金预算是企业现金管理的重要工具，它有助于企业事先对其日常的现金需要进行有计划的安排，通过合理地调度资金，提高资金的使用效率。

现金预算一般由现金收入、现金支出、现金的多余或不足、资金的筹集和运用四个部分组成。

（一）现金收入

现金收入部分包括期初的现金余额和预算期的现金收入。产品销售收入是企业取得现金收入的主要来源。

（二）现金支出

现金支出部分包括预算期预计发生的各项现金支出，除上述材料、工资及各项费用等方面预计的支出外，还包括上缴的税金、支付的股利以及专门决策预算中属于预算期的现金支出等。

（三）现金多余或不足

现金的收支相抵后的余额，如为正数，说明收大于支，现金有多余，除可用于偿还债务之外，还可用于购买短期投资；如为负数，说明支大于收，现金不足，需设法筹集资金。

（四）资金的筹集和运用

资金的筹集和运用部分提供预算期内预计对外筹措的资金以及有关利息支出的详细资料。

现金收入、现金支出、现金余缺、资金的筹集和运用四个部分的基本关系可表示如下：

期初现金余额
\+ 现金收入
———————————
预算期可用现金合计
− 现金支出
———————————
现金多余（不足）
\+ 资金的筹集（运用）
———————————
期末现金余额

九、预计利润表

在前述各项经营预算的基础上，根据一般会计原则，即可编制预计利润表（proforma income statement）。预计利润表是整个预算过程中的重要计划之一，它可以揭示企业预算期的盈利情况，从而有助于企业及时调整经营战略。

十、预计资产负债表

预计资产负债表（proforma balance sheet）反映预算期末预计的财务状况。为了对比分析，可将有关资产、负债及所有者权益项目的期初实际数与期末预计数一同列示。预计资产负债表可以为企业管理当局提供会计期末预期财务状况信息，从而有助于管理当局预测未来期间的经营状况，并采取适当的预防性措施。

十一、预计现金流量表

预计现金流量表（proforma cash-flow statement）是反映企业在计划期内现金的流入和流出情况的会计报表，实际上是以现金为基础编制的财务状况变动表。通过预计现金流量表的编制，可以了解计划期间现金流入和流出的原因，反映企业的偿债能力；同时有助于分析企业在计划期获取现金的能力，分析企业投资和理财活动对经营成果和财务状况的影响。

生产经营全面预算的组成部分是相互联系的，它们之间的关系如图 4－1 所示。

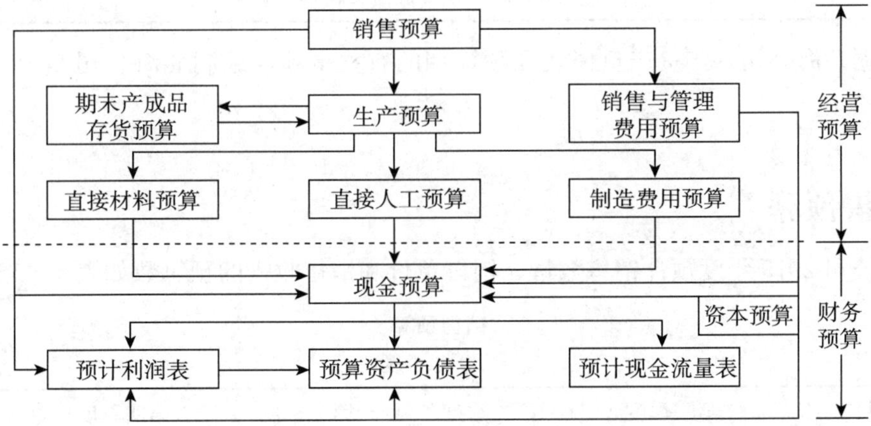

图 4－1　全面预算体系图

从图 4－1 可以看出，销售预测直接关系到并决定着生产预算、现金收入预算和预计利润表上的金额。生产预算向直接材料预算、直接人工预算、制造费用预算、现金支出预算以及预计资产负债表、预计利润表和预计现金流量表提供资料。

第三节　编制全面预算示例

【例 4-1】　北海公司生产和销售甲产品，采用变动成本计算法计算产品成本，其 2018 年年末（基年）的资产负债表如表 4-1 所示。

表 4-1　**北海公司资产负债表**

2018 年 12 月 31 日　单位：元

资产		负债	
流动资产：		流动负债：	
现金	8 100	应付账款	10 000
应收账款	20 000		
材料（1 400 千克）	1 400		
产成品（400 件）	10 000		
流动资产小计	39 500	流动负债小计	10 000
非流动资产：		股东权益：	
固定资产原值	280 000	股本	250 000
减：累计折旧	19 500	留存收益	40 000
固定资产小计	260 500	股东权益小计	290 000
资产合计	300 000	负债和权益合计	300 000

现根据北海公司基年资产负债表和预算期的有关事项，编制北海公司 2019 年的全面预算。

一、销售预算

北海公司 2019 年度预计销售数量、销售单价和销售收入的预算数如表 4-2 所示。

表 4-2　**销售预算**

2019 年度　单位：元

项目	第一季度	第二季度	第三季度	第四季度	合计
预计销售量	2 000	6 000	8 000	4 000	20 000
单位售价	50	50	50	50	50
预计销售收入	100 000	300 000	400 000	200 000	1 000 000

假设根据预测，每季度销售收入的 60%于当季以现金收讫，40%于下一季度收到。编制预计现金收入计算表，如表 4-3 所示。

表 4-3　　预计现金收入计算表

2019 年度　　单位：元

项目	第一季度	第二季度	第三季度	第四季度	合计
期初应收账款（表 4-1）	20 000				20 000
第一季度销售收入	60 000	40 000			100 000
第二季度销售收入		180 000	120 000		300 000
第三季度销售收入			240 000	160 000	400 000
第四季度销售收入				120 000	120 000
现金收入合计	80 000	220 000	360 000	280 000	940 000

二、生产预算

北海公司预计每季末的产成品存货占下一季度销售量的 20%，年末预计产成品存货为 600 件，各季预计的期初产成品存货即为上季末预计的期末存货，该企业没有在产品存货。根据销售预算中的资料，结合期初期末的存货水平，编制 2019 年度以数量表现的生产预算，如表 4-4 所示。

表 4-4　　生产预算

2019 年度　　单位：件

项目	第一季度	第二季度	第三季度	第四季度	合计
预计销售量（表 4-2）	2 000	6 000	8 000	4 000	20 000
加：预计期末存货量	1 200	1 600	800	600	600
预计需求量合计	3 200	7 600	8 800	4 600	20 600
减：期初存货量	400	1 200	1 600	800	400
预计生产量	2 800	6 400	7 200	3 800	20 200

三、直接材料预算

甲产品的材料消耗定额为 5 千克，每千克为 1 元。预计每季末的材料存货占下一季度生产需用量的 10%，年末预计的材料存货为 1 500 千克，各季预计的期初存货即为上季末预计的期末存货。根据表 4-4 的预计生产量，可编制 2019 年的直接材料预算，如表 4-5 所示。

表 4-5　　直接材料预算　　单位：千克

2019 年度　　金额单位：件

项目	第一季度	第二季度	第三季度	第四季度	合计
预计生产量（表 4-4）	2 800	6 400	7 200	3 800	20 200
单位产品材料消耗定额	5	5	5	5	5

续前表

项目	第一季度	第二季度	第三季度	第四季度	合计
预计生产需要量	14 000	32 000	36 000	19 000	101 000
加：预计期末材料存货量	3 200	3 600	1 900	1 500	1 500
预计需求量合计	17 200	35 600	37 900	20 500	102 500
减：预计期初材料存货量	1 400	3 200	3 600	1 900	1 400
预计材料采购量（千克）	15 800	32 400	34 300	18 600	101 100
单价	1	1	1	1	1
预计材料采购成本（元）	15 800	32 400	34 300	18 600	101 100

假设根据预测，每季度的购料款当季支付 50%，其余在下季度支付。编制预计现金支出计算表，如表 4－6 所示。

表 4－6　　预计现金支出计算表

2019 年度　　单位：元

项目	第一季度	第二季度	第三季度	第四季度	合计
期初应付账款（表 4－1）	10 000				10 000
第一季度购料款	7 900	7 900			15 800
第二季度购料款		16 200	16 200		32 400
第三季度购料款			17 150	17 150	34 300
第四季度购料款				9 300	9 300
现金支出合计	17 900	24 100	33 350	26 450	101 800

四、直接人工预算

甲产品的工时定额为 2 小时，预计每小时直接人工成本为 6 元。根据表 4－4 的预计生产量，可编制直接人工预算，如表 4－7 所示。

表 4－7　　直接人工预算

2019 年度　　单位：元

项目	第一季度	第二季度	第三季度	第四季度	合计
预计生产量（表 4－4）	2 800	6 400	7 200	3 800	20 200
单位产品工时定额	2	2	2	2	2
预计直接人工小时总数	5 600	12 800	14 400	7 600	40 400
小时工资率	6	6	6	6	6
预计直接人工成本总额	33 600	76 800	86 400	45 600	242 400

假定所有的工资均于当季度发放。

五、制造费用预算

北海公司制造费用中的变动部分，按计划年度所需的直接人工小时总数进行规划，预计每小时变动制造费用分配率为4元；固定部分预计每季均为15 000元，预计折旧每季均为3 000元。据此，可编制制造费用预算，如表4-8所示。

预计固定制造费用分配率＝60 000÷40 400≈1.49

假定需用现金支付的制造费用，均于发生当季支付。

表4-8　　**制造费用预算**

2019年度　　单位：元

项目	第一季度	第二季度	第三季度	第四季度	合计
预计直接人工小时（表4-7）	5 600	12 800	14 400	7 600	40 400
变动制造费用分配率	4	4	4	4	4
预计变动制造费用	22 400	51 200	57 600	30 400	161 600
预计固定制造费用	15 000	15 000	15 000	15 000	60 000
预计制造费用合计	37 400	66 200	72 600	45 400	221 600
减：折旧	3 000	3 000	3 000	3 000	12 000
预计需用现金支付的制造费用	34 400	63 200	69 600	42 400	209 600

六、期末产成品存货预算

北海公司采用变动成本计算法计算损益，所以产成品和年末库存产成品存货只负担变动生产成本。根据前述有关资料，可编制北海公司2019年度期末产成品存货预算，如表4-9所示。

表4-9　　**期末产成品存货预算**

2019年度　　单位：元

成本项目	单耗数量	单价	单位成本
直接材料（表4-5）	5千克	1	5
直接人工（表4-7）	2小时	6	12
变动制造费用（表4-8）	2小时	4	8
单位变动生产成本①			25
期末产成品存货预算	期末产成品存货数量（表4-4）		600件
	单位变动生产成本		25
	期末产成品存货成本		15 000

注：①若该企业采用完全成本计算法计算损益，则其单位生产成本应增加固定制造费用2.98（1.49×2）元。即完全成本计算法下产成品的单位成本为27.98元。

七、销售及管理费用预算

北海公司预计单位产品的变动销售费用与管理费用为 6 元，根据计划期间的具体情况，编制销售与管理费用预算，如表 4－10 所示。

表 4－10　　销售与管理费用预算

2019 年度　　单位：元

项目	第一季度	第二季度	第三季度	第四季度	合计
预计销售量（表 4－2）	2 000	6 000	8 000	4 000	20 000
单位产品变动销售与管理费用	6	6	6	6	6
预计变动销售与管理费用	12 000	36 000	48 000	24 000	120 000
预计固定销售与管理费用：					
广告费	8 000	8 000	8 000	8 000	32 000
保险费	8 500			15 000	23 500
管理人员工资	9 200	9 200	9 200	9 200	36 800
财产税			4 500		4 500
租金	2 600			2 600	
小计	28 300	17 200	21 700	32 200	99 400
预计销售与管理费用合计	40 300	53 200	69 700	56 200	219 400

在表 4－10 中，假定每季发生的费用均在期初支付。

八、现金预算

北海公司 2019 年度现金预算的编制除需要前述生产经营全面预算各组成部分的资料外，还需要以下各项资料：

（1）预计全年所得税为 40 000 元，每季度各分担 25%。

（2）预计第一季度购买机器设备 50 000 元，第四季度购买机器 40 000 元。款项于购买当季支付。

（3）预计年末需支付现金股利 30 000 元。

（4）预计每季末应保持现金余额 8 000 元。若资金不足，根据企业与银行的协议，企业每季初都可按 6%的年利率向银行借款；若资金有多余，每季末偿还。借款利息于偿还本金时一起支付。

根据上述资料，可编制该企业 2019 年度现金预算，如表 4－11 所示。

表 4－11　　　　　　　　　　　　　　**现金预算**

2019 年度　　　　　　　　　　　　　　　　　　单位：元

项目	第一季度	第二季度	第三季度	第四季度	合计
期初现金余额（表 4－1）	8 100	8 000	8 000	8 035	8 100
加：现金收入					
销售收入款（表 4－3）	80 000	220 000	360 000	280 000	940 000
合计	88 100	228 000	368 000	288 035	948 100
减：现金支出					
直接材料（表 4－6）	17 900	24 100	33 350	264 50	101 800
直接人工（表 4－7）	33 600	76 800	86 400	45 600	242 400
制造费用（表 4－8）	34 400	63 200	69 600	42 400	209 600
销售及管理费用（表 4－10）	40 300	53 200	69 700	56 200	219 400
所得税	10 000	10 000	10 000	10 000	40 000
股利				30 000	30 000
机器设备	50 000			40 000	90 000
小计	186 200	227 300	269 050	250 650	933 200
现金多余（或不足）	（98 100）	700	98 950	37 385	14 900
筹资与运用：					
借款（期初）	106 100	7 300			113 400
偿还借款本金（期末）			（87 000）	（26 400）	（113 400）
偿还利息（期末）			（3 915）①	（1 474.5）②	（5 389.5）
小计	106 100	7 300	（90 915）	（27 874.5）	（5 389.5）
期末现金余额	8 000	8 000	8 035	9 510.5	9 510.5

注：①87 000×6%×3/4＝3 915

②（106 100－87 000）×6% ＋ 7 300×6%×3/4＝1 474.5

九、预计利润表

根据以上有关资料，可编制北海公司 2019 年度的预计利润表，如表 4－12 所示。

表 4－12　　　　　　　　　　　　　　**预计利润表**

2019 年度　　　　　　　　　　　　　　　　　　单位：元

销售收入（表 4－2）		1 000 000
变动成本：		
变动生产成本（表 4－2、表 4－9）	500 000	
变动销售与管理费用（表 4－10）	120 000	620 000

续前表

边际贡献		380 000
固定成本：		
固定制造费用（表 4－8）	60 000	
固定销售与管理费用（表 4－10）	99 400	159 400
营业利润		220 600
减：利息支出（表 4－11）		5 389.5
税前利润		215 210.5
减：所得税（表 4－11）		40 000
净利润		175 210.5

十、预计资产负债表

北海公司在期初资产负债表（表 4－1）的基础上，结合前述各预算表中有关业务，可编制期末预计资产负债表，如表 4－13 所示。

表 4－13　　预计资产负债表

2019 年 12 月 31 日　　单位：元

资产			负债及权益		
流动资产：			流动负债：		
现金	9 510.5	(a)	应付账款	9 300	(g)
应收账款	80 000	(b)			
材料	1 500	(c)			
产成品	15 000	(d)			
流动资产小计	106 010.5		流动负债小计	9 300	
非流动资产：			股东权益：		
固定资产原价	370 000	(e)	股本（表 4－1）	250 000	
减：累计折旧	31 500	(f)	留存收益	185 210.5	(h)
固定资产净值	338 500		股东权益小计	435 210.5	
资产总计	444 510.5		负债及股东权益总计	444 510.5	

注：(a) 见表 4－11；(b) 由表 4－3 计算而得；(c) 见表 4－5；(d) 见表 4－9；(e) 年初数 280 000 元（表 4－1）加上预计购置设备 90 000 元（表 4－11）；(f) 年初数 19 500 元（表 4－1）加上预计全年折旧额 12 000 元（表 4－8）；(g) 由表 4－6 计算而得；(h) 年初留存收益 40 000 元（表 4－1）加上预计税后利润 175 210.5 元（表 4－12），再减去预计支付的股利 30 000 元（表 4－11）。

十一、预计现金流量表

根据北海公司计划期间的现金流动情况，编制 2019 年度的预计现金流量表，如表 4－14 所示。

表 4－14　　预计现金流量表

2019 年度　　单位：元

项目	金额
一、经营活动产生的现金流量	
销售商品、提供劳务收到的现金	940 000
现金收入小计	940 000
购买商品、接受劳务支付的现金	311 400
支付给职工以及为职工支付的现金	242 400
支付的各项税费	40 000
支付的其他与经营活动有关的现金	219 400
现金支出小计	813 200
经营活动产生的现金流量净额	126 800
二、投资活动产生的现金流量	
收回投资所收到的现金	
分得股利或利润所收到的现金	
处置固定资产而收到的现金净额	
现金收入小计	
购建固定资产所支付的现金	90 000
现金支出小计	90 000
投资活动产生的现金流量净额	－90 000
三、筹资活动产生的现金流量	
吸收投资所收到的现金	
取得借款所收到的现金	113 400
现金收入小计	113 400
偿还债务所支付的现金	113 400
分配股利、利润所支付的现金	30 000
偿还利息所支付的现金	5 389.5
现金支出小计	148 789.5
筹资活动产生的现金流量净额	－35 389.5
四、汇率变动对现金的影响	0
五、现金及现金等价物净增加额	1 410.5

第四节　预算控制的其他方法

进行预算控制的方法有很多，如弹性预算、零基预算、滚动预算和概率预算等。

一、从固定预算到弹性预算

固定预算（fixed budget），也称静态预算（static budget），是根据未来固定不变的业务水平，不考虑预算期内生产经营活动可能发生的变动而编制的一种预算。上一节所讨论的全面预算均是以预算期内正常的可能实现的某一经营业务水平为基础编制的，所以都是固定预算。

当企业的实际业务量水平与预期业务量水平完全一致时，以固定预算对企业进行考核是比较合理的。然而，由于市场形势的变化或季节性的原因，往往会使实际的业务量水平起伏不定，如果企业的实际执行结果与预期业务活动水平相距甚远，仍以固定预算进行业绩评价和考核，显然缺乏可比基础，因而难以发挥预算控制的作用。

【例 4-2】　飞扬公司预计在当年正常生产销售 A 产品 5 000 件，单位售价为 300 元，单位变动成本构成如下：

直接材料	100 元
直接人工	30 元
变动制造费用	5 元

预计年固定制造费用为 80 000 元。如果该企业实际生产销售 A 产品 6 000 件，实际总成本为 900 000 元，其中直接材料 597 000 元，直接人工 168 000 元，变动制造费用 28 800 元，固定制造费用 106 200 元，则 A 产品制造成本的实际数与固定预算比较如表 4-15 所示。

表 4-15　　**实际与预算对比表（1）**　　单位：元

成本项目	实际数（6 000 件）	预算数（5 000 件）	差异数
直接材料	597 000	500 000	+97 000
直接人工	168 000	150 000	+18 000
变动制造费用	28 800	25 000	+3 800
固定制造费用	106 200	80 000	+26 200
合计	900 000	755 000	+145 000

从表 4-15 的对比结果可以看出，如果将实际费用直接与固定预算相比，由于没有按产量进行调整，则发现直接材料、直接人工、变动制造费用和固定制造费用各项目均发生超支，且超支数额很大，因此，对比结果难以评价企业的实际业绩。

为了弥补固定预算的缺陷，就产生了“弹性预算”。弹性预算（flexible budget），就是在编制预算时，预先估计到预算期间业务量可能发生的变动，编制出一套能适应多种业务量的费用预算，以便分别反映在相应业务量的情况下所应开支的费用水平。由于这种预算随业务量的变动而进行机动调整，本身具有弹性，因而称为弹性预算。

编制弹性预算的基本原理是：按照成本性态，将所有的费用划分为固定费用和变动费用，由于固定费用在相关范围内一般不随业务量的增减而变动，而变动费用随着业务量的增减而成比例地变动，因此，在编制弹性预算时，只需将变动费用部分按业务量的变动加以调整即可。

弹性预算的编制方法有列表法和公式法两种。

（一）列表法

列表法按照生产能力利用程度不同，用列表的方式编制弹性预算，也称多水平编制方法。

【例 4-3】 根据例 4-2 资料，分别确定 A 产品产销量为 4 000 件、5 000 件、6 000 件、7 000 件和 8 000 件时制造成本的控制水平，编成弹性预算，如表 4-16 所示。

表 4-16 **弹性预算** 单位：元

成本项目	分配率	4 000 件	5 000 件	6 000 件	7 000 件	8 000 件
直接材料	100	400 000	500 000	600 000	700 000	800 000
直接人工	30	120 000	150 000	180 000	210 000	240 000
变动制造费用	5	20 000	25 000	30 000	35 000	40 000
固定制造费用		80 000	80 000	80 000	80 000	80 000
合计		620 000	755 000	890 000	1 025 000	1 160 000

（二）公式法

公式法是根据预计的固定费用总额和变动费用率编制弹性预算的方式。其计算公式如下：

$$制造成本预算总额=固定制造费用+变动制造费用率\times产品生产量$$

当 A 产品的生产量为 6 000 件时，其制造成本预算总额可计算如下：

$$80\ 000+135\times 6\ 000=890\ 000(元)$$

可见，编制弹性预算后，就可以根据实际产销量水平，选用相应产销量水平的预算数与实际支出数进行对比。

现根据 A 产品的实际产销量水平，选择相应的预算数进行对比，其结果如表 4-17 所示。

表 4-17　　实际与预算对比表（2）

（6 000 件）　　单位：元

成本项目	实际数	预算数	差异
直接材料	597 000	600 000	−3 000
直接人工	168 000	180 000	−12 000
变动制造费用	28 800	30 000	−1 200
固定制造费用	106 200	80 000	+26 200
合计	900 000	890 000	+10 000

将实际成本与弹性预算进行比较，可以看出，直接材料、直接人工和变动制造费用都是节约的，总成本超支是由于固定制造费用超支引起的。因而，弹性预算比固定预算更能清楚地表明企业实际工作业绩的好坏。

综上所述，弹性预算的优点为：一方面扩大了预算的范围，为管理人员在事前严格控制费用开支提供了依据，更好地发挥了预算的控制作用；另一方面能够使预算对实际执行情况的评价和考核，建立在更加客观可比的基础上，有利于事后分析各项费用节约或超支的原因，并及时解决问题。

二、零基预算

零基预算（zero-base budgeting），或称零底预算，是指在编制预算时，不考虑以往的水平，对所有的预算支出均以零为起点，根据其必要性来确定预算额的预算。零基预算的特点在于从根本上研究、分析每项预算有否支出的必要及支出数额的大小。

零基预算与传统的预算方法截然不同。传统的预算编制方法是在上期预算执行结果的基础上，结合预算期的具体情况，加以适当的调整而编制预算。这种预算方法虽然比较简便，但它是以过去的水平为基础，实际就是承认过去是合理的，无须改进，因循沿袭下去，容易造成预算的不足，或者是安于现状，造成预算浪费。

零基预算针对传统预算的缺点进行改革，它要求对各个业务项目需要多少人力、物力和财力逐个进行估算，并说明其经济效益，在此基础上，按项目的轻重缓急性质，分配预算经费。这种预算不以历史数据为基础，修修补补，而是以零为出发点，一切推倒重来，因而，被称为零基预算。

零基预算的具体步骤如下：

第一步，企业内部各有关部门，根据企业计划期间的战略目标和各该部门的具体任务，以零为基础，为每一费用项目编写一套开支方案，提出费用开支的目的以及需要开支的数额。

第二步，对酌量性固定成本的每一费用项目进行“成本—效益分析”，将其所耗与所得进行对比，用来对各个费用开支方案进行评价；然后把各个费用开支方案在权衡轻重缓急的基础上，分成若干层次，排出开支的先后顺序。

第三步，按照第二步所定的费用开支的程序层次和顺序，结合计划期可动用的资金，分配资金，落实预算。

【例4-4】 飞虹公司在编制下年度的销售及管理费用预算时，拟采用零基预算法。

首先，由销售及管理部门的全体职工，根据企业下年度的目标利润和本部门的具体任务，提出了经费预算。其具体费用及预计的开支水平按“成本—效益分析”排列如下：

(1) 广告费	50 000元
(2) 培训费	30 000元
(3) 业务招待费	15 000元
(4) 差旅费	10 000元
(5) 办公费	12 000元

如果飞虹公司计划期的销售及管理费用的可动用的资金只有100 000元，经经费委员会研究，预算资金分配大致如下：第(1)项经费必须保证；第(2)项经费满足90%；第(3)项经费满足80%；第(4)项和第(5)项经费均满足50%。

根据上述比例计算分配预算资金如下：

第(1)项经费(50 000×100%)	50 000元
第(2)项经费(30 000×90%)	27 000元
第(3)项经费(15 000×80%)	12 000元
第(4)项经费(10 000×50%)	5 000元
第(5)项经费(12 000×50%)	6 000元
合计	100 000元

综上所述，零基预算突破了传统预算方法的框框限制，以“零”为起点来观察分析企业的一切费用开支项目，确定预算金额，因而，具有以下几个优点：

第一，不仅能压缩经费开支，而且能切实做到将有限的资金用在最需要的地方。

第二，不受现行预算的约束，能充分发挥各级管理人员的积极性和创造性，而且还能促使各基层单位精打细算，厉行节约，合理使用资金，提高资金的使用效益。

零基预算的主要缺点是编制预算的工作量较为繁重。一般而言，运用零基预算控制经费，预算单位要比企业更为适宜。零基预算主要应用于固定成本的预算。

三、滚动预算

滚动预算(rolling budget)，又称永续预算(continuous budget)，其主要特点是预算期连续不断，始终保持12个月，每过去1个月，就根据新的情况调整和修订以后几个月的预算，并在原来的预算期末再加1个月。这种预算方法要求前几个月的预算详细完整，后几个月可适当粗略一点，随着时间的推移，后几个月的预算由粗变细，以此反复，不断滚动。滚动预算可保证预算的完整性和连续性，使企业对将来的经营活动始终有一个完整而周详的考虑，保证企业各项经营活动稳定而有序地进行，充分发挥预算的计划和控制作用。滚动预算的编制方法如图4-2所示。

图 4-2　滚动预算的编制方法

传统预算为了便于将实际执行结果与预算数进行对比，通常按会计年度编制预算，并往往于会计年度的最后一个季度就开始着手编制下年度的预算。因此，传统预算编制方法的缺点是：

（1）由于预算期较长，编制预算时，难以预测预算期的某些活动，特别是预算期后阶段的活动，因而，往往只能提出一个比较笼统的预算，从而给预算的执行带来种种困难。

（2）事先预见到的预算期内的某些活动，在执行过程中往往会有所变动，而原有预算却未能及时调整，从而使原有预算显得不相适应。

（3）预算执行过程中，由于受预算期的限制使管理人员的决策视野局限于剩余的预算期间的活动，缺乏长远的打算，不利于企业长期稳定有序的发展。

而滚动预算却能克服传统预算的缺陷。编制滚动预算，虽然其工作量较大，但有利于管理人员对预算资料做经常性的分析研究，并能根据当前预算的执行情况，及时调整或修正，这样可以使预算更加切合实际，能够真正指导企业生产经营活动，因此，滚动预算的编制过程，实际上也是对企业经营活动规律性的认识逐步深化的过程。同时，滚动预算的编制，也可以使管理人员经常对未来时期的经营活动进行筹划，使企业的经营活动始终有一个长远的总体战略布局。

四、概率预算

概率预算（probabilistic budget）就是根据客观条件，对有关的变量做进一步的估计，估计它们可能变动的范围和在该范围内出现的可能性，然后对各变量进行调整，计算期望值，编制预算。这种借助概率分析来编制预算的方法称为概率预算。

如前所述，弹性预算虽然考虑了预算期内不同的业务量水平，但构成预算的价格、变动成本和固定成本等各个变量在预算期内也可能是不确定的。在这种情况下，就需要根据客观条件，对有关变量做出一个近似的估计，估计它们可能变化的范围及在某个范围内有关数值出现的可能性（即概率）。因此，在概率预算中，各个变量及目标利润的正确与否，关键在于各个变量范围及概率估计是否正确。

【例 4－5】　某企业生产 B 产品，预计当年度内 B 产品可能出现的售价、销售量、单位变动成本和固定成本的概率为：售价 10 元的概率为 0.4，9 元的概率为 0.6；销售量 20 000件的可能性为 0.7，30 000 件的可能性为 0.3；单位变动成本 5 元的概率为 0.2，5.5 元的概率为 0.8；固定成本总额不变，为 40 000 元。根据有关资料，考虑概率后的利润期望值可计算如表 4－18 所示。

表 4－18　　利润期望值计算表

售价	销售量	单位变动成本	固定成本	利润	联合概率	利润期望值	组合
10 (ρ=0.4)	20 000 (ρ=0.7)	5 (ρ=0.2)	40 000	60 000	0.056	3 360	(1)
		5.5 (ρ=0.8)	40 000	50 000	0.221	11 200	(2)
	30 000 (ρ=0.3)	5 (ρ=0.2)	40 000	110 000	0.024	2 640	(3)
		5.5 (ρ=0.8)	40 000	95 000	0.096	9 120	(4)
9 (ρ=0.6)	20 000 (ρ=0.7)	5 (ρ=0.2)	40 000	40 000	0.84	3 360	(5)
		5.5 (ρ=0.8)	40 000	30 000	0.336	10 080	(6)
	30 000 (ρ=0.3)	5 (ρ=0.2)	40 000	80 000	0.036	2 880	(7)
		5.5 (ρ=0.8)	40 000	65 000	0.144	9 360	(8)
合计					1.00	52 000	

表 4－18 的计算结果表明，当 B 产品的单价为 10 元，销量为 20 000 件，单位变动成本为 5 元，固定成本为 40 000 元时，可实现的利润为：

20 000×(10－5)－40 000＝60 000(元)

而这种情况出现的概率为：

0.4×0.7×0.2＝0.056

由此可得到这种情况下利润的期望值为：

60 000×0.056＝3 360(元)

这是其中的一种可能。可用同样的方法对其他各种组合依次进行计算，然后进行汇总，最后可求得利润的期望值为 52 000 元。由于这种期望值考虑了各种可能性，因而，它更符合实际情况。

利润期望值也可按下列方法计算：根据销售单价、销售数量和单位变动成本等各个变量可能出现的范围和概率分布，计算各个变量的期望值，然后根据各个变量的期望值，编制利润表计算出利润的期望值。

销售单价的期望值＝10×0.4＋9×0.6＝9.4(元)

销售数量的期望值＝20 000×0.7＋30 000×0.3＝23 000(件)

单位变动成本的期望值＝5×0.2＋5.5×0.8＝5.4(元)

根据上述资料，编制该企业该年度的预计利润表，如表 4－19 所示。

表 4－19　　预计利润表　　单位：元

项目	期望值
销售收入（9.4×23 000）	216 200
变动成本（5.4×23 000）	124 200
边际贡献	92 000
固定成本	40 000
利润	52 000

第五节　其他预算编制问题

一、实施预算管理的两种风格

管理理论的原理及运用，超出了本课程的讨论范围。本节简单地分析两种基本管理理论：古典管理理论（或称科学管理理论）、现代管理理论（或称行为科学管理理论），用以阐释企业实施预算的基本管理方法。

（一）古典管理理论

古典管理理论以下列行为假设为前提：

（1）企业的最终目标是利润最大化，管理的职能和决策都必须服从于这一目标。

（2）在信息不对称的条件下，企业的员工一般是懒惰的，因此需要对其工作实行严密的监控，以尽快地消除不理想或低效行为的发生。

（3）以物质奖励机制激励员工，为达到企业的目标尽最大努力。

（4）企业各部门的目标与企业总体目标相一致，并为达到总体目标而相互配合。

如果以上述假设作为实施预算的基础，那么这种方法就可以称作“自上而下”的预算编制方法。即高层经理人员制定出预算，迫使下级经理人员及员工，按此预算执行。“自上而下”的预算编制方法，要求定期比较实际业绩和计划业绩，严格控制偏离预算的差异，并迅速采取纠正偏差的措施。

（二）现代管理理论

现代管理理论和古典管理理论正相反，它以员工利益最大化的假设为前提：

（1）在激励员工方面，员工的参与与认同要比物质奖励更重要。

（2）企业各部门及其员工的目标往往与企业的总体目标不一致，因此，管理部门要尽可能使各部门及员工个人的目标与企业的总体目标协调一致。

实施预算时，采用现代管理理论的主张和方法，旨在吸引和鼓励更多人参与预算过程。通过亲身参与预算的编制和执行，高层经理人员和基层经理人员以及员工之间能得到更好的沟通。

二、编制预算行为分析

企业采用不同的管理风格，对经理人员及员工的行为会产生不同的影响。现在从以下三个方面分析预算编制过程中所涉及的行为因素。

（一）参与

参与，意味着与预算相关的所有部门及员工应全部参与预算的编制过程。为了真正达到参与的目的，要求高层经理人全心全意地予以支持，这反映在他们愿意花更多的时间和财力去与相关部门和员工进行沟通、讨论。如果没有这种支持，即使参与也只是虚假的“参与”，并可能成为经理人员和员工不必对预算业绩负责的借口。而实际上他们很难对预算的业绩负责。

如果实施预算的人也能参与制定预算，那么参与的意义就更大了。经理人员及员工会乐意接受实施预算的责任，更加自觉地投入到执行预算的工作中去。这样，企业内部的意见沟通和讨论就会增加，预算的编制也因此而变得更具现实意义。

参与的主要缺点是经理人员可能会利用讨论的机会，将自己负责的那部分预算编制得过于宽松。“高估成本、低报收入”，这种低效率行为使得预算业绩很容易完成，进而降低了企业整体运行的效率。管理部门可考虑使用零基预算法作为防止预算“宽打窄用”的手段。但是，编制零基预算的成本过高，不能经常地运用。

古典管理理论和科学管理学派并不赞同企业员工参与编制预算的做法，他们认为只有通过物质奖励的方式才能激励员工。而现代管理理论则认为，参与最终会为企业带来效益，应当尽可能地将参与这一行为要素纳入到预算编制过程中去。

（二）确定目标

确定目标的根本原则是使目标既具有挑战性，又具有可实现性。只有这样的目标，才能最大限度地激励经理人员及其下属。

（三）反馈

反馈是预算控制循环的一个部分，要求比较实际业绩和预算业绩，并将其结果报告给相关的经理人员。让负责完成预算业绩的经理知道实际业绩的进展，这一点很重要。经理们可据此采取纠正措施或要求修改不切实际的原始预算。反馈还能使高层经理人员随时掌握整个企业及各部门实际业绩的最新情况。建立良好的反馈程序是现代管理风格的重要特征。反馈程序的建立不应仅仅作为高层经理人员奖勤罚懒的手段，还应当能够用于激励经理人员并提高其工作效率。

应当注意，反馈信息应当具有高质量信息所具有的质量特征。

（1）一致性。反馈信息报告的编制应当具有一致性，如果要改变反馈信息的形式，必须考虑这种改变能否提高信息质量。

（2）准确性。不准确的信息会使经理人员产生怀疑，或产生误导作用，并有可能导致最终放弃预算控制。

（3）相关性。反馈的信息应当是经理人员控制下的成本和收入信息，不相关的信息即超出其控制范围的无须反馈。

（4）易理解性。经理人员获得的信息应当易于理解，并且能为其所用。否则，即使有价值的信息也会被忽视。

（5）及时性。控制信息应尽可能快地、经常地反馈给经理人员。但信息的及时性和准确性时常相互冲突，应权衡信息的及时性和准确性的要求，做出必要的选择。

【例 4-6】 假设某公司年生产能力为 100 000 件产品，去年仅生产 90 000 件。现要求编制第二年的生产预算。第二年的产量水平有三种选择：80 000 件、100 000 件和 110 000 件。

如果生产能力是公司的限制因素，那么，作为生产部经理，你选择的产量目标应当是其中的哪一种呢?

最有效并最具激励效用的目标产量应该是 100 000 件。这一目标是可能实现的，因为企业的生产能力是 100 000 件，以此生产能力极限来挑战生产部门经理的管理能力，可激励他们做得最好。

80 000 件产量目标容易完成，但不是最有效的产量水平。如此易于完成的目标，不可能激励生产部经理竭尽所能，对提高企业业绩做更大贡献。

110 000 件产品产量是无法完成的，因为它超出了企业最大的生产能力。如果以此为目标，经理们可能干脆不理会它。若缺乏必要的激励手段，结果可能连 100 000 件的产量也无法完成。

三、预算作用的内在冲突性

预算的作用，主要包括计划、控制、激励、评价四方面的作用。但这几种作用之间也存在某种冲突，主要表现在：

（1）预算的计划作用体现在要为预算期确定最大可能性的结果，这与严格控制预算成本支出的控制功能相冲突。而计划、控制的作用又与预算的激励作用相矛盾，因为只有那些具有挑战性且可实现的目标，才能最大限度地激发经理人员的积极性，而那些易于实现或根本无法实现的目标则无法产生激励作用。

（2）如果预算从一开始就缺少现实性，或者预算期间因为环境的变化，使预算失去了可行性，那么，原始预算就不能满足控制目的的要求。要保持对成本的严格控制，原始预算必须具有弹性，可随时修订原始预算。然而，改变预算又可能损伤经理人员的积极性，因为改变预算意味着原定目标具有不确定性，预算的评价作用也将大为削弱。

（3）允许经理人员参与制定本部门的预算，本是提高经理人员积极性的一种方法。然而，如果经理人员在其参与过程中编制出“宽打窄用”的预算，则这种参与作用必将损害预算的计划、控制及评价作用。

（4）如果过分强调用预算来评价工作业绩，那么，经理人员的积极性会因那些很难实现的预算业绩而受到损害。这样，他们就可能将预算编制得很容易完成，以炫耀其工作能力；同时，也还可能做出提高其自身价值但对整个企业有害的决策。这些行为，明显与预算的控制和计划作用相矛盾。

四、非营利企业的预算编制

非营利企业（不论是制造业还是服务业）的预算编制过程与营利企业一样可以产生计划、控制、沟通、协调、激励和评价等作用。因此，预算编制的所有知识，包括预算制定、预算控制等，同样适用于非营利企业。两者的差异仅在预算实施上，主要表现在以下两个方面。

（一）限制因素

营利企业的限制因素通常在可实现的销售水平上，这一限制使其无法获得无限量的利润；而对于非营利企业，其限制因素通常是所需资源的可供量。例如，地方政府所属的住房供给部门，其能够用于建设住房的资源，可能永远无法满足众多住房申请者的需要。因此，在非营利企业中，编制预算应当从确定预算期内资源的可供量开始，然后将有限的资源分配到各成本要素中去。在这样的企业中，预算控制的重点要放在成本控制方面（即保证实际成本支出不得超过可供分配的资源），并且使有限资源产生的效益最大化（即资源使用效率最高）。对于上述住房供给部门来说，其效率可用“住房单位成本”这一指标来计量，成本愈低，有限资源所能够建造的住房就愈多。

受到有限资源制约其活动的企业还有很多，如公营医院、政府补助的企业以及所有的慈善机构等。

（二）制定目标

营利企业的主要目标是追求利润，即通常所说的使利润最大化。这个目标可以用货币量来表示，通过实际与预算业绩比较来监控目标的完成，然而，非营利企业的目标通常是无形的，即无法定量化的（如贫穷状况的改善），因此，计量此类企业的业绩相当困难。

由于难以用财务性业绩指标去计量、评价非营利企业的业绩，因此，一般情况下，预算控制往往侧重于使实际支出限制在计划开支的限额内。

非营利性企业最大的问题在于，筹集充足的资源去完成既定的任务。诚然，花费大量的时间和精力去争取或筹集尽可能多的资源，往往使经理人员无暇顾及企业经营的其他目标和任务。但缺乏资源反过来也会影响预算目标的确定。缺乏资源，还会使得经理人员感到无法正常安排工作，难以激发他们的工作积极性。

五、信息技术对预算编制过程的影响

先进的信息技术，给企业管理会计制度带来很大的影响。这种影响表现在它提高了收集及处理数据的速度，并且使先进制造技术，如“适时技术”的使用变成可行。

采用先进信息技术是实施“适时技术”的前提条件，因为“适时技术”需要迅速提供有关生产需求、采购供应及供应商方面的最新资料。然而将“适时技术”纳入企业的经营中去，可能与企业的预算编制过程发生矛盾。因为，“适时技术”强调通过产量完全符合销量的需要而致力降低生产成本和存货储备成本，而预算侧重于生产成本的控制，对存货储备成本因素不予考虑。因此，作为两种不同的成本控制方法，预算编制过程往往设法达到产量最大化（降低每件产品的单位总成本），但同时会导致存货数量的上升，而使用“适时技术”则只需要生产出满足销售需求的产量。矛盾的另一方面，表现在预算编制过程往往要求大批量购进原材料，以降低单位成本，其结果是原材料储备较大的增加，而“适时技术”则认为，如果不是生产上有紧急需要的话，不宜大批量购进原材料。

信息技术会影响预算的编制过程，但使用信息技术并不能取代调查、讨论等行政管理工作。然而在编制预算时使用计算机系统，会使经理人员更具灵活性，能以更快的速度去分析预算中的关键变量，对不同可能性结果产生的影响（例如，工资率从每小时 10 元上升到每小时 12 元的话，会出现什么结果等）。

使用电算化财务模式软件，首先需要经理人员剪裁软件使其适应企业特定的环境，并将表示成本、收入、业务本身和其相互关系的数学公式输入进去。所有这些信息也是手工编制预算所必需的。一旦“初始化”完成，经理人员便随之受益。通过计算机，经理人员可以对预算的关键变量做“如果怎样，就会怎样”的详细分析，并即时得到分析结果。

计算机对预算控制亦发挥作用。如果企业的管理会计系统已经电算化，那么企业实际业绩就可能非常迅速地记录在系统之中。目前，绝大多数的电算化会计系统都已将计划、成本、收入和业务量的输入程序化，因此，数据库中用作差异分析的两套数据资料都已齐备。企业各种差异分析只要“按一个键”便可在瞬间完成。这种迅速、可靠（无计算错误）的差异分析，会提高预算的控制功能，不仅可以节约经理人员的时间，而且便于其致力于调查分析重要差异，并采取必要的纠正措施。

本章要点

1. 预算的作用在于帮助企业明确目标、协调工作、全面控制和评价业绩。

2. 预算按其适用的时间长短可分为长期预算和短期预算；预算按其具体内容的不同可分为业务预算、财务预算和专门决策预算。

3. 一个理想的预算体系应包括经常的业绩反馈、货币和非货币激励、员工参与、现实标准、成本可控性和多重业绩指标。

4. 全面预算的内容一般包括业务预算、财务预算和专门决策预算三大部分。其中，业务预算具体包括销售预算、生产预算、直接材料预算、直接人工预算、制造费用预算、期末产成品存货预算、销售与管理费用预算等；财务预算具体包括现金预算，预计利润表、预计资产负债表和预计现金流量表预算等；专门决策预算具体包括资本支出预算和一次性专门业务预算等。

5. 进行预算控制的方法有很多，如弹性预算、零基预算、滚动预算和概率预算等。其中，弹性预算的编制方法有列表法和公式法两种。

6. 弹性预算就是在编制预算时，预先估计到预算期间业务量可能发生的变动，编制出一套能适应多种业务量的费用预算，以便分别反映在相应业务量的情况下所应开支的费用水平。

7. 零基预算是指在编制预算时，不考虑以往的水平，对所有的预算支出均以零为起点，根据其必要性来确定预算额的预算。

8. 滚动预算的主要特点是预算期连续不断，始终保持 12 个月，每过去 1 个月，就根据新的情况调整和修订以后几个月的预算，并在原来的预算期末再加 1 个月。

9. 概率预算就是根据客观条件，对有关的变量做进一步的估计，估计它们可能变动的范围和在该范围内出现的可能性，然后对各变量进行调整，计算期望值并编制预算。

10. 企业实施预算的基本管理理论有两种：古典管理理论（或称科学管理理论）、现代管理理论（或称行为科学管理理论）。

11. 预算的作用主要包括计划、控制、激励、评价四方面，但这几种作用之间也存在某种冲突。

12. 非营利企业的预算制定、预算编制和预算控制过程与营利企业一样，两者的差异仅在预算实施上。

案例七

AST 公司只生产一种产品，以下是某年 7 月至 11 月的销售预算（单位：件）：

7 月	24 000
8 月	39 000
9 月	60 000
10 月	60 000
11 月	25 500

公司的政策是产成品的期末存货量应该是下一个月份销量的 20%。另外，政策亦规定原材料的期末库存量应该足够应付下一个月份生产耗用量的 10%。7 月 1 日的存货量符合此政策。每一个单位的原材料能制成一件产成品，没有原材料浪费。

公司采用完全成本法的计算系统，每个月的固定及变动间接费用会分摊到当月生产的每件产成品上。7 月 1 日所有在库的产成品的成本都是每件 34 元，所有原材料的成本都是每单位 12 元。根据此系统，由于每月的生产量不同，每月所生产的产成品的成本都不一样，所以假定成本的流动采用先进先出法。产成品的销售价为每件 65 元。

每件产成品的预算成本是：

变动成本：	
原材料	12 元/件
人工及变动制造费用	16 元/件
变动销售费用	5 元/件
固定成本：	
固定制造费用（包括折旧）	每月 81 000 元
固定销售费用	每月 66 000 元

要求：

（1）计算当年 7 月至 9 月每月的预算生产量及采购量。

（2）编制一份当年 7 月的预算利润表。

（3）简单解释公司处理固定制造费用的方法的含意，即把间接费用按月分摊到产成品上，并把这种方法与采用每年预定的间接费用分配率来作分配进行比较。

案例八

东湖有限公司制造一种独特的浓缩清洁液“超洁”。超洁以瓶装出售，顾客在使用时需加水稀释。超洁的售价每瓶 3.20 元。超洁的主要成分有两种，分别为混合物 A 和混合物 B。

每瓶超洁的变动成本如下：

混合物 A：每瓶 0.5 千克，每千克 1.20 元。

混合物 B：每瓶 0.1 千克，每千克 9.60 元。

公司每一季度的固定成本为人工 30 000 元和其他成本 50 000 元。

从 2018 年 1 月 1 日开始，东湖有限公司将实施下列有关持有存货的政策：

原材料：每一个季度要求的生产量所需原材料的 50%是之前季度的期末存货。

制成品：每一个季度的预计销售量的 25%是之前季度的期末存货。

2018 年 1 月 1 日的预计存货量如下：

混合物 A：16 000 千克。

混合物 B：3 000 千克。

制成品：8 000 瓶。

2017 年第 4 季度至 2019 年第 2 季度的销售预测如下（单位：瓶）：

2017 年第 4 季度	45 000
2018 年第 1 季度	60 000
第 2 季度	64 000
第 3 季度	30 000
第 4 季度	40 000
2019 年第 1 季度	60 000
2019 年第 2 季度	65 000

东湖有限公司所发生的人工、材料和其他成本于发生当季度支付。销售的应收款项于销售发生后的下一个季度收取。2018 年 1 月 1 日，东湖有限公司的银行结余预计是透支 46 000 元。

要求：

(1) 计算 2018 年东湖有限公司为遵守该年的存货政策所要求的每个季度的预算生产量。

(2) 编制东湖有限公司 2018 年每个季度的现金预算，并列示每个季度期末的现金结余（银行结余）。

(3) 银行坚持东湖于任何一个季度期末时的透支额不能超过 60 000 元。请向东湖提出几个建议确保东湖能遵守银行的指示。在适当处请列出所作的计算。

案例九

酒店 A 现时按 55%入住率的水平营运。一直以来，酒店的管理层使用以下列形式表示的弹性预算资料。下面的数字是今年的数据，管理层准备以此为基础编制明年的预算。

入住率	55%	75%	85%

住宿：			
房间清洁成本（元）	963 600	1 314 000	1 489 200
建设及营运成本（元）	726 340	954 100	1 067 980
健身设施：			
娱乐设施成本（元）	361 350	427 500	558 450
器材成本（元）	200 000	200 000	200 000

酒店管理层估计所有的变动成本将于明年上升 3.5%，这个升幅并未在上述数据中反映。酒店的管理层最近开发了一个新市场“豪华周末逍遥游”，相信可把明年的入住率提高至 80%。

酒店需要就这个新的“豪华周末逍遥游”计划投放资源，把酒店的级数提高。提升房间及健身设施的成本估计分别为 100 000 元和 150 000 元。管理层打算把这些成本在未来 5 年的利润中平均分摊，即提升房间及健身设施的每年费用分别为 20 000 元及 30 000 元。

假设你是酒店最近聘用的管理会计师。

要求：

（1）评论酒店管理层现时采用的列示预算资料的格式。

（2）假设酒店按 80%入住率的水平营运。请以一个较合适的格式编制酒店明年的弹性预算表（提示：使用高低点法分辨混合成本中的固定和变动部分）。

（3）讨论酒店希望借着“豪华周末逍遥游”和改善健身设施来提高入住率可能引发的几个问题。

习题

一、单项选择题

1. 企业生产经营的全面预算必须以（　　）为主导。

A. 生产预算　　B. 成本预算

C. 销售预算　　D. 现金预算

2. 按照企业预算期内可预见的多种经营活动水平分别确定相应的数据，使编制的预算随着生产经营管理活动的变化而变动，这种预算称为（　　）。

A. 弹性预算　　B. 滚动预算

C. 零基预算　　D. 概率预算

3. （　　）的编制过程，实际上也是对企业经营活动规律性的认识逐步深化的过程。

A. 弹性预算　　B. 滚动预算

C. 零基预算　　D. 概率预算

4. 从根本上研究分析每项预算是否有支出的必要及支出数额的大小的预算是（　　）。

A. 弹性预算　　B. 滚动预算

C. 零基预算　　D. 概率预算

5. （　　）是企业在计划期间日常发生的具有实质性基本活动的预算。

A. 长期预算　　B. 短期预算

C. 业务预算　　D. 财务预算

6. 编制全面预算的基础是（　　）。

A. 直接材料预算　　B. 直接人工预算

C. 生产预算　　D. 销售预算

7. 资本支出预算是（　　）。

A. 财务预算　　B. 生产预算

C. 专门决策预算　　D. 业务预算

8. 随着业务量的变动作机动调整的预算是（　　）。

A. 滚动预算　　B. 弹性预算

C. 增量预算　　D. 零基预算

9. 滚动预算的基本特点是（　　）。

A. 预算期是相对固定的

B. 预算期是连续不断的

C. 预算期与会计年度一致

D. 预算期不可随意变动

10. 滚动预算的预算期一般保持在（　　）。

A. 1个月　　B. 1个季度

C. 6个月　　D. 1年

二、多项选择题

1. 预算的作用主要有（　　）。

A. 明确目标　　B. 协调工作

C. 全面控制　　D. 评价业绩

2. 预算按其具体内容的不同可分为（　　）。

A. 业务预算　　B. 财务预算

C. 全面预算　　D. 专门决策预算

3. 业务预算具体包括（　　）。

A. 销售预算　　B. 生产预算

C. 期末产成品存货预算　　D. 现金预算

4. 编制生产预算时，应考虑（　　）的预计水平。

A. 当期销售量　　B. 期末产成品存货

C. 期初产成品存货　　D. 当期采购量

5. 现金预算一般包括（　　）部分。

A. 现金收入　　B. 现金支出

C. 现金多余或不足　　D. 资金的筹集和运用

6. 下列各项中，属于业务预算内容的有（　　）。

A. 生产预算　　B. 产品成本预算

C. 销售费用预算　　D. 制造费用预算

7. 下列预算中，既反映经营业务又反映现金收支内容的有（　　）。

A. 销售预算　　B. 生产预算

C. 直接材料预算　　D. 制造费用预算

8. 弹性费用预算的编制方法有（　　）。

A. 滚动法　　B. 公式法

C. 高低点法　　D. 列表法

9. 弹性预算的优点是（　　）。

A. 适应范围广　　B. 使用时间长

C. 避免重复编制预算　　D. 以零为起点

10. 预算编制过程中所涉及的行为因素包括（　　）。

A. 参与　　B. 计算

C. 确定目标　　D. 反馈

三、判断题

1. 短期预算是一种执行性预算，因而要求数据尽可能具体化，以便于控制和执行。（　　）

2. 低估收入或高估成本中的任何一种手段都不会影响管理者完成预算的可能性。（　　）

3. 无论在什么情况下，以固定预算对企业进行考核都是不合理的。（　　）

4. 运用零基预算控制经费，预算单位要比企业更为适宜。（　　）

5. 财务预算是各项经营业务和专门决策的整体计划，所以又称总预算。（　　）

6. 管理会计中的预算是指计划的数量说明。（　　）

7. 全面预算体系是以直接材料预算为基础的。（　　）

8. 在编制弹性预算时，只需将变动费用部分按业务量的变动加以调整即可。（　　）

9. 滚动预算是为了克服固定预算的缺点而产生的一种预算。（　　）

10. 弹性预算总成本＝固定成本总额＋弹性变动成本总额。（　　）

四、业务分析题

1. 某公司计划生产和销售B产品，预计每件B产品的材料消耗定额为10千克，计划单价为5元。为了保证生产的顺利进行，要求材料每季季初的存货量至少要储备当季需用量的30%。该公司当年1月1日的材料库存恰好与此要求相符，预计当年各季B产品的销售量分别为10 000件、8 000件、13 000件和12 000件。该公司无在产品存货，其产成品存货各季期末存量应为下季销售量的20%，其年初产成品存货为2800件，年末预计的产成品存货的数量为1 500件，年末预计库存材料的数量为2 000千克。

要求：

（1）编制该公司当年B产品的生产预算。

（2）编制该公司当年直接材料预算。

2. A公司生产和销售一种产品，预计当年1—4季度的销售量分别为：1 000件、1 500件、2 000件和1 500件，销售单价为75元。该公司销货款的收回规定如下：销售当季收款40%，其余的60%将于下季度收回。假定上年年末的应收账款余额为24 000元。

要求：编制A公司当年的销售预算，包括预计现金收入计算表。

3. 承业务分析题2，A公司当年第一季度的期初现金余额为3 200元。当年各季度预计的现金支出分别为：58 500元、86 000元、132 000元和130 000元。每季度最低的现金余额为3 000元。若资金不足，根据公司与银行的协议，公司每季初都可按4%的年利率向银行借款；若资金有多余，每季末偿还。借款金额以1 000元为单位，借款利息于偿还本金时一起支付。

要求：编制A公司当年度的现金预算。

4. 某企业有关制造费用的资料如表4－20所示。

表4－20　某企业有关制造费用资料

成本项目	间接人工	间接材料	维修费用	水电费用	其他
固定费用部分（元）	6 800	3 800	220	300	880
变动费用分配率（元/小时）	1.00	0.60	0.15	0.20	0.05

要求：假设企业正常的生产能力（100%）为10 075工时，试编制该企业生产能力在70%～110%范围内的弹性制造费用预算（间隔为10%）。

5. 某公司第一季度销售量为：一月份200件、二月份300件、三月份400件。单位产品售价为20元，货款当月收回60%，其余第二个月收回。一月份可收回上年年末货款2 500元。每月产品期末存货量应保持下月销售量的40%，上年年末存货量为200件，预计4月份销售量为600件。

要求：根据上述资料分别编制销售预算与生产预算。

第五章
产品成本计算原理

目标

当您学完本章，应该做到：

- 了解品种法、分批法、分步法三种基本的成本计算方法。
- 能解释术语“联产品”“副产品”“标准成本”。
- 对比联产品与副产品的区别及成本计算。
- 理解作业成本法的原理及优缺点。
- 掌握直接材料成本差异、直接人工成本差异、变动制造费用差异、固定制造费用差异的计算与分析。

第一节 概述

成本问题是工业企业生产经营中的一个重要问题，而产品成本计算又是其中重要的一环。

成本计算具有两重性，它既是财务会计的一个重要组成部分，也是管理会计的一个重要组成部分。

大家知道，存货计价和收益决定是财务会计中的两个重要问题。这两个问题都和成本计算有着密切的联系。因为正确计算产品成本，是正确划分本期已销售产品成本和期末未销售产品成本的基础，其中本期已销售产品成本应列入利润表，使之同本期实现的销售收入相配合，据以确定本期的净收益；而期末未销售产品成本则列入资产负债表，作为流动资产的一个组成部分结转下期。所以，产品成本计算是否正确，直接关系到本期已销售产品成本和期末未销售产品成本的划分是否正确，也就是意味着存货计价和收益决定是否正确，最终表现为据以编制的财务报表能否如实反映企业的财务状况和经营成果，这就必然要引起企业外部各有关方面的关切和重视。从这个意义上说，如何科学地组织成本计算，正确而及时地提供产品成本资料，是财务会计需着重研究的一个重要问题。

再从管理会计的角度看，成本计算是为企业正确地进行最优决策，有效经营和严格进行成本控制服务的。

众所周知，成本是综合反映企业生产经营活动的质量和效果的一个重要指标。企业管理部门为实现有效经营，尽可能提高生产经济效果，必须密切注视产品成本。在经营决策和日常控制的各个环节，都必须对“成本”问题进行认真的分析研究。也就是，正确地进行经营决策，往往要从许多方案中选取最优方案，“优”的标准主要是经济效果，而各种形式的“成本”，又是经济效果的重要表现形式。所以，经营决策中最优方案的选择，通常要以各有关方案对于“成本”的影响如何作为评价的重要依据。经营决策中所用的各种形式的“成本”，有一个基本的资料来源，就是通过一定方法进行成本计算所取得的成本资料，前者实际上是以后者为基础，进行加工、改制和延伸，并适应不同情况进行灵活运用。离开了通过一定方法进行成本计算所取得的基本成本资料，经营决策中所用的各种形式的“成本”也就成为无源之水、无本之木了。从这里可以看到各种形式的成本数据在经营决策中的正确运用，要以详细了解成本在生产中的形成及具体计算为基本前提。

而且，从管理会计来看，成本计算不能停留于为计算而计算，要着重于把成本计算和成本控制很好地结合起来。成本计算一般是以产品为对象，通过计算而确定产品成本。而实现成本的控制，关键不在事后确定产品的实际成本，而在围绕各个“责任中心”，加强事前的计划和生产进程中的控制。也就是事前要为各个“责任中心”提出降低成本的目标和任务，并在生产进程中加强成本的控制和考核。所以，成本控制要紧密依靠各个“责任中心”来进行。围绕各个“责任中心”所汇集的成本，称为部门成本。部门成本的控制和考核，是现代管理会计中“责任会计”的主要内容之一。部门成本同时又是产品成本形成的基础。不能脱离部门成本来“悬空”地计算产品成本。实践证明，以部门成本为基础进行产品成本计算，有助于把事前的计划、日常的控制和最终产品成本的确定有机地结合起来，这对于全面提高成本管理水平将有较大的帮助。而实现这几个方面的结合，具体了解和掌握产品成本计算的方法原理又是其中最重要的一环。

一、生产成本的归类及在生产进程中的流动

生产成本通常按照三个主要项目进行归类：直接材料、直接人工和制造费用。

在生产中用来变成产品主要部分的材料的成本，称为直接材料；在生产中对材料进行直接加工使它变成产成品所用的人工的工资，称为直接人工。在生产中发生的那些不能归入直接材料、直接人工的所有其他成本支出，都归属于制造费用，它通常又再细分为间接材料、间接人工和其他制造费用三个组成部分。在生产中耗用但不便归入哪一特定产品的材料（如机器设备维修用的材料）的成本，属于间接材料；为生产服务但不直接进行产品加工的人员（如维修人员、警卫人员等）的工资，属于间接人工；其他制造费用，包括厂房、建筑物、机器设备的折旧和维护、修理费、税金和保险费，生产上用的照明、动力费，以及专利权的摊销等。随着生产机械化、自动化水平的不断提高，制造费用在产品生产成本总额中所占的比重将不断增长。

生产成本是在生产过程中逐步形成和积累起来的。成本在生产进程中的流动，即成本的形成和积累过程，如图 5－1 所示。

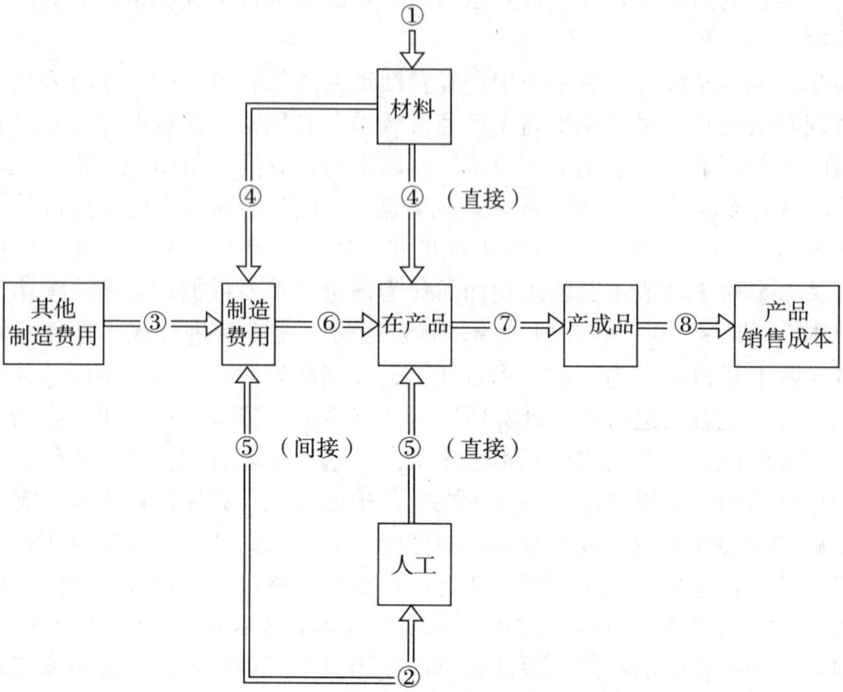

图 5-1　成本的形成和积累过程

图 5-1 中的数码，代表以下几种类型的交易：①购进材料；②支付职工工资；③发生其他各项制造费用；④生产中材料的耗用；⑤生产中人工的消耗；⑥制造费用按预计分配率分配给所生产的各种产品；⑦在产品加工完成转入产成品库；⑧产成品发运给顾客。

二、基本的成本计算方法

产品成本需采用什么样的方法进行计算，主要取决于产品的生产特点。同产品生产的两种基本类型相适应，在长期的实践中形成了三种基本的成本计算方法，即品种法、分批法和分步法。

（一）品种法

品种法是指以产品品种为成本计算对象的产品成本计算方法，一般适用于单步骤的大量生产，如发电、采掘等；也可用于不需要分步骤计算成本的多步骤的大量、大批生产，如小型造纸厂、水泥厂等。

1. 品种法的特点

品种法计算成本，具体有两种方法：

一种是把生产过程的费用汇总，得出完工产品的总成本，除以产量，即为单位成本。这种方法也称为简单法，即单品种的品种法，一般适用于单步骤、大量生产的企业。这种企业，产品品种单一，生产过程较短，又没有在产品，成本计算上显得比较简单。

另一种，在计算上复杂一些，要分产品品种来归集生产费用，计算期期末可能有在产品，于是还要将生产费用在完工产品和在产品之间进行分配。这种成本计算方法，就是典型的品种法，即多品种的品种法，一般适用于不要求计算半成品成本的多步骤、大量大批生产的企业。

品种法的根本特点，就是绝大多部分生产费用（指扣除期间费用后的那部分生产费用，下同）能够按企业最终产品的品种进行归集。如果只生产一种产品，则生产费用可以直接计入产品成本，企业的生产费用就按这种产品进行归集。如果生产的产品不止一种，则生产费用要按各种产品并按成本项目进行归集。归集的原则是：凡是各种产品直接发生的生产费用，直接计入该种产品的成本；凡是各种产品的共同费用，则需分配后计入各种产品的成本。

2. 品种法的成本计算程序

品种法的成本计算程序，一般如下：

（1）按产品品种设置成本明细账，分成本项目设置专栏。

（2）编制各种费用分配明细表。对于各种产品的直接费用，如直接成本中心材料、直接人工等，按各种产品列示并据以直接记入各种产品成本明细账；对于间接费用，按其生产地点归集，再按一定比例分配，记入各种产品成本明细账。

（3）月末，将各种产品成本明细账所汇集的各产品成本，分别加总，扣除在产品成本（如有在产品的话），就是产成品总成本；除以产量，便是单位产品成本。

品种法的成本计算程序如图 5－2 所示。

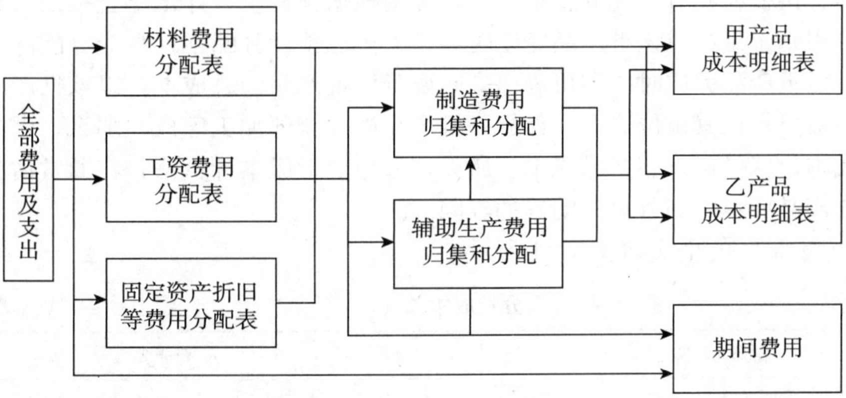

图 5－2 品种法成本计算程序

（二）分批法

分批法是指以产品批次（或件别）为成本计算对象的产品成本计算方法。如果产品是按照不同的批别分批组织生产，在这种情况下，产品成本计算要采用分批成本计算法。分批法适用于单件、小批的单步骤生产或管理上不要求分步骤计算成本的多步骤生产，如建筑工程、家具制造、专用工模具制造、重型机器制造、船舶制造、服装、印刷等。

如果企业的产品是单件生产的，或小批量生产的，也就是其产品是根据特定顾客的要求度身定制的，在所消耗的资源，所需要的时间，或所涉及的复杂性方面等都大不相同，这一类企业一般采用分批成本计算法。由于在这种情况下，企业通常根据顾客的订单安排生产，因而，分批成本计算法又称订单法。但应指出的是，在实际生产中，一份订单可能分为几个生产批次，一个生产批次也可能集中了几份订单的订货量。分批法与订单法有时两者是不能等同的。

1. 分批法的特点

分批法的主要特点在于：

（1）成本计算对象。

分批法的成本计算对象就是产品的“批次”（单件生产为件别）。在小批和单件生产中，产品种类和每件产品的批量等，往往是根据购货单位的订单确定的。因此，按批、按件计算产品成本，也就是按照订单计算产品成本。

（2）成本计算期。

在分批法下，产成品成本要在订单完工后才计算，所以成本计算是不定期的。成本计算期与产品的生产周期基本一致，而与财务会计核算的报告期不一致。

（3）成本费用归集。

在分批法下，完工的订单成本，反映在成本报告表上，通常不仅包括报告月份发生的成本费用，还包括以前月份发生的成本费用。月终未完工的订单，就是在产品，成本明细账上所归集的成本费用，就是在产品成本。

2. 成本明细账

分批成本计算是以每一批产品作为一个成本计算对象，于每批产品开始制造时，为它开设一张成本单，称为“分批成本单”，用来汇集和计算每批产品的成本。每批产品生产中所领用的直接材料和所消耗的直接人工，分别根据领料单、计工单直接记入有关的成本单；制造费用则于月终或该批产品完工时，通常按照预计分配率计算应分配的金额，记入各成本单。每批产品完成时，即可算出应归属于该批产品的总成本，以该批产品的总成本除以数量，就可求出其单位成本。如果一批产品尚未全部加工完成，那么，已归属于其成本单上的成本，就是期末在产品成本。所以，采用分批成本计算法，在通常情况下，产成品成本与在产品成本的划分要有明确的界限。

“分批成本单”的格式如表 5－1 所示。

表 5－1 **分批成本单（1）** 成本单编号：1001

材料成本				人工成本				
领料单号数	说明	单价	成本	日期	工种	小时	分配率	成本
				人工成本合计				

续前表

材料成本				制造费用成本				
领料单号数	说明	单价	成本	日期	工种	小时	分配率	成本
合计								
				制造费用成本合计				
减：材料退库				成本汇总：				
				材料成本合计				
减：材料退库				人工成本合计				
				其他直接成本合计				
其他直接成本				制造费用成本合计				
凭证号数	说明	单价	成本	成本总计				
				损益记录：				
				总售价				
				减：总成本				
				其他直接成本合计				毛利

企业会计人员要分别为每一批次的生产设立“分批成本单”或“批次成本明细账”，以归集每个批次所发生的费用。每一批次生产开始时，其相应的“分批成本单”也随同设立，并按规定登记与该批生产有关的费用。该批产品完工时，“分批成本单”上所归集的费用即为该批产品的成本，可随着产成品的交库而结转至产成品成本上。

在分批成本计算中，“分批成本单”是起主要作用的原始记录。生产费用发生后，就按生产批次进行归集：直接材料和直接人工，直接计入制造费用，采用适当的分配方式，在各批产品之间进行分配，然后记入各批次成本计算单（即产品成本明细账）。

采用分批成本计算法，所有的“分批成本单”就是“在产品”的明细分类账。表 5－2 就是 115＃批次的成本计算作为在产品明细分类核算的实例。

表 5－2　　分批成本单（2）

批号：115＃

品名：××产品　　数量：20 件

生产日期：略　　要求完工日期：略　　单位：元

日期	直接材料		直接人工		制造费用	
	数量	金额	工资单号	金额	分配率	金额
略	略	190	略	150	60％	
		180		100		240

续前表

日期	直接材料		直接人工		制造费用	
	数量	金额	工资单号	金额	分配率	金额
		130		150		
合计		500		400		240

注：制造费用分配以直接人工为分配基准，即 400×60%＝240。

3. 费用在完工产品与在产品之间的分配

如前所述，分批法的成本计算期与生产周期是一致的。订单完工后，只要把成本明细账上所归集的成本费用进行结算，就是产成品成本。因此，从理论上讲，在分批法下，只有费用在各批次产品之间进行分配的问题，而不存在费用在完工产品和在产品之间的分配问题。但实际上，如果有的订单生产批量较大，在一个批次内的产品可能有跨月陆续完工的情况，即在月末计算成本时，一部分产品已完工，另一部分产品尚未完工。此时，为了计算完工产品成本和在产品成本，就有必要在完工产品与在产品之间分配费用。

【例 5－1】 某企业采用分批法计算成本，922 批次生产甲产品 10 台，2018 年 6 月投产，7 月完工 6 台，未完工 4 台。2018 年 7 月该批次的成本明细账如表 5－3 所示。

表 5－3　　批次成本计算单

产品批次：922　　购货单位：BP 公司　　投产日期：2018 年 6 月

产品名称：甲产品　　批量：10 台　　完工日期：2018 年 8 月

本月完工：6 台　　单位：元

项目	直接材料	直接人工	制造费用	合计
月初在产品费用	1 100	110	165	1 375
本月生产费用		142	213	355
累计	1 100	252	378	1 730
完工 6 台产品成本	660	180	270	1 110
完工产品单位成本	110	30	45	(185)
月末在产品费用	440	72	108	620

表 5－3 中：

（1）设原材料是在生产开始时一次投入。

完工产品材料费用＝1 100÷(6＋4)×6＝660(元)

月末在产品材料费用＝1 100÷(6＋4)×4＝440(元)

（2）设在产品的完工程度为 60%。

月末在产品约当产量＝4×60%＝2.4(台)

完工产品人工费用＝252÷(6＋2.4)×6＝180(元)

月末在产品人工费用＝252÷(6＋2.4)×2.4＝72(元)

完工产品制造费用＝378÷(6＋2.4)×6＝270(元)

月末在产品制造费用＝378÷(6＋2.4)×2.4＝108(元)

(三) 分步法

另一种类型的生产，是连续流水式地生产同类型产品。产品的生产，从原材料投入到最终完成，要经过一系列加工阶段，除最后一个阶段生产出来的是等于产成品外，其他各个阶段加工完成的只是各种不同的半成品，它们要依次转入下阶段继续加工，有的也可对外出售。如纺织、冶金、化工、石油、制药、食品工业等企业通常属于这一种生产类型。和这种生产特点相适应，产品成本计算要采用分步成本计算法。

1. 分步法的特点

分步法是指以产品生产步骤为成本计算对象的多步骤生产的成本计算方法，其主要特点是以每一个相对独立的加工阶段作为一个“成本中心”，用来汇集和计算这一阶段加工完成的半成品成本；半成品转移于次一阶段继续加工时，半成品成本也随之转移，如此逐步积累，到最后一个阶段，就可根据其生产和成本记录，求出最终产品的总成本和单位成本。

大批大量生产的企业一般将其整个生产过程分为若干个部门，每个部门对应着一个制造步骤，产品顺序地、重复地流经这些步骤。采用分步法，成本计算对象是各个加工步骤的各种或各类产品，成本明细账是按每个加工步骤的各种（或各类）产品来设置的。对于生产过程中所发生的原材料成本、工资及其他费用，应分别按加工步骤进行核算，其中属于各产品的费用，应按产品进行归集。至于每一步骤的一般费用，应先按整个步骤归集，然后按一定标准，在该步骤的各种产品间进行分配。

例如，某产品需要经过两个制造步骤的加工，那么其成本记录如图 5－3 所示。但是必须注意，在本例中从投入到制成品之间没有发生任何损失。实际上，这种情况很少发生，因为产品在生产过程中或多或少由于浪费、损坏等原因而发生损失。

步骤 1					
	数量	金额		数量	金额
材料	500	100	转入第二	500	155
直接人工	—	30	步骤		
间接成本	—	25			
	500	155		500	155

步骤 2					
	数量	金额		数量	金额
步骤 1 转入	500	155	制成品	500	213
直接人工	—	28	步骤		
间接成本	—	30			—
	500	123		500	213

图 5－3 两个制造步骤的成本记录

2. 约当产量法：未完工在产品成本的计算

在每一步骤在产品账户的核算中，到了末期，要将各该步骤的成本分为两部分，即在本步骤已完成加工并转移的部分（转移至下步骤继续加工或最终完工入库）和在本步骤未完工的在产品部分。在对每个生产步骤分配已归集的成本时，常用的分配标准是约当产量。

由于各个加工阶段，往往存在一定数量的期初、期末在产品，它们的完成程度各不相同，为正确计算各加工阶段的半成品成本和最后阶段的产成品成本，对各阶段的在产品要分别按照它们的完成程度折合成“约当单位”，以便据以确定各阶段本期完成的“约当产量”。各加工阶段已汇集的成本，以“约当产量”为基础，在本期完工部分和期末在产品部分之间进行分配，才能得到比较正确的结果。约当产量的计算公式是：

约当产量＝未完工产品数量×完工百分比

【例 5-2】 假设在某生产步骤的账户中，归集的成本为 85 000 元，当月该步骤完成加工的“产成品”的数量为 40 000 件，尚有 10 000 件的在产品尚未完工，其完工百分比只达到 25％，则月末在产品的约当产量为：

10 000×25％＝2 500(件)

每个约当产量上分配的成本为：

85 000÷(40 000＋2 500)＝2(元/件)

结转至下一步骤的成本为：

2×40 000＝80 000(元)

留在在产品账户上的成本为：

2×2 500＝5 000(元)

在产品的投料程度和加工程度很可能出现不一致的情况下，如原材料是于投产时一次性全部投入，而其加工过程则需依次进行，则应区分直接材料、直接人工和制造费用项目，分别计算其约当产量。

在原材料占全部成本比重比较大的企业里，第一步骤在产品可以只按原材料成本计价，以后各步骤在产品，则按上一步骤的半成品成本计价。也就是说，各步骤的加工费用全由各该步骤已完工半成品或产成品的成本来负担，在产品成本不负担加工费用。

此外，还可考虑在产品按完工半成品或产成品计价。这种方法适用于已基本上接近完工的在产品。例如，未经技术检验部门验收的各种钢锭和未经清理退火的优质钢的炼钢车间的在产品，可视同产成品钢锭一样计算成本。

3. 损失的计价

分步成本计算法的另一个特征是允许生产过程中发生“正常损耗”。正常损耗是由生产过程中很难避免的浪费和损失等原因引起的，因而被视为生产成本的组成部分。正常损耗不单独计价，因此，产品单位成本等于总生产成本除正常产量（不是原料投入的理论产量）。

【例 5-3】　某慈善组织用汽车发放免费餐，每份免费餐由一块牛排和薯条组成。因此从理论上讲，投入 1 000 块牛排可以做出 1 000 份免费餐。但根据以往的经验，牛排的损耗率为 10%，因此投入 1 000 块牛排平均可以做成 900 份免费餐。由于 100 块牛排的损耗属于正常损耗，因而成为 900 份免费餐成本的一部分，记录在慈善组织的账册上。其结果提高了 900 份免费餐的单位成本，即 1 000 块牛排成本除 900 份免费餐，100 块损耗则由 900 份免费餐分担。

而非正常损失，指生产过程中产生的实际损耗和正常损耗之差额，非正常损失要单独计价记载在分步成本计算记录上。沿用上述例子，如果 1 000 块牛排仅生产出 800 份免费餐，这时 100 块牛排是正常损耗，而另外 100 块牛排则是非正常损失，要按正常成本单独计价，并且要记录在有关分步成本账户中。上述例子如下所示：

最初投入	1 000 块牛排	成本 900 元
正常损耗	100 块牛排	
正常产量	900 份免费餐	
每份免费餐包含的牛排成本	900 元/900 块牛排＝1 元/块	
实际产量	800 份免费餐	

分步成本账户

	数量	金额（贷方）
完工转出制成品	800	800
正常损耗	100	—
结转非正常损失	100	100

对非正常损失，单独计价的目的是要引起管理当局的注意，促使他们采取必要的纠正措施，以防非正常损失再次发生，并弄清正常损益的真正原因。

【例 5-4】　H 公司生产草莓果酱。该公司预期 6 000 千克的投料，可以生产每罐 500 克的产品 10 000 罐。上月 H 公司投料 20 000 千克（每千克单价 1 元），生产出 25 000 罐。试计算上月该公司非正常损失或非正常损益。

计算的过程如下：

	千克
投入	20 000
正常损耗	3 340

[正常损耗率:(6 000−5 000)/6 000×100%＝16.7%,16.7%×20 000＝3 340]

正常产量	16 660

[投料成本:20 000×1＝20 000,每千克材料成本为 20 000/16 660＝1.20]

实际产量	12 500（25 000×0.5）
非正常损失	4 160
非正常损失成本	4 992（4 160×1.20）

这么大额的非正常损失，管理当局要立即查清原因，以防再次发生，并且辨认生产过程是否失控，致使发生这样的损失。

综上所述，可见分批成本计算与分步成本计算的主要区别，在于成本汇集和计算方法的不同，为便于比较，可将它们的特点进行概括，如图 5－4 所示。

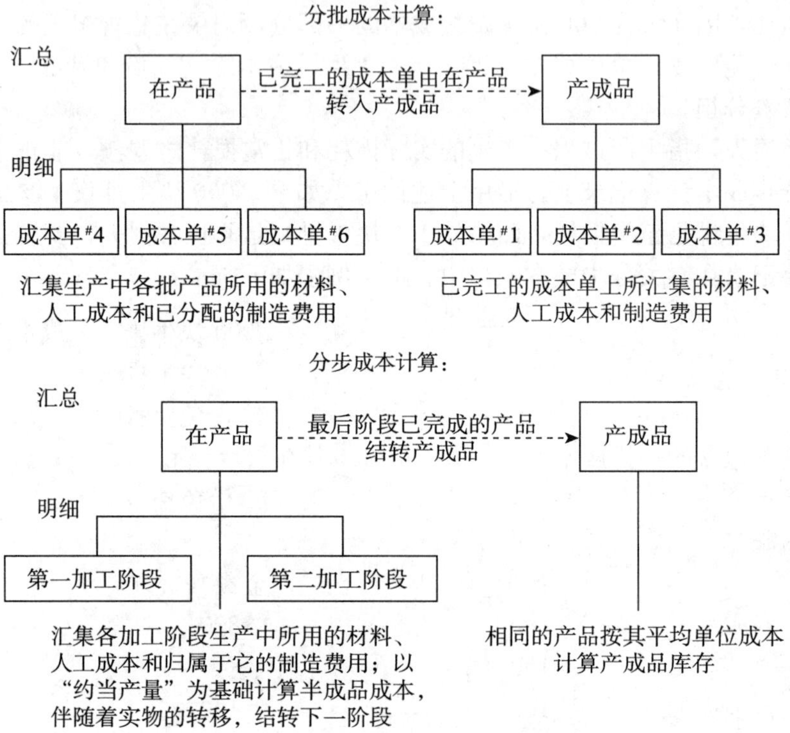

图 5－4　分步和分批成本计算的区别

第二节　联产品、副产品成本计算

一、联产品与副产品的区别

在某些企业里，往往有这样一种现象：使用同一种原料，经过同一生产过程，生产出两种或两种以上的产品；或者由于加工操作及其他方面的原因，除在产品外，还附带生产出来了其他的产品。这些产品，根据各自不同的情况，可分为联产品和副产品。

（一）联产品

联产品是指使用同种原料，经过同一加工过程而同时生产出来的，且具有同等地位的主要产品。联产品可以有两种或两种以上，它们虽然在性质上和用途上不同，但在经济上都有重要的意义。各种类型的企业都可能有联产品，比如炼焦厂在炼焦过程中，会同时生产出焦炭和煤气等；奶制品加工厂，可以同时生产出牛奶、奶油等。更为典型的是炼油厂，投入原油后，经过一定的加工过程，可以同时生成各种联产品，包括汽油、轻柴油、重柴油和液化气等。

（二）副产品

副产品是指使用同种原料，在生产主要产品的同一生产过程中，附带生产出来的非主要产品。副产品并不是企业生产追求的主要目的，其产量取决于主产品的产量，随主产品产量的变动而变动。副产品生产的事例很多，如甘油是肥皂这个主产品生产时的副产品，又如麸皮是生产面粉的副产品，如此等等。

这些副产品虽然价值不大，但有它的使用价值，对整个社会来说，有一定的经济意义。所以，在成本计算中，也必须采取一定的成本计算方法来进行核算。

联产品与副产品的形成与区别，如图 5-5 所示。

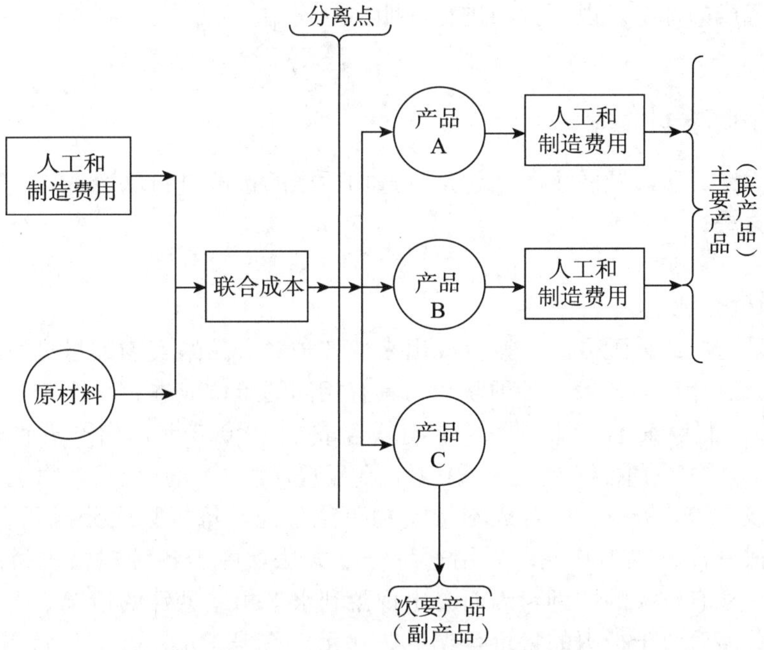

图 5-5 联产品与副产品的形成与区别

不同产品在生产的一定环节分离出来，这个环节称为“分离点”。分离点之前发生的成本（包括原材料、人工和制造费用），称为“联合成本”或“共同成本”，是生产中为得到有关产品而共同发生的。

（三）联产品和副产品的区别与联系

联产品和副产品是产品的两种不同的分类，它们既有联系，也有区别。联产品和副产品之间的联系，在于它们都是同一个生产过程的产物，都是投入相同的原材料，经过若干工序而产生出来的产品。

联产品和副产品之间的区别，主要在于价值。联产品的价值一般较大，而副产品的价值一般较小。同时，从主副产品的关系上看，联产品本身就是主要产品，而副产品则是随主要产品附带生产出来的，依附于主要产品。

但是，联产品和副产品的区分不是一成不变的。随着技术的进步，某些副产品的用途扩大，经济价值提高，就从副产品变成了联产品；相反，一些联产品由于生产工艺的改变，或用途改变，经济价值降低，也可能从联产品降格为副产品。

实际上，很难有什么绝对的标准来判断企业的某种产品到底是联产品还是副产品。有时，由于一些人为的因素，会把联产品作为副产品，或者把副产品作为联产品。

联副产品不一定出现在生产过程的终端。如果企业的产品生产有很多工序，那么联副产品就可能出现在其中的某一个工序。当生产过程中出现联副产品时，企业管理当局要决定是否需要以当时形态出售或在出售前继续加工。如果继续加工所增加的价值大于继续加工成本，就应该继续加工；否则应立即出售。

基于这种生产特点，要着重研究的主要问题是：怎样进行联合成本的分配以及分离点以后产品品种组成的选择。以下分项进行说明。

二、联产品成本计算

联产品成本计算所涉及的主要问题是，选用适当的标准进行联合成本的分配。一般有以下几种分配方法。

（一）按实物单位分配

这是一种最简单的分配方法，按分离出来的各种联产品的实物数量进行联合成本的分配。根据这一方法计算的结果，各种联产品具有相同的单位成本。

【例 5-5】 假设某木材加工厂，本期联合成本 10 000 元，出产五种规格的木材共 100 000 板呎，分规格的木材产量是：甲 10 000 板呎，乙 20 000 板呎，丙 40 000 板呎，丁 20 000 板呎，戊10 000板呎。联合成本按实物单位分配，每板呎应分摊联合成本 0.1 元，每千板呎应分摊联合成本 100 元。采用这种分配方法，由于各种规格木材的单位成本相同，但其售价往往有较大的差别，因而会出现盈利水平相差悬殊的情况。上例中，假如各种规格的木材分离后每千板呎的售价是：甲 240 元，乙 180 元，丙 150 元，丁 120 元，戊 60 元。由此可以看到，甲种木材每千板呎可盈利 140 元，而戊种木材每千板呎将亏损 40 元，这种差别显然主要是由于计算上的原因而不是生产上的内在原因，不能据以正确评价有关工作。之所以会得出这样的结果，主要是由于这一方法忽略了成本与价值之间的正常关系。投入一定的成本能形成较大的价值，说明工作有成效；否则，必为精明的管理人员所不取。可是，从上述情况看，联合成本原是一个有机的整体，说其中的某些部分比另一些部分能产生较大的效果，实际上是说不通的。因此，使成本分配能较好地反映价值上的差别，显然会较好一些。

（二）按分离后的售价分配

按上例所举数字进行计算，计算的过程和结果如表 5-4 所示。

表 5-4　　计算的过程和结果（1）

木材规格	(1) 产量 （千板呎）	(2) 单位售价	(3) 销售收入 (1) × (2)	(4) 占销售 收入的%	(5) 联合成本 的分配 (4) ×10 000	(6) 每千板呎 的成本 (5) ÷ (1)
甲	10	240	2 400	16	1 600	160
乙	20	180	3 600	24	2 400	120
丙	40	150	6 000	40	4 000	100
丁	20	120	2 400	16	1 600	80
戊	10	60	600	4	400	40
合计	100		15 000	100	10 000	

这一分配方法较好地反映了成本与价值之间的正常关系，计算的结果，使每种规格的木材都具有相同的成本利润率（50%）。但这里所说的售价，是产品分离后立即出售的售价，并不能完全代表它们最终可实现的价值。因为有些产品分离后立即出售，可能售价不高，但通过一定的加工处理，可能会使其售价有较大的增加；另一些产品，为使其分离后的售价得以实现，还需追加一定的处理和销售费用。考虑到这些因素，以最终可实现价值（最终的售价减分离后追加的加工和销售成本）代替上述分离后立即出售的售价作为联合成本分配的基础，可能会更合理一些。

（三）按最终可实现价值分配

【例 5-6】　承例 5-5，假设其中甲、乙两种木材不需做进一步的加工，但乙种木材需花费销售费 80 元。对丙、丁、戊几种木材做进一步的加工，可使其售价相应地提高。也就是，丙种木材花费加工与销售成本 1 200 元，可使其每千板呎的售价提高到 190 元；丁种材料花费加工与销售成本 640 元，可使其每千板呎的售价提高到 160 元；戊种材料花费加工与销售成本 380 元，可使其每千板呎的售价提高到 150 元。根据这些资料，联合成本按最终可实现价值分配，计算的过程和结果如表 5-5 和表 5-6 所示。

表 5-5　　计算的过程和结果（2）

木材规格	(1) 产量 （千板呎）	(2) 最终产品 单位售价	(3) 最终产品 销售收入 (1) × (2)	(4) 各产品的 加工销 售成本	(5) 最终可 实现价值 (3) − (4)
甲	10	240	2 400	—	2 400
乙	20	180	3 600	80	3 520
丙	40	190	7 600	1 200	6 400
丁	20	160	3 200	640	2 560
戊	10	150	1 500	380	1 120
合计	100		18 300	2 300	16 000

表 5－6　　计算的过程和结果（3）

木材规格	（1）产量（千板呎）	（2）最终可实现价值	（3）占最终可实现价值的％	（4）联合成本的分配（3）×10 000	（5）每千板呎的成本（4）÷（1）
甲	10	2 400	15	1 500	150
乙	20	3 520	22	2 200	110
丙	40	6 400	40	4 000	100
丁	20	2 560	16	1 600	80
戊	10	1 120	7	700	70
合计	100	16 000	100	10 000	

三、副产品成本计算

副产品由于量小、价低，一般不参与联合成本的分配，而是将其可回收价值从联合成本中扣除，然后以扣减后的余额分配于各联产品。以下举简例作说明。

【例 5－7】　假设某企业从同一个生产过程中分离出子、丑、寅三种产品，其中子、丑两种产品为主要产品（联产品），而寅产品为副产品。本期联合成本为 934 元，各产品的产量和售价如表 5－7 所示。

表 5－7　　各产品的产量和售价

产品	产量（千克）	单位售价（元）	销售收入（元）
子	200	1.9	380
丑	500	1.5	750
寅	300	0.1	30
合计	1 000		1 160

首先，将副产品的可回收价值从联合成本中扣减：

联合成本	934
减：副产品可回收价值	30
应归属于联产品的成本	904

其次，将应归属于联产品的成本分配给子、丑两种产品，其计算过程如表 5－8 所示。

表 5－8　　计算过程

产品	（1）产量（千克）	（2）单位售价	（3）销售收入	（4）占销售收入的％	（5）联合成本的分配（4）×904	（6）每千克成本（5）÷（1）
子	200	1.9	380	33.6	304	1.52
丑	500	1.5	750	66.4	600	1.20
合计	700		1 130		904	

第三节　作业成本法

一、作业成本法产生的背景

自 20 世纪 70 年代以来，世界科学技术和社会经济环境发生了重大变化。特别是以美国和日本等为代表的发达国家的企业，纷纷将高新技术应用于生产领域。建立于高新技术基础上的生产，其基本特征是在电子技术基础上形成的信息化、机器人、电脑辅助设计、电脑辅助制造等技术的广泛应用，以至机电（电脑）一体化制造系统的形成。它从产品订货开始，直到设计、制造、销售等所有阶段，各种自动化、信息化技术综合成一个整体，由电子计算机统一进行调控。

上述高新技术在生产领域的广泛应用，其影响之一就是改变了企业产品的成本结构。如一个传统的人工密集型企业的成本结构可能是：

	百分比
直接材料	40%
直接人工	40%
间接成本	20%
	100%

同样一个企业，如果采用了先进技术，实行了自动化生产，其成本结构就可能是：

	百分比
直接材料	30%
直接人工	20%
间接成本	50%
	100%

显然，在高新技术下的企业成本结构中，直接材料、直接人工的成本下降了，而制造费用的比重却大幅度上升了。按理说，无论采用什么技术生产产品，材料投入应该是一样的。但是，自动化生产可以降低材料的浪费和损失，因而可以降低单位产品的材料成本。假定企业产量或业务量不变，但在生产过程中提高先进技术的使用程度，那么企业直接人工成本通常是下降的。

先进技术的成本（通常是非常大的）和操作先进技术的非直接人工成本，都包括在企业的间接成本中。间接成本增加和直接成本下降，使得间接成本成为企业生产成本中占比重最大的成本。于是，如何科学、合理地分配间接成本即制造费用就成为一个重要课题。

传统成本计算方法一般以直接人工成本、直接人工工时、机器工时等作为制造费用的分配标准。在 20 世纪初期，即成本会计发展之初，多数企业是劳动密集型的，直接人工成本是产品成本的主要组成部分，相对来说，制造费用数额较小。由于制造费用的发生与直接人工成本具有一定的相关性，加之直接人工成本数据易于取得，因而，直接人工成本便成为制造费用分配普遍使用的标准。然而，生产过程的高度自动化、电脑化，生产成本中的直接人工成本部分大大减少，而制造费用部分却大大增加，其重要性也日益提高。与此同时，制造费用的发生与直接人工成本的相关性逐渐消失。例如，一家自动化程度很高的工厂，直接人工很少，甚至根本就没有直接人工成本，取而代之的是大量的制造费用。这时，不论从提高产品成本计算的正确性，还是从加强成本控制的有效性来看，都要求把产品成本计算工作重点放在制造费用的分配上。

作业成本法，就是基于上述原因产生的。

二、作业成本法的原理

作业成本计算法，建立以下几个基本概念上：

（1）作业，是企业组织为了特定目的而消耗资源的活动或事项。例如，企业物资采购工作，就由收取请购单、挑选可能的供应商、订购物项、催促送货、批准付款、监督采购部工作等“作业”所组成。作业成本法就是一种以“作业”为基础的成本计算法。

（2）作业中心，是指生产过程中的某道工序或某个部门，例如，检验部门就是一个作业中心。按照作业中心归集成本，披露成本信息，便于管理当局控制作业、评估业绩。

（3）成本动因，是指消耗资源即引发成本的具体事由。例如，电路板生产中使用的成本动因有：电路板表面放置的零件数、扦入电路板孔中的零件数、用手工扦入方法放置这些零件所需要的时间、电路板特殊元件数、生产计划小时数、生产准备时间（分钟）、检测和再加工时间（分钟）等。

根据上述概念，作业成本计算的基本原理可以概括为：依据不同的成本动因分别设置成本库（或称成本归集组）；分别以各种产品所耗费的作业量分摊其在该成本库中的作业成本；分别汇总各种产品的作业总成本，计算各种产品的总成本和单位成本。由此可见，作业成本计算法的着眼点放在“作业”上，以“作业”为核算对象，依据作业对资源的消耗情况，将资源的成本分配到作业，再由作业依据成本动因归集到产品成本上，并逐步积累，最后得出最终产品成本。作业成本计算法原理如图 5-6 所示。

图 5-6 作业成本计算法原理

图 5-6 中，实线表示产品成本形成和积累的过程，而虚线则表示资源消耗过程，具体是两个过程：作业消耗资源；产品消耗作业。

根据作业成本法的基本原理，作业成本法计算的具体步骤如图 5-7 所示。

对作业成本计算法而言，关键是成本动因的正确选择。成本动因的选定，一般应由企业的工程技术人员和成本会计师等组成的专门小组确定。在选择成本动因时，要注意以下两个问题：

（1）成本动因，应简单、易懂、可认、可数，易从现存的资料中分辨出来，并与部门的产出直接相关。

（2）为避免作业成本计算过于复杂，难以执行而流于形式，不宜把面铺得太广，要挑选最具代表性和重要性的成本动因。

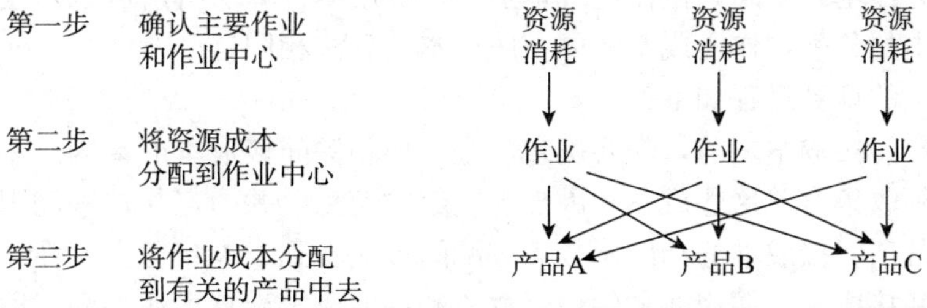

图 5-7　作业成本计算法基本步骤

表 5-9 列示了作业成本计算法下一些典型的作业成本中心和成本动因的例子。

表 5-9　　作业中心和成本动因

作业中心	成本动因
整备	整备次数或整备工时数
质量控制	检验次数或检验时间
材料采购	供应商的数量，或购货订单的数量
顾客关系	顾客的数量，或部门分布，或顾客订单数量
材料处理	材料移动次数或移动距离

试选择下列生产间接成本的成本动因：

（1）生产计划。

（2）质量控制。

（3）机器操作准备成本。

（4）收货处理。

（5）一般维修。

选择的结果为：（1）生产计划、质量控制以及机器操作准备成本，一般与企业不同产品或不同工艺的订单有关，生产订单张数越少，生产计划、质量控制以及机器操作准备成本也就越少。产生上述成本可能还有其他成本动因，如产品生产计划和机器操作准备的复杂程度，控制质量而进行的质检次数。要为间接成本选择正确的成本动因，必须找出对间接成本发生有重大影响的动因。（2）收货处理成本的大小取决于收货的次数。因此，收货次数可以视作该作业的成本动因。（3）一般维修费用因持续使用设备而发生。因此，可以推断最合理的成本动因就是机器工时。机器设备的使用时间及程度与维修成本的大小有直接关系。

三、作业成本的计算

建议采用作业成本法的人认为，在采用先进技术生产的企业里，企业的生产间接成本的分配，应该以产生间接成本的原因为基础。这些产生间接成本的原因，称作间接成本的“成本动因”。例如，材料处理成本，通常是由签发领料单引起的，因此，签发领料单是材料处理的成本动因。

作业成本法，是一种成本计算法的专用词汇。在该方法下，间接成本要按其成本动因分配。正因为分配基础不同，使作业成本法与一般成本计算法有所区别。至于成本信息的收集和直接成本的分配，作业成本法同一般成本计算法相同。

作业成本法的计算过程如下：

在分配生产间接成本之前，先要确定产生各项相关间接成本的动因。一旦各项成本动因确定后，必须收集有关这些成本动因出现次数的信息，并确定与这些动因相关的成本单位。由此，按各项间接成本的动因次数，分配间接成本到成本单位上。在作业成本下，成本单位负担的间接成本，在账簿上的记录方法和一般成本计算方法相同，即每个成本单位经历某个生产过程时，都要吸收相应的间接成本，吸收额为预定间接费用分配率与某个成本动因数量的乘积。

四、作业成本法的优点和缺点

（一）优点

（1）作业成本法克服了“产量基础”成本计算法的缺点。在产量成本计算法下，生产间接成本按“产量基础”分配给各个成本单位，而不管产量是否与间接成本的发生有关，或者是否是这些成本的动因。

【例5-8】 某企业生产X和Y两种产品，最近一个会计期间的有关资料如下：

	产量	领料单次数
X产品	10 000	500
Y产品	5 000	500

材料处理成本=45 000(元)

间接成本如果按产量基础分配，那么分配结果如下：

	X产品	Y产品	合计
材料处理成本	30 000元	15 000元	45 000元

如果采用作业成本法分配间接成本，则分配结果如下：

	X产品	Y产品	合计
材料处理成本	22 500元	22 500元	45 000元

上述两种不同的成本计算方法，出现了两个差异很大的成本信息。在“产量基础”成本计算法下，产量越大，负担的间接成本就越多，不管该产品的生产是否引发了全部间接成本，或引发了部分间接成本。

（2）作业成本法有利于成本控制。这是因为采用作业成本法需要对间接成本详加分析，这将迫使管理人员去确定生产间接成本的各种成本动因。在可能的情况下，对于那些不增加产品价值的成本动因应予剔除。另外，由于管理人员密切注视着间接成本以及其发生的动因，因此将尽力将那些可能增加成本价值的成本动因，控制在最低水平上。

（3）作业成本法的成本信息更加准确。如果间接成本分配按更准确、更真实的基础进行的话，那么因此产生的产品成本信息就会更加准确。信息质量的提高有助于提高决策的正确性，从而提高企业的业绩。

（二）缺点

（1）实施作业成本法的成本可能很大，对刚刚大量投资于先进技术的企业来说，可能是一种负担。但是，经验证明，在一个企业里，适当采用作业成本法，其耗费会因成本控制和成本信息的改善而得到补偿。

（2）和其他成本计算方法一样，在作业成本法下，要找到一般管理费用的成本动因，或一个合理的成本分配基础，不是那么容易的。因为一般管理费用未必是由一些独立、可识别的成本动因引发的，也不是与独立可识别的成本单位直接发生联系的。无论是作业成本法还是其他成本计算法，分配基础的选择，均包含某种估计的成分。

（3）和其他成本计算方法一样，在产品繁多的企业里，作业成本法仍要根据某种判断进行成本计算。例如，如果两个成本单位同时与某一个成本动因有关，如调整设备同时加工两个不同的产品，那么就要决定如何将间接成本在这两种成本单位之间分配。不能不承认，这种分配有一定的复杂性，并包含较大的主观判断的因素。

第四节　标准成本法

企业生产经营的主要目标是获取最大的利润，为了实现企业的经营目标，就必须对企业的各项经营活动加以控制。由于企业的经营活动或多或少要涉及成本，因此成本控制是现代化企业管理的核心环节。标准成本制度产生于 20 世纪 20 年代的美国，是泰罗制与会计相结合的产物。第二次世界大战后，随着管理会计的发展，标准成本制度在成本预算的控制方面得到广泛应用。与一般的成本计算方法不同，标准成本制度将日常核算与差异分析相结合，将成本控制与成本计算相结合。

标准成本制度是以事先确定的标准成本为基础，用标准成本与实际成本进行比较，核算和分析成本差异的一种产品成本计算方法，也是加强成本控制、评价经营业绩的一种成本控制制度。标准成本制度的核心是按标准成本记录和反映产品成本的形成过程和结果，并借以实现对成本的控制。标准成本制度是目标成本控制常用的方法。

标准成本制度以目标成本（标准成本）为基础，把实际发生的成本与标准成本进行对比，揭示出成本差异，并以此为线索，企业可以进一步查明形成差异的原因和责任，并据以采用相应的措施，巩固成绩，改进不足之处，实现对成本的有效控制。期末，通过一定的方法将标准成本和成本差异结合起来，确定产品的实际成本。由此可见，以标准成本为基础形成的标准成本制度，把成本的事前规划、日常控制和产品实际成本的计算有机地结合起来，从而成为加强成本管理，全面提高企业的经济效益的重要工具。

一、标准成本制度的内容与作用

标准成本制度的主要内容包括标准成本的制定、成本差异的计算和分析、成本差异的账务处理。其中，标准成本的制定是采用标准成本制度的前提和关键，据此可以达到成本事前控制的目的；成本差异计算和分析是标准成本制度的重点，借此可以促使成本控制目标的实现，并据以进行业绩考评。

标准成本制度主要有以下几个作用：

（1）有利于企业的目标管理。标准成本制度是通过“标准”来控制成本的。通过实际成本与标准成本的比较，随时将其差异进行“信息反馈”，从而使有关部门及时采取措施，控制成本，力求使实际费用支出不超过成本目标，达到降低产品成本的目的。

（2）有助于责任会计制度的推行。采用标准成本制度，要将目标成本的各项指标分解到各个成本中心，作为企业考核和评价各个成本中心工作质量的主要指标。通过对企业各项生产经营费用的控制和反映，提高广大职工的成本意识，分清各成本中心责任，促使成本中心努力完成成本目标。

（3）有利于简化产品成本计算工作和及时提供成本资料。标准成本在实际生产之前即已编制就绪。在标准成本制度下，将标准成本和成本差异分别列示，当某一项产品完工时，只需对高于或低于标准的各项差异作出相应的处理，即可算出产品的实际成本。因此，在日常账务处理中，原材料、在产品和产成品等均可按标准成本入账，这就大大地简化了日常的账务处理工作。

（4）有利于做出产品定价决策。标准成本反映产品的预计或期望成本，因此，标准成本作为定价依据，有助于企业制定长期、稳定的产品销售价格，从而有利于企业目标利润的实现。

由此可见，标准成本制度不仅是一种成本计算方法，而且是配合目标利润进行成本控制的一种制度。它要求在比较高的工作效率和比较良好的经营条件下，以预计应该发生的成本为基础，计算出标准成本，并根据产品的标准成本编制成本计划，进行日常控制。因此，标准成本制度是目标成本管理的一种手段，可以适用于任何一种产品成本计算方法（如分批法和分步法）。

二、标准成本的制定

标准成本是用科学方法测定的成本，可以用作与实际成本进行比较的基础水准，它们是正常营业情况下所应达到的“目标成本”。换言之，标准成本是通过对未来情况进行分析，预计在正常生产技术水平、有效的经营条件、较高的工作效率下，生产产品所需发生的成本。

标准成本一般有理想标准成本、基本标准成本和现实标准成本三种类型。

（一）理想标准成本

理想标准成本是根据最佳的生产水平，最优的经营状态下所能达到的标准来制定的标准成本。理想标准成本是根据最少的耗费量、最低的耗费价格和可能实现的最高生产能力利用程度等条件制定的。也就是说，它是根据资源无浪费、设备无故障、产出无废品、工时全有效的假设前提而制定的现有条件下最理想的最低的成本水平。管理上一般用这种标准来鼓励职工的积极性。但是，在现实经济生活中，这种标准成本往往难以实现，所以很少采用。

（二）基本标准成本

基本标准成本是根据较长期使用而不变更的标准所制定的标准成本。它以实施标准成本的第一年度或选定某一基本年度的实际成本作为标准，用以衡量以后各年度的成本高低，据以观察成本升降的趋势。基本标准成本一经制定，以后若干年内不再变动。基本标准成本可以使各个阶段的成本在同一基础上进行比较，但它不能反映出目前应该达到的标准，不能发挥其在成本管理中的作用。所以，在实际工作中也很少采用。

（三）现实标准成本

现实标准成本是根据现有的生产技术水平，正常的生产能力，以有效经营条件为基础而制定的标准成本。它考虑了材料的正常损耗、工人一定的间歇时间、机器的故障等因素，但要求经过努力达到尽可能的高效率。通过有效的经营管理和努力，现实标准成本易于达到，在成本管理中能调动职工降低产品成本的积极性。由于现实标准成本是一种切实可行的标准成本，因此，在实际工作中常采用这种标准成本。

某种产品的各成本项目的标准成本之和即为该种产品的单位标准成本。单位标准成本一般汇总在标准成本单中，如表 5－10 所示。

表 5－10　　**标准成本单**

产品：甲　　2018 年 1 月 1 日确定

项目	数量	单价（率）	单位产品成本
原材料：			
A	2 千克	5	10
B	1.5 千克	4	6
C	2.5 米	0.6	1.5
D	0.5 升	2.4	1.2
原材料合计			18.7
人工：			
金工车间	0.5 小时	5	2.5
装配车间	1 小时	4.5	4.5
人工合计			7
制造费用：			
金工车间：			
变动制造费用	0.5 小时	3	1.5
固定制造费用	0.5 小时	2	1
小计			2.5
装配车间：			
变动制造费用	1 小时	3.2	3.2
固定制造费用	1 小时	2	2
小计			5.2
制造费用合计			7.7
单位标准成本总计			33.4

三、成本差异分析

标准成本制度下成本的过程控制是通过差异分析来进行的。产品的标准成本是由各个成本项目组成的，所以其差异也应该按各成本项目分别披露。如果实际成本超过标准成本，所形成的差异称为不利差异（逆差）；反之，如果实际成本低于标准成本，所形成的差异称为有利差异（顺差）。

由于标准成本是根据标准用量和标准价格计算的，而实际成本是根据实际用量和实际价格计算的，成本差异总是由用量变动或价格变动所引起的，因此，成本差异的一般模式可用图 5－8 表示。

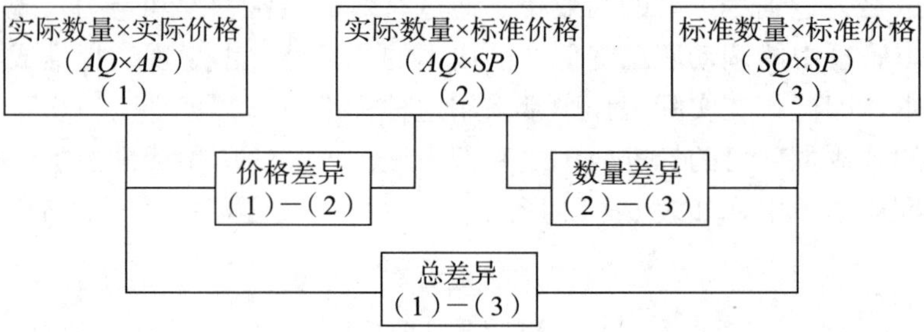

图 5－8　成本差异计算的一般模式

注：按上述模式计算时，其结果为正数时，表示发生了有利差异，其结果为负数时，则表示发生了不利差异。

由于标准成本是分别按直接材料、直接人工和制造费用制定的，所以，成本差异分析也应从这三个方面进行。

（一）直接材料成本差异

直接材料成本差异是指产品直接材料的实际成本与标准成本之间的差异，它包括材料价格差异和材料用量差异两部分。前者由材料实际价格与标准价格不同引起；后者由材料实际耗用量与标准耗用量不同引起。材料价格差异和材料用量差异的计算公式如下：

材料价格差异＝(实际单价×实际用量)－(标准单价×实际用量)
＝(实际单价－标准单价)×实际用量
材料用量差异＝(实际用量×标准单价)－(标准用量×标准单价)
＝(实际用量－标准用量)×标准单价

计算结果正数为超支，负数为节约。

【例 5－9】　金星公司生产 D 产品，材料耗用定额为 10 千克，每千克标准价格为 1 元。当年 5 月投入生产 D 产品 150 台，实际消耗材料 1 450 千克，实际单价为 1.1 元，则材料数量差异和材料价格差异计算如下：

材料价格差异＝(1 450×1.1)－(1 450×1)＝145(元)（超支）
材料用量差异＝(1 450×1)－(150×10×1)＝－50(元)（节约）
材料成本总差异＝1 450×1.1－150×10×1＝95(元)（超支）

影响材料数量差异的因素是多方面的，包括材料耗用中的浪费、节约和由于产品结构的变化、材料加工方法改变、材料质量改变及材料代用等原因所造成的超支、节约数，因此，材料数量差异控制的重点是材料领用环节。材料价格差异，除了价格调整所造成的之外，大多是由于采购工作所造成的，如采购地点和数量是否恰当，运输方法和途径是否合理等，因此，材料价格差异控制的重点是材料采购环节。

（二）直接人工成本差异

直接人工成本差异是指生产工人工资的实际发生额与按实际产量和标准工资率计算的工资额之间的差额。它包括工资率差异和人工效率差异两部分。前者由生产工人的实际工资率与标准工资率之间的差异引起；后者由产品实际耗用工时与标准耗用工时之间的差异引起。工资率差异和人工效率差异的计算公式如下：

工资率差异＝(实际工时×实际工资率)－(实际工时×标准工资率)

＝(实际工资率－标准工资率)×实际工时

人工效率差异＝(实际工时×标准工资率)－(标准工时×标准工资率)

＝(实际工时－标准工时)×标准工资率

计算结果正数为超支，负数为节约。

【例 5－10】 承例 5－9，D 产品的直接人工标准工时为每台 10 小时，每小时标准工资率为 2 元。实际共耗用 1 550 小时，实际工资率为 1.8 元。则人工效率差异和工资率差异计算如下：

工资率差异＝(1 550×1.8)－(1 550×2)＝－310(元)(节约)

人工效率差异＝(1 550×2)－(150×10×2)＝100(元)(超支)

人工成本总差异＝1 550×1.8－150×10×2＝－210(元)(节约)

影响人工效率差异的原因有多方面，可能是工人个人方面的，也可能是管理当局计划不周造成的，如工厂流水线的安排、生产设备或控制标准的变动等。影响工资率差异的原因主要有生产人员的人数变动、非生产工时损失（如开会、停工待料时间等），因为实际工资率由实际总工资除以实际有效总工时求得，因此，在计件工资形式下，直接人工差异控制点主要是各种津贴和补加工资；在计时工资形式下，人工效率差异的控制点是每项加工任务完成时间。工资率差异的控制点是职工的人数和劳动生产率等。

（三）变动制造费用差异

变动制造费用是指与直接成本成正比例增减变动的制造费用。变动制造费用的标准经常用每生产活动单位的分配率来表示。变动制造费用差异包括变动制造费用耗用差异和变动制造费用效率差异两部分。前者是指变动制造费用实际分配率与标准分配率之间的差异；后者是指实际耗用工时与按实际产量计算的标准工时之间的差异。变动制造费用耗用差异和变动制造费用效率差异计算公式如下：

变动制造费用耗用差异＝(实际工时×变动制造费用实际分配率)－(实际工时×变动制造费用标准分配率)

=(变动制造费用实际分配率－变动制造费用标准分配率)×实际工时

变动制造费用效率差异=(实际耗用工时×变动制造费用标准分配率)－(按实际产量计算的标准工时×变动制造费用标准分配率)

=(实际耗用工时－按实际产量计算的标准工时)×变动制造费用标准分配率

计算结果正数为超支，负数为节约。

【例 5－11】 承例 5－9，D 产品标准工时为 10 小时，标准变动制造费用分配率为 0.5 元。实际耗用 1 400 小时，实际分配率为 0.45 元。则变动制造费用效率差异和变动制造费用耗用差异可计算如下：

变动制造费用耗用差异=(1 400×0.45)－(1 400×0.5)=－70(元)(节约)

变动制造费用效率差异=(1 400×0.5)－(150×10×0.5)=－50(元)(节约)

变动制造费用总差异=1 400×0.45－150×10×0.5=－120(元)(节约)

由于标准变动制造费用是按照标准工时（或定额工时）分配的，因此，如果人工成本发生效率差异，变动制造费用也相应地发生效率差异。变动制造费用的耗用差异是指标准费用分配率与实际费用分配率之间的差异，它既受到这些费用耗用的节约或超支的影响，也受到非生产工时多少的影响。由于企业的生产类型不同，对于变动制造费用控制点的选择也不尽相同，不能强求一致。

(四) 固定制造费用差异

固定制造费用是指在较长时期内在产量的相关范围内保持不变的费用。固定制造费用差异是实际固定制造费用与实际产量标准固定制造费用的差异。其计算公式如下：

固定制造费用差异=实际固定制造费用－实际产量标准固定制造费用

=实际固定制造费用－实际产量×工时标准×固定制造费用标准分配率

=实际固定制造费用－实际产量标准工时×固定制造费用标准分配率

式中的固定制造费用差异是在实际产量基础上算出的。由于固定制造费用总额相对固定，因此，产量变动会对单位产品成本中的固定制造费用产生影响：产量增加时，单位产品应负担的固定制造费用会减少；产量减少时，单位产品应负担的固定制造费用会增加。这就是说，实际产量与计划产量的差异会对单位产品应负担的固定制造费用产生影响。所以，固定制造费用差异的分析方法与其他费用差异的分析方法有所不同，通常有两种方法：一种是两差异分析法；另一种是三差异分析法。

1. 两差异分析法

两差异分析法将固定制造费用差异分为固定制造费用预算差异和固定制造费用产量差异两部分。前者指固定制造费用实际发生数和预算数之间的差异；后者是指在固定制造费用预算不变的情况下，由实际产量和计划产量不同引起的差异。固定制造费用预算差异和固定制造费用产量差异的计算公式如下：

固定制造费用预算差异＝固定制造费用实际数－固定制造费用预算数

固定制造费用产量差异＝固定制造费用预算数－(实际产量标准工时×固定制造费用标准分配率)

计算结果正数为超支，负数为节约。

【例5-12】 承例5-9，D产品固定制造费用预算为600元，预算产量120台，实际产量150台，实际固定制造费用为675元。则固定制造费用产量差异和固定制造费用预算差异可计算如下：

固定制造费用标准分配率＝600÷120÷10＝0.5(元)

固定制造费用总差异＝675－150×10×0.5＝－75(元)(节约)

其中：

固定制造费用预算差异＝675－600＝75(元)(超支)

固定制造费用产量差异＝600－(150×10×0.5)＝－150(元)(节约)

固定制造费用的预算差异同材料的价格差异、人工的工资率差异和变动制造费用的耗用差异相类似，由其实际分配率与预算数或预计数偏离引起，因而，这个差异常常被称为耗用差异。而固定制造费用产量差异仅仅是为成本计算之用，并不意味着真正的节约或浪费。

两差异分析法比较简单，但其分析结果并没有反映和分析生产效率对固定制造费用差异的影响。在计算产量差异时，使用的都是标准工时，如果实际产量标准工时与计划产量标准工时一致，则产量差异为零。但是，实际产量的实际工时可能与其标准工时存在差异，而生产能力的实际利用情况更多地取决于实际工时而非标准工时。实际工时与标准工时之间的差异，属于效率高低的问题。因此，固定制造费用差异分析更多地采用将产量差异划分为能力差异和效率差异的三差异分析法。

2. 三差异分析法

三差异分析法将固定制造费用差异分为固定制造费用预算差异、固定制造费用能力差异和固定制造费用效率差异三部分。其中，固定制造费用预算差异与两差异分析法相同；固定制造费用能力差异是指实际产量的实际工时脱离计划产量的标准工时而引起的生产能力利用程度差异而导致的成本差异；固定制造费用效率差异是指生产效率差异导致的实际工时脱离标准工时而产生的成本差异。固定制造费用预算差异、固定制造费用能力差异与固定制造费用效率差异的计算公式如下：

固定制造费用预算差异＝固定制造费用实际数－固定制造费用预算数

固定制造费用能力差异＝(计划产量标准工时－实际产量实际工时)×固定制造费用标准分配率

固定制造费用效率差异＝(实际产量实际工时－实际产量标准工时)×固定制造费用标准分配率

计算结果正数为超支，负数为节约。

【例5-13】 沿用例5-12中D产品有关资料，可知固定制造费用标准分配率为0.5

元。采用三差异分析法计算固定制造费用差异如下：

固定制造费用预算差异＝675－600＝75(元)(超支)

固定制造费用能力差异＝(120×10－1 550)×0.5＝－175(元)(节约)

固定制造费用效率差异＝(1 550－150×10)×0.5＝25(元)(超支)

三差异分析法的能力差异与效率差异之和，等于两差异分析法的产量差异。采用三差异分析法，能够更好地说明生产能力利用程度和生产效率高低所导致的成本差异情况，并且有利于分清责任：能力差异的责任一般在于管理部门；效率差异的责任则往往在于生产部门。

上述成本差异计算完成后应进行汇总，先分别编制直接材料差异汇总表、直接人工差异汇总表、变动制造费用差异汇总表及固定制造费用差异汇总表，然后汇总成为成本差异汇总表，据以进行总分类核算。

按照计算出来的差异，要进行差异分析。差异分析一般限于重大差异。差异的重要性取决于差异的数额和差异出现的频率。与标准成本相比，差异的数额越大，或者差异重复出现的次数越多，则该差异就越重要。管理部门应采用“例外管理”的原则，即突出重要差异，略去微不足道的差异，通过分析那些特殊的差异，确定原因，从而做出对将来有影响的各种改进性的决定，通过差异分析，真正发挥成本控制的作用。

本章要点

1. 从管理会计的角度看，成本计算是为企业正确地进行最优决策，有效经营和严格进行成本控制服务的。

2. 生产成本通常按照三个主要项目进行归类：直接材料、直接人工和制造费用。

3. 产品成本需采用什么样的方法进行计算，主要取决于产品的生产特点。同产品生产的两种基本类型相适应，在长期的实践中形成了三种基本的成本计算方法，即品种法、分批法和分步法。

4. 联产品成本计算所涉及的主要问题，是选用适当的标准进行联合成本的分配。一般有按实物单位分配、按分离后的售价分配和按最终可实现价值分配三种分配方法。

5. 副产品由于量小、价低，一般不参与联合成本的分配而是将其可回收价值从联合成本中扣除，然后以扣减后的余额分配于各联产品。

6. 对作业成本计算法而言，关键是成本动因的正确选择。成本动因的选定，一般应由企业的工程技术人员和成本会计师等组成的专门小组确定。

7. 作业成本法运用时在分配生产间接成本之前，先要确定产生各项相关间接成本的动因。一旦各项成本动因确定后，必须收集有关这些成本动因出现次数的信息，并确定与这些动因相关的成本单位，然后按各项间接成本的动因次数，分配间接成本到成本单位上。

8. 标准成本制度的主要内容包括标准成本的制定、成本差异的计算和分析、成本差异的账务处理三方面，其中标准成本的制定是采用标准成本制度的前提和关键。

9. 标准成本一般有理想标准成本、基本标准成本和现实标准成本三种类型。

10. 标准成本差异分析包括直接材料成本差异、直接人工成本差异、变动制造费用差异和固定制造费用差异四方面内容，其中固定制造费用差异有两差异分析法和三差异分析法两种。

案例十

信业有限公司在其产品生产过程中投入了10 000加仑总值300 000元的原材料，在同一时间生产四款产品。联产过程中的人工及其他材料成本为296 000元。生产过程中的正常损耗预计为2 000加仑。四款产品的产量分别是：产品A 2 000加仑，产品B 2 500加仑，产品C 2 500加仑，产品D 1 000加仑。

产品A进入加工过程2，再投入成本251 000元，制成品按每加仑150元出售。

产品B进入加工过程3，再投入成本298 750元，制成品按每加仑346元出售。

产品C进入加工过程4，再投入成本223 750元，制成品按每加仑276元出售。

产品D不需额外加工，按每加仑100元出售。

加工过程中并未发生任何加工损耗。

信业处理共同成本的政策是按生产量基础分摊。

信业现正调查每款产品所带来的利润并对产品A可能出现亏损表示关心。

信业最近发现其产品在加工前也可在市场出售，价格如下：A 100元，B 200元，C 150元。

要求：

(1) 计算产品A的亏损金额及公司的整体盈亏，指出产品A可能出现亏损的原因。

(2) 以每款产品的最终销售价值减去再投入成本为基础来分摊共同成本，重新计算每款产品的盈亏。

(3) 为达到使公司取得最高利润的目标，你会向公司提出什么建议？在适当处请提供计算。

(4) 简单解释副产品的性质。假设产品D是副产品，描述其所引起的影响（不需要做进一步的计算）。

案例十一

利华铸模有限公司是一家小型的金属铸模公司。公司的总经理对公司过往采用的订单计价方法很不满意，希望尝试在传统的计价系统外试行一个简单的作业成本系统。两个系统的资料详列如下。总经理希望比较和了解两个系统所得出的数额。

传统计价系统的计算中使用的数据包括原材料、人工成本、间接费用（人工成本的400%）和利润加成（上述三个数字之和的25%）。

作业成本系统使用相同的原材料和人工成本的直接成本数字。间接费用按五个类别分类，各有不同的成本动因。利润加成按订单的作业成本总额的25%计算。有关的成本类别和成本动因资料详列如下。利华估计公司的铸模机器每年的开动次数为1 250次。

间接费用类别	成本动因	每年总成本
铸模机器设置成本	铸模机器开动次数	240 000元
出具发票成本	出具发票次数	80 000元
包装成本	包装套件数目	60 000元
特别零部件成本	每次开动机器所需的特别零部件件数	120 000元
一般成本	人工成本	500 000元
		1 000 000元

利华的其中两张订单和公司的总计数字资料如下：

	订单5001	订单5002	利华的年度总计
金属模数目	10 000	10 000	1 500 000
原材料	2 000元	2 000元	400 000元
人工成本	1 600元	1 600元	250 000元
每次开动机器可生产的金属模数目	400	2 000	—
出具发票次数	20	10	800
特别零部件件数	每次开动机器3件	每次开动机器1件	750
包装套件数目	每个金属模3套	—	1 000 000

要求：

（1）按下述两种系统计算订单5001和5002的报价：传统成本系统，作业成本系统。

（2）按上述（1）的计算，评论利华对这两个计算方法做出的决定。

案例十二

华伦公司采用标准成本系统计算成本，其存货也按标准成本计价。下面是华伦公司其中一种产品“智宝”的标准成本卡。华伦生产的多种产品也使用原材料L，智宝是其中的一种。

标准成本卡

产品：智宝

		元
原材料L	5千克，每千克7元	35
直接人工	4小时，每小时9元	36
变动制造费用	4小时，每小时3元	12
固定制造费用	4小时，每小时5元	20
		103

华伦公司的年结在每年的12月31日。

智宝当年 12 月的预算产量是 1 000 件，于当年 12 月中，实际转移至存货的制成品共 965 件。

当年 12 月的实际数据如下：

购入原材料 L	4 800 千克，成本 36480 元
发至生产工序的原材料 L	4 840 千克
直接人工	4 000 小时，每小时 9.20 元
变动制造费用	11 900 元
固定制造费用	19 800 元

要求：

（1）计算当年 12 月的下列差异：直接材料价格差异（原材料 L），直接材料用量差异（原材料 L），直接人工工资率差异，直接人工效率差异，变动制造费用耗用差异，变动制造费用效率差异，固定制造费用预算差异，固定制造费用产量差异。

（2）指出直接材料用量差异和直接人工工资率差异的可能原因。

（3）解释固定制造费用数量差异的意义及对管理人员的用处。

（4）你如何向管理层解释各种差异之间的相互关系和意义？

习题

一、单项选择题

1. 在成本管理工作中能充分发挥其应有的积极作用，因而在实际工作中得到最广泛应用的标准成本是（　　）。

A. 基准的标准成本　　B. 理想的标准成本
C. 现实的标准成本　　D. 历史的标准成本

2. 在标准成本差异分析中，材料价格差异是根据实际数量与价格脱离标准的差额计算的，其中实际数量是指材料的（　　）。

A. 采购数量　　B. 入库数量
C. 领用数量　　D. 耗用数量

3. 变动制造费用的价格差异即为（　　）。

A. 效率差异　　B. 耗用差异　　C. 预算差异　　D. 能力差异

4. 如果所制定的标准成本符合企业的实际情况，成本差异不大，则（　　）。

A. 每月的成本差异按标准成本的比例在销售成本、产成品和在产品之间分摊
B. 每月将成本差异全部结转到销售成本中
C. 成本差异累积到年终时，按比例分摊到销售成本、产成品和在产品成本中
D. 成本差异累积到年终时，全部结转到销售成本中

5. 固定制造费用通常是根据事先编制的（　　）来控制其费用总额的。

A. 固定预算　　B. 弹性预算
C. 零基预算　　D. 滚动预算

6. 与数量相关的动因不包括（　　）。

A. 产量　　B. 直接人工工时
C. 机器工时　　D. 生产工人人数

7. 作业成本管理的核心内容是（　　）。

A. 产品成本计算　　B. 作业分析
C. 业绩评价　　D. 成本动因分析

8. 下列有关成本动因的说法中，不正确的是（　　）。

A. 成本动因是构成成本结构的决定性因素
B. 成本动因通常分为资源动因和作业动因两种
C. 资源动因是将作业中心的成本分配到最终产品的纽带
D. 成本动因分析的目的，就是力求摆脱无效或低效的成本动因

9. 以资源无浪费、设备无故障、产出无废品、工时都有效的假设前提为依据而制定的标准成本是（　　）。

A. 基本标准成本　　B. 理想标准成本
C. 正常标准成本　　D. 现行标准成本

10. 下列变动成本差异中，无法从生产过程的分析中找出产生原因的是（　　）。

A. 变动制造费用效率差异　　B. 变动制造费用耗用差异

C. 材料价格差异　　D. 直接人工效率差异

二、多项选择题

1. 标准成本制度的主要内容包括（　　）。

A. 标准成本的制定　　B. 成本差异的计算

C. 成本差异的分析　　D. 成本差异的账务处理

2. 标准成本制度的主要作用有（　　）。

A. 有利于企业的目标管理　　B. 有助于责任会计制度的推行

C. 有利于及时提供成本资料　　D. 有利于做出产品定价决策

3. 影响材料实际价格变动的因素有很多，除了国家及供应单位调整价格外，还包括（　　）等因素。

A. 采购数量　　B. 运输方式

C. 可利用的数量折扣　　D. 紧急订货

4. 下列成本差异中，通常不属于生产部门责任的是（　　）。

A. 直接材料价格差异　　B. 直接人工工资率差异

C. 直接人工效率差异　　D. 变动制造费用效率差异

5. 固定制造费用的三差异分析法将固定制造费用差异分为（　　）三部分。

A. 固定制造费用预算差异　　B. 固定制造费用能力差异

C. 固定制造费用产量差异　　D. 固定制造费用效率差异

6. 作业基础成本管理（　　）。

A. 为提高顾客的价值而有效地管理作业

B. 为提高顾客的价值而有效地管理流程

C. 是一种系统的、综合的管理方法

D. 是一种提高成本计量正确性的技术

7. 作业成本管理的具体步骤包括（　　）。

A. 作业分析　　B. 产品成本计算

C. 成本动因分析　　D. 业绩计量

8. 成本控制的原则包括（　　）。

A. 经济原则　　B. 因地制宜原则

C. 全员参加原则　　D. 以顾客为中心

9. 下列说法正确的是（　　）。

A. 成本控制以完成预定成本限额为目标，而成本降低则以成本最小化为目标

B. 成本降低仅限于有成本限额的项目

C. 成本控制涉及制定决策的过程，包括成本预测和决策分析

D. 成本控制又称为绝对成本控制，成本降低又称为相对成本控制

10. 下列说法不正确的是（　　）。

A. 无法从生产过程的分析中找出材料价格差异产生原因

B. 直接人工工资率差异的具体原因会涉及生产部门或其他部门

C. 数量差异的大小是由用量脱离标准的程度以及实际价格高低所决定的

D. 变动制造费用耗用差异是实际变动制造费用支出与按标准工时和变动制造费用标准分配率的乘积之间的差额

三、判断题

1. 成本差异的分析是采用标准成本制度的前提和关键。（　　）

2. 标准成本制度不仅是一种成本计算方法，更是目标成本管理的一种手段。（　　）

3. 材料数量差异控制的重点是材料采购环节。（　　）

4. 固定制造费用能力差异的责任一般在于管理部门，而效率差异的责任则往往在于生产部门。（　　）

5. 在标准成本制度下，除了要设置“生产成本”等成本核算账户，用以反映产品的标准成本外，还需设置相关的成本差异账户，用以反映产品实际成本脱离标准成本的差异数额。（　　）

6. 企业的生产过程既是作业消耗资源、产品消耗作业的过程，又是产品价值的形成过程。（　　）

7. 作业基础成本法以成本动因作为分配成本的基础，因此它能提供比传统成本法更为精确的成本信息。（　　）

8. 作业成本管理涉及的仅仅是生产成本而不包括期间费用。（　　）

9. 要实现作业成本管理的基本思想，就必须借助于作业分析。（　　）

10. 狭义的成本控制主要是指成本事中控制，也就是指生产阶段产品成本的控制。（　　）

四、业务分析题

1. 某产品的计划产量为400件，其有关资料如下：

（1）标准成本：

直接材料（30×1）	30元
直接人工（5×2）	10元
变动制造费用（5×3）	15元
固定制造费用	10元
单位成本	65元

（2）实际产量为480件，实际成本如下：

直接材料（17 280×1.2）	20 736元
直接人工（2 160×2.5）	5 400元
变动制造费用（2 160×2.8）	6 048元
固定制造费用	3 600元
总成本	35 784元

要求：计算各项成本差异（固定制造费用差异用三差异分析法）。

2. 某企业生产甲产品，采用标准成本制度，有关资料如下：

（1）甲产品的标准成本如下：

直接材料（50 千克，单价 0.2 元）	10 元
直接人工（3 小时，单价 6 元）	18 元
变动制造费用（3 小时，单价 1 元）	3 元
固定制造费用（3 小时，单价 0.5 元）	1.5 元
单位产品标准成本	32.5 元

（2）制造费用预算如下：

固定制造费用总额	700 元
变动制造费用分配率	1 元/小时
正常生产能力	1 400 直接人工小时

（3）实际生产资料如下：

购进材料 25 000 千克，单价 0.21 元；耗用材料 19 000 千克；直接人工工资 6 490 元（1 100 小时，单价 5.9 元）；变动制造费用 1 300 元；固定制造费用 710 元；甲产品生产量 400 件。

要求：计算有关的成本差异（固定制造费用差异用三差异分析法）。

3. 某公司本月投产甲产品 5 000 件，实际耗用 A 材料 20 000 千克，其实际价格为每千克 60 元，该产品 A 材料的用量标准为 4 千克，标准价格为 50 元。

要求：

（1）计算甲产品耗用 A 材料的实际成本与标准成本的差异总额。

（2）将差异总额进一步分解为数量差异与价格差异。

4. 某公司本月投产甲产品 5 000 件，该公司为甲产品制定的人工标准为：工时标准 2 小时，标准工资率 12.5 元。本月甲产品实际耗用工时为 8 000 小时，直接人工成本总额为 120 000 元。

要求：

（1）计算直接人工成本差异总额。

（2）将差异总额进一步分解为人工效率差异和人工工资率差异。

5. 某公司生产甲产品，有关资料如下：

（1）预计本月生产甲产品 600 件，每件产品需 10 小时，制造费用预算为 18 000 元（其中变动性制造费用预算 12 000 元，固定制造费用预算 6 000 元），该企业产品的标准成本资料如表 5-11 所示。

表 5-11　　产品的标准成本资料

成本项目	标准单价(标准分配率)	标准用量	标准成本
直接材料	0.6 元/千克	100 千克	60 元
直接人工	4 元/小时	10 小时	40 元
变动制造费用	2 元/小时	10 小时	20 元
固定制造费用	1 元/小时	10 小时	10 元
单位产品标准成本			130 元

（2）本月实际投产甲产品520件，已全部完工入库，无期初、期末在产品。

（3）本月材料每千克0.62元，全月实际领用46 800千克。

（4）本月实际耗用5 200小时，每小时平均工资率3.8元。

（5）制造费用实际发生额16 000元（其中变动制造费用10 920元，固定制造费用5 080元），变动制造费用实际分配率为2.1元/小时。

要求：计算甲产品的各类成本差异（固定制造费用差异用三差异分析法）。

第六章 责任会计

目标

当您学完本章，应该做到：

- 了解责任会计制度的基础、特点、核算原则。
- 解释术语“成本中心”“收入中心”“利润中心”“投资中心”“内部转移价格”。
- 对比以市场价格为基础、以成本为基础、协商决定三种制定内部转移价格的方法。
- 掌握成本中心、收入中心、利润中心和投资中心的业绩评价方法。
- 阐述非财务业绩指标的主要内容。
- 描述平衡记分卡的四部分基本内容。

第一节 责任会计制度

随着企业的日益壮大，产生了职责的分割，建立了责任区域。现代化企业由于经营方式和所有制形式向多样化、多元化方向发展，企业的规模不断扩大使得一个管理层次众多的集中管理企业，无法达到有效的信息传递、控制和协调。同时，企业组织规模扩大和复杂性的增加，企业高层管理既不可能具体了解企业正在进行的生产经营活动情况，也不可能为企业未来的生产经营活动做出决策。更重要的是，依靠企业高层的少数几个人来经营管理一个庞大的企业，已显得越来越力不从心。由于传统的集权制管理已不能满足现代化企业管理的需要，于是，分权管理就应运而生了。

分权管理（decentralized management）就是企业把一定的日常经营管理的决策权随同相应的责任下放给基层管理人员，许多关键性的经营决策由这些基层的经理人员做出。分权管理的主要表现形式是部门化，即在企业中建立一种具有半自主权的组织结构，通过由企业管理中心向下或向外的层层授权，使每一部门都拥有一定的积极性、权力和责任。

组织越大、越复杂，分权管理的优点越明显。实施分权管理有以下主要优点：

（1）有利于企业做出正确的决策。

分权管理特别适用于跨国公司，它们在许多国家都设有广泛的分支机构，受不同法律体系和风俗的影响。由于置身于具体经营环境的较低层管理人员可以更好地了解当地的一些实际信息，因此，实施分权管理更有利于企业做出正确的决策。

（2）有利于提高企业的应变能力。

通过分权管理，能使企业更快地对环境的变化做出迅速的反应，从而做出正确的经营决策。如前所述，企业的经营规模日趋庞大，信息的传递要经过多道环节，如果再采用集权制进行经营决策，无疑会影响决策信息的时效性。因而，采用分权管理，让基层管理人员参与决策，由于他们更了解具体情况，所以他们能更迅速、有效地制定经营决策，以适应市场变化的需要。

（3）有利于高层管理者关注重点问题。

通过分权管理，使高层管理人员能将有限的时间和精力放在企业最重要的战略决策上，以保证企业始终有明确的、正确的发展目标。高层管理部门通常在高层的重大决策方面比中层管理部门更具优势，如果他们的时间都花费在日常经营决策上，就会分散他们的精力，从而忽略了重要的战略决策。

（4）有利于提高企业的竞争能力。

在一个高度集权的企业，大额的总体利润可能掩盖下属分部的无效率。而分权管理则可以使组织能够确定每个分部对企业利润所做的贡献，并使每个分部直接面对市场。

（5）有利于激励基层管理人员。

通过分权管理，能有效地调动各级管理人员的积极性和创造性，从而群策群力，使全体管理人员既能为提高企业经济效益做出贡献，又能体现自身的价值；同时有利于锻炼、评价和激励基层的管理人员。

由于分权管理在当今的国际经济环境中具有明显的优越性，因而，分权管理正成为企业管理中的一种国际趋势。

然而，采用分权管理的结果往往是：一方面使各分权单位之间具有某种程度的相互依存性，主要表现为各分权单位间的产品或劳务的相互提供；另一方面又不允许各分权单位在所有方面像一个独立的组织那样经营。因此，某一分权单位的行为不仅会影响其自身的经营业绩，有时，各分权单位为了其自身的业绩，还会采取一些有损于其他分权单位经营业绩甚至有损于企业整体利益的行为。因此，在实现分权管理时，就需要建立一种制度来协调各分权单位之间的关系，使各分权单位之间及企业与分权单位之间在工作和目标上达成一致，防止各个部门为了片面地追求局部利益，致使企业整体利益受到损害。由此可见，在分权管理使企业日常的经营决策权不断下放，从而使决策达到最大程度的有效性的同时，企业经营管理的责任也应随着经营决策权的下放层层落实到各级管理部门，使各级管理部门在充分享有经营决策权的同时，也对其经营管理的有效性承担经济责任。这种根据授予基层单位的权力和责任以及对其业绩的计量、评价方式，将企业划分成各种不同形式的责任中心，并建立起以各个责任中心为主体，以责、权、利相统一的机制为基础，通过信息的积累、加工和反馈而形成的企业内部的严密的控制系统，即为责任会计制度。

如前所述，责任会计制度是在分权管理的条件下，为适应经济责任制的要求，在企业内部建立若干责任单位，并对它们分工负责的经济活动进行规划、控制考核与业绩评价的一整套会计制度。它实质上是企业为了加强内部经营管理责任而实施的一种内部控制制度，是把会计资料同各级有关责任单位紧密联系起来的信息控制系统。

一、责任会计制度的基础和条件

进行责任会计核算必须具备一定的基础和条件，具体包括以下几种。

（一）明确规定权责范围

实施责任会计，首先要根据企业的具体情况和内部管理的实际需要，合理地划分各责任中心。责任中心按其授权范围的大小分为成本中心、收入中心、利润中心和投资中心四种形式。由于各责任中心所承担的责任都不一样，因此，必须首先依据各个责任中心的具体特点，明确规定其权责范围，从而正确地确定其核算内容。

（二）正确编制责任预算

企业应根据全面预算所确定的生产经营总目标和任务，按责任中心进行层层分解、落实，并为每个责任中心编制责任预算，作为今后控制各责任中心经济活动的依据，同时也作为评价其工作成果的基本标准。

（三）制定业绩考核标准

业绩考核标准应当具有可控性、可计量性和协调性等特点，即其考核的内容只能是责任中心能够控制的因素；考核指标的实际执行情况，要能比较准确地计量和报告，并能使各个责任中心在完成企业总的目标中，明确各自的目标和任务，以实现局部和整体的统一。

（四）制定内部转移价格

为了分清经济责任，正确地评价各责任中心的工作业绩，对各责任中心之间相互提供的产品和劳务都应该进行结算，这就需要根据各责任中心的特点，对企业内所转移的各种产品和劳务合理地制定内部转移价格。由于内部转移价格的合理与否直接关系到与之相关的各责任中心的利益。因此，内部转移价格的确定要讲究科学性和合理性，既有助于调动各责任中心的积极性，又有助于实现局部和整体之间的目标一致。

（五）建立健全信息系统

责任预算一经确定，就要按责任中心相应建立一套完整的日常记录、计算和积累有关责任预算执行情况的信息跟踪系统，对实际执行情况进行跟踪反映，并定期编制业绩报告。企业应根据各责任中心的业绩报告，分析预算执行差异发生的原因，及时通过信息反馈，控制并调节它们的日常经营活动；同时还要督促它们迅速采取有效措施，纠正缺点，巩固成绩。因此，责任会计的信息系统必须满足相关性、及时性和准确性等要求。

（六）制定合理而有效的奖惩制度

企业应制定一套既完整、合理，又切实有效的奖惩制度，根据各责任中心的实际工作业绩的好坏，进行奖惩，鼓励先进，鞭策落后。如果一个责任中心的工作业绩因其他责任单位的过失而受到损害，应由责任单位赔偿。该制度应有助于实现权、责、利的统一。

二、责任会计制度的特点

与财务会计相比，责任会计制度具有以下特征。

（一）责任会计的核算对象

为了准确核算各责任中心的经营业绩，就必须首先明确各项业务的责任对象。财务会计是以企业实体的经济活动为核算对象的，而责任会计是以企业中的各责任中心的经济责任为核算对象的，责任会计所要反映和评价的是每一个责任中心的工作业绩。当企业建有全面的责任中心时，企业所发生的每一项经济业务都由特定的中心负责，所以，一切与该责任中心相关的业务和事项都可归属到某一责任中心，都是责任会计所需核算的内容。

（二）责任会计的核算程序

责任会计核算的一般程序如下。

1. 为各责任中心制定责任预算或确立目标

这是为各责任中心确立一个履行职责的目标，同时也为评价各责任中心的工作确立了一个标准。

2. 准确地核算各责任中心的经营业绩

这是责任会计核算的重要环节，它包括原始凭证的填制、费用的归集和分配、内部产品或劳务转移的结算、收入的确认及最终经营业绩的确定等。

3. 评价和考核各类责任中心经济责任的履行情况

通过核算环节，已对各责任中心的实际经营情况进行了客观的反映，接着就应将实际执行结果与预定的责任目标或责任预算进行比较，揭示其差异，并对其经营业绩做进一步的评价。

4. 通过调查和分析，编制责任会计报告

责任报告是对责任中心经营业绩的全面考核和评价。责任会计报告的内容包括责任目标（或预算）和实际执行情况及差异的揭示，并根据重要性原则对差异进行调查和分析，找出其原因，提出改进工作的建议等。

（三）责任会计报告

责任会计报告是责任会计提供信息的媒介，也是责任会计的工作成果。责任会计报告为企业内部提供信息，因此，与财务报告相比，责任会计报告在报告对象、报告内容、报告时间等方面都有其特点。责任会计报告具有如下特征。

1. 报告对象

不同责任中心所包含的责任内容、范围不一样，因此，应根据具体的对象确定报告的内容。

2. 报告形式

将责任目标、实际履行情况及产生的差异用报表予以列示是责任会计报告的基本形式，但在揭示差异的同时，必须对重大差异予以分析，查找其产生原因，并做出说明或提出改进建议。所以，责任会计报告的形式除报表外，必须采用数据分析和文字说明方式。

3. 报告时间

责任会计报告的编制时间一般是定期的，但由于各责任中心的特点不一样，所以为各责任中心所定的报告期可能不尽一致。

4. 报告内容

由于各责任中心的性质不一样，所以各类责任中心的报告内容也不尽相同，但基本的要求是必须报告其责任目标或预算及实际执行结果和产生的差异，以便各责任中心进行自我控制，以及上层责任中心对下属责任中心予以控制。除此之外，应根据重要性原则对重大差异做进一步的定量分析和定性分析。

三、责任会计制度的核算原则

建立责任会计制度应当遵循以下几个原则。

（一）目标一致性原则

责任中心是一个企业的各个局部，为了保证企业整体目标的实现，在为各责任中心确定责任目标或进行责任预算时，应始终注意与企业的整体目标保持一致。在进行责任控制时，同样应注意各个责任中心的业绩与企业整体目标的一致性，以避免因片面追求局部利益而影响整体利益。

（二）责权利相结合原则

拥有与责任相当的权力和相应的经济利益是责任落实及目标完成的保证。企业在落实责任目标的同时必须明确相应的权力和利益。在责、权、利三者关系中，“责”是核心，“权”是落实完成“责”的前提条件，“利”是激励因素。

（三）激励原则

实现经济责任制的目的就是最大限度地调动企业全体职工的积极性和创造性，因此所确立的目标或预算必须相对合理。目标过高，会挫伤职工的工作积极性；目标太低，不利于企业整体目标的实现。同时，各种奖惩措施也应注意适当和合理，既要奖惩分明，又要给人以希望，这样就能不断激励全体职工为实现目标而努力奋斗。

（四）可控性原则

由于各责任中心的利益直接与其业绩挂钩，因而对其工作业绩的考评必须以可控性为原则，也就是说，对各责任中心的收入或费用的核算都必须以各责任中心可予控制为原则。

（五）反馈性原则

各责任中心在执行预算过程中，对各项经济活动发生的信息，要及时、可靠地进行计量、记录、计算和反馈，以便发现问题，迅速采取有效措施加以控制，达到强化管理的目的。责任预算执行情况的信息反馈，既是一个经济信息的运用过程，也是责任会计真正发挥其管理作用的一个重要步骤，通过层层反馈并由层层控制而形成的一个反馈控制网络，保证整个企业的生产经营活动正常有序地进行。

（六）及时性原则

为了保证各责任中心对其经营业绩的有效控制，责任会计的核算和信息反馈要遵循及时性原则。现代管理的发展，已将事后控制发展到事前控制和事中控制。目标的确定和预算的编制是事前控制的基本方法；事中控制就是在目标和预算的实施过程中，通过不断掌握其实施情况，并不断反馈信息，纠正偏离目标或预算的差异。因此，各责任单位在编制业绩报告后，应迅速做出反应，把有关信息反馈给责任者，以便他们迅速调整自己的行为。

四、责任中心的类型

实行责任会计制度的企业，为了实行有效的内部控制，通常采用统一领导、分级管理的原则，在其内部合理地划分责任单位，承担相应经管责任，并赋予相应的权限，促使企业内部各单位各尽其责并协调配合。这种权责范围就是各个责任单位能够对其经济活动进行严格控制的区域，即“责任中心”。

责任中心（responsibility center）实际上是指企业内部按各自生产经营的特点和一定的控制范围，由其主管人员对其可控制的生产经营活动负责并拥有相应权力的内部单位。就企业内部单位而言，生产经营活动通常具有自身的特点及相应的控制范围，如生产车间，其生产经营活动的特点是进行产品的生产，控制的对象是产品的生产成本；而一个分厂的生产经营活动除了产品生产外，还包括产品销售等，因此，控制的对象不仅有产品的生产成本，还有收入和利润等。因此，不同的内部单位，因生产经营活动的特点及相应的控制范围不同，可以成为不同的责任中心。划分责任中心的目的是充分调动一切积极因素，使各责任中心在其权责范围内，恪守职责，努力工作；然后按成绩优劣进行奖惩，从而真正提高企业整体的经济效益，增强企业的竞争能力。

责任中心根据其控制区域和权责范围的大小，一般可分为成本中心、收入中心、利润中心和投资中心四种类型。

（一）成本中心

成本中心（cost center）是指那些只能控制成本从而只对成本负责的责任中心。成本中心有狭义和广义之分：狭义的成本中心是指对产品生产或劳务提供的资源耗费负责的责任中心，即生产产品或提供劳务的责任中心；广义的成本中心除狭义的成本中心外，还包括那些非生产性的以控制经营管理费用为主的责任中心，即费用中心。

成本中心的特点是没有经营权或销售权，无法控制收益，因而只对在其职权范围内发生的成本或费用负责，成本中心的目标也就是在保质保量完成生产任务或搞好管理工作的前提下控制和降低成本和费用。企业中的某一生产部门，如组装或精加工部就属于成本中心。生产部门的管理人员不制定价格或做出营销决策，但可以控制生产成本。因此，成本控制的好坏是对成本中心管理者评价的主要依据。

成本中心是应用较广泛的一种责任中心形式，上至工厂一级，下至车间、工段、班组，甚至个人都可划分为成本中心。由于成本中心的规模大小不一，所以各成本中心控制、考核的内容也不一样。为了正确确定成本中心的责任对象，提高成本中心控制的有效性，首先必须将成本划分为可控成本和不可控成本。可控成本是相对于不可控成本而言的，凡是责任中心能控制的各种耗费称为可控成本，凡责任中心不能控制的耗费则为不可控成本。对某一个成本中心来说，可控成本应具备以下几个条件：

（1）成本中心能预知将发生什么样性质的耗费。

（2）成本中心有办法计量它的耗费。

（3）成本中心有办法控制并调节它的耗费。

属于某个成本中心的各项可控成本之和，即为该中心的责任成本。

必须注意的是，一项费用是否为可控成本，不是由费用本身确定的，而是对成本中心而言的。因为一个成本中心的不可控成本，可能是另一个成本中心的可控成本；下一级成本中心的不可控成本，对于上一级成本中心来说，往往是可控的。例如，材料的价格对供应部门来说是可控的，但对生产部门来说就是不可控的；又如，制造费用中的固定费用对生产小组来说是不可控的，但对车间来说却是可控的。

（二）收入中心

收入中心（revenue center）是指对收入负责的责任中心。在收入中心中，它不需要考虑产品的成本，而只需考虑如何在企业许可的售价浮动范围内更多地推销企业产品，更多地占领市场，因为推销越多，收入也越多，在市场中所占的份额越大，那么对企业的贡献也就越大。

收入中心的特点是对收入负责，不对成本负责，因此，为了评价其经营业绩，必须首先为其确定目标收入，作为其考核依据。企业中的营销部门是收入中心的实例。营销部门的管理者确定价格，并对销售做出预测。因此，营业收入的实现情况是评价收入中心管理者的重要指标。

随着市场经济的发展和产品销售竞争的日趋激烈，营销工作越来越重要，尤其在将新产品打入市场的过程中更为明显。因此，以推销产品为主要职能的责任中心将不断增多。

（三）利润中心

利润中心（profit center）是对利润负责的中心。由于利润等于收入减去成本和费用，所以，利润中心实际上既要对收入负责，又要对成本费用负责。利润中心有如下两种形式。

1. 自然形成的利润中心

这种利润中心虽然是企业内部的一个责任单位，但它既可向企业内部其他责任单位提供产品和劳务，又可直接向外界市场销售产品和提供劳务，获得收入并赚取利润。分公司、分厂就是自然利润中心的实例。

2. 人为划分的利润中心

这种利润中心一般不直接对外销售，只对本企业内部各责任单位提供产品或劳务，但需按“内部转移价格”进行内部结算，实现等价交换，并确认其成本、收入和利润。企业中的各个成本中心，只要对他们提供的产品或劳务制定内部转移价格，就是人为的利润中心。

建立“人为”利润中心的主要目的是明确划分经济责任，正确评价各责任中心的业绩。由于能够为成本中心相互提供的产品或劳务规定一个适当的“内部转移价格”，使得这些成本中心可以取得“收入”进而得到业绩评价，因此，大多数成本中心总能转化为“人为”的利润中心。

一个部门或责任中心作为利润中心，关键的因素是要有独立的经营决策权，即生产何种产品、生产多少、用什么材料等都可由利润中心决定，否则就无法对其收入和成本负责。所以，与成本中心相比，利润中心往往处于较高的层次，其权力更大，但责任也更重。对于利润中心来说，营业利润将会是评价其管理者业绩的一项重要指标。

建立利润中心，其主要目的是通过授予必要的经营权和确立利润这一综合性指标来推动和促进各责任中心扩大销售、节约成本，努力实现自己的利润目标，使企业有限的资金得到最有效的利用。同时，通过利润这一综合性指标的考核，将各利润中心的经营业绩与其经济效益紧密挂钩，有效地调动全体职工的积极性，从而形成从上到下，群策群力，为实现企业目标而共同努力的风气。

（四）投资中心

投资中心（investment center）是既对成本、收入和利润负责，又对其投资及利用效益负责的责任中心。投资中心在责任中心中处于最高层次，它具有最大的决策权，也承担最大的责任。

投资中心实质上也是利润中心，但它的控制区域和职权范围比一般的利润中心要大得多。它与利润中心的主要区别是：利润中心没有投资决策权，因而它是在企业确定投资方向后进行的具体的经营；而投资中心则拥有投资决策权，即当企业总部将一定数额的资本交给投资中心后，应投资什么行业、生产什么产品等都是投资中心的职责，企业总部一般不予干涉，但投资中心必须对其投资的收益负责。所以投资中心包括了利润中心的特点，但比利润中心范围更大，特别是要更多地考虑长期的效益，如企业的分部经常被认为是投资中心。投资中心的管理者除了控制成本和进行价格决策外，还有权进行投资决策，比如开设或关闭一家工厂，保持或停产某一生产线。因此，营业利润和某种类型的投资报酬率都将成为评价投资中心管理者的重要指标。

为了准确地计算出各投资中心的经济效益，必须对各投资中心共同使用的资产划分清楚；对共同发生的成本，应按适当的标准进行分配；各投资中心之间相互调剂使用的现金、存货、固定资产等，均应计息清偿，实行有偿使用。只有这样，才符合责任会计的要求，才能正确计算、评价与考核各投资中心的经济效益和工作业绩。

应该注意的是，责任中心的管理者只对本中心的作业负责，但其做出的决策可能会影响其他责任中心。比如，某公司的营销部门按惯例在年末为顾客提供现金折扣，销售量大幅度上升，同时，公司也不得不要求生产部门的工人加班满足需要。

综上所述，责任会计要求设置的责任中心根据其控制区域和权责范围的大小，分为成本中心、收入中心、利润中心和投资中心四种类型。但是，它们并非各自孤立存在的，每个责任中心必须对其分工负责的指标向其上一级责任中心承担经管责任。例如，最基层的成本中心（如班组）应就其经管的可控成本，向其上层的成本中心（如车间）负责；上层的成本中心（如车间）则就其本身的可控成本和下属转来的责任成本，一并向利润中心（如分厂）负责；利润中心（如分厂）则就其本身经管的收入、成本（包括下属单位转来的责任成本）和贡献毛益（或税前利润）向投资中心（如事业部）负责；投资中心（如事业部）则就其经管的投资报酬率和剩余收益向总经理或董事会负责。这样，企业的各种类型和层次的责任中心，就形成了一个“连锁责任”网络，促使每个责任中心为保证经营目标一致性的实现而协调工作。

第二节 内部转移价格

内部转移价格（internal transfer price）是企业对中间产品内部转让计价的一种标准。一个责任中心的产出经常可以作为另一个责任中心的投入，比如，一个部门生产出来的集成电路可以被另一个部门用来生产视频录像机。企业内部各责任中心之间相互提供的产品和劳务都应该按内部转移价格进行结算，其目的是正确地评价和考核内部责任中心的经营业绩。制定内部转移价格是建立责任会计制度后所必须配套的一种机制。

一、内部转移价格的意义和作用

内部转移价格是指企业内部各责任中心因相互提供产品或劳务所采用的一种结算价格。

企业内部各责任单位在生产经营过程中既相互联系，又相互独立地开展各自的活动，各责任中心之间经常相互提供产品或劳务。内部转让价格为转出方创造了收入，同时也为购买方增加了成本，从而影响两个责任中心的经营利润。为了正确评价企业内部各个责任中心的经营业绩，明确区分各责任中心的经济责任，使对各责任中心的业绩评价与考核建立在客观而可比的基础上，从而有利于调动各责任中心的积极性，必须根据各责任中心业务活动的具体特点，制定具有充分经济依据的内部转移价格。

内部转移价格为各责任中心之间的“买卖”活动制定了一个科学合理的计算标准。内部转移价格给“卖方”提供了一个尺度，表明了在目前的经营水平下，“卖方”所能获得的内部利润的幅度；同时由于这个尺度的存在，促使“卖方”不断改进经营管理，从各个方面来降低经营成本，从而获得更多的内部利润。内部转移价格同样给“买方”提供了一个尺度，因为“买方”耗用了中间产品或劳务后，他们的成本开支中就有为这中间产品或劳务的支出部分。为了能在收入中补偿支出并获得更多的利润，“买方”就会千方百计地降低物料消耗，减少人工和机器工时等各方面的支出。这样，内部转移价格就能促使“买卖”双方加强经营管理，提高经济效益。

可见，内部转移价格主要有以下几个作用：

（1）有助于经济责任的合理落实。内部转移价格利用它的调节手段，通过内部交易的形式在各责任中心之间调节“买卖”双方的收入和支出，可使各责任中心的经济责任合理，从而使这些经济责任易于落实。

（2）使管理当局对各责任中心的评价和考核，建立在客观、公正和可比的基础上。内部转移价格不仅对责任中心的激励提供了一个公正和易于使用的计量基础，而且提供了反映责任中心综合成果的内部利润数，便于具体利益的计算和分配。

（3）保证各责任中心与整个企业经营目标的一致性。内部转移价格使企业能根据各责任中心提供的相关信息，结合最优化生产计划，使企业的资源得到最佳利用，从而使企业整体达到最佳的经济效益。

二、制定内部转移价格的方法

在制定内部转移价格时，一般有三种方法可供选择：以市场价格为基础的转移价格、以成本为基础的转移价格和协商决定的转移价格。

（一）以市场价格为基础的内部转移价格

以市场价格为基础的内部转移价格就是直接以市场价格作为责任中心之间中间产品或劳务的内部转移价格。此法是假定企业内部各部门都立足于独立自主的基础上，它们可以自由地决定从外界或内部进行购销。同时，产品或劳务处于完全的市场竞争条件下，并有客观的市价可供采用。

一般认为，市场价格是制定内部转移价格的最好依据。因为，市场价格比较客观，对买卖双方无所偏袒，而且能激励卖方努力改善经营管理，不断降低成本。同时，市场价格也最能体现利润中心的基本要求，在企业内部创造一种竞争的市场环境，让每个利润中心都成为名副其实的独立生产经营单位，以利于相互竞争，最后再通过利润指标来评价和考核它们的经营成果和工作业绩。

在采用市场价格作为计价基础时，为了保证各责任中心的竞争建立在与企业的总体相一致的基础上，企业内部的买卖双方都应遵守这样一条基本原则：各责任中心之间应尽可能进行内部转让，除非责任中心有充分的理由说明进行外部交易比内部转让更为有利。

在利润中心或投资中心之间相互提供产品或劳务，在有客观的可供利用的市场价格的情况下，其内部转移价格按市价计价，这是使它们能形成“部门利润”的一个必要条件。

以市场价格作为内部转移价格的优点是：“买方”责任中心可以同外部市场相比，如内部转移价格高于现行市场价格，它可以舍内而求外，不必为此而支付更多的代价；“卖方”责任中心也是如此，市场价格迫使它不能获得高于市场价格的收入。这是正确评价各个利润中心和投资中心的经营成果，充分发挥其生产经营主动性的一个重要条件。

实际上，以市场价格作为内部转移价格，也有其局限性。由于企业内部相互转让的产品或提供的劳务手续简单，往往比对外销售节约较多的销售费用和管理费用，如仍直接按正常的市场价格计价，这方面的节约将全部表现为“卖方”的经营业绩，而“买方”却得不到任何好处，因而其结果不太合理。

(二) 以成本为基础的内部转移价格

以成本为基础的内部转移价格就是在各中间产品或劳务的成本基础上加上一定比例的内部利润作为内部转移价格的方法，也称成本加成法。此法主要适用于各责任中心之间转让的产品或劳务处于不完全市场竞争条件下，即中间产品或劳务没有正常市场价格的情况。

理论上说，成本加成可在各种成本基础上进行。但由于成本加成制定的内部转移价格是一种管理手段，它应与其他各种有效的管理方法相结合，因此，成本加成一般按中间产品或劳务的标准成本加成。以标准成本为基础进行成本加成具有以下优点：

第一，定价基础相对稳定，因而易于操作。

第二，避免将“卖方”的成本节约或浪费“转嫁”给买方，不仅有利于激励卖方努力降低成本，而且便于正确考核买方的工作业绩。

成本加成法通常有按完全成本加成和按变动成本加成两种做法。

1. 完全成本加成法

完全成本加成法就是根据中间产品或劳务的完全成本加上按一定的合理利润率计算的利润作为内部转移价格的方法。

实务中，在计算产品对外销售价格时，加成的基础是该产品的完全成本。而在制定内部转移价格时，若加成的基础仍选用中间产品或劳务的完全成本，则买方就会在计算内部利润中占便宜，卖方就会吃亏。因为，买方产品的完全成本中包括了前面责任中心转来的成本，这些转移的成本在企业范围内重复计算利润，从而使价值链后端的责任中心越有利。中间产品内部转移的次数越多，这种重复计算就越严重。

可见，采用完全成本加成法能保证卖方责任中心有利可图，充分调动他们的工作积极性。但其不足之处在于把卖方的功过全部转嫁给买方承担，从而削弱了各责任中心降低成本的责任感；另外，确定加成的利润率，往往带有很大程度的主观随意性，它的偏高或偏低都会影响双方业绩的正确评价。

2. 变动成本加成法

变动成本加成法就是根据中间产品或劳务的变动成本加上按一定的合理利润率计算的利润作为内部转移价格的方法。

变动成本加成法的主要问题是：

(1) 这种内部转移价格会使“买方”过分有利。

(2) 由于对责任中心只计算变动成本，因而不能用投资利润率和剩余收益对责任中心进行业绩考核。

(3) 如果无限制地将一个责任中心的变动成本转移给另一责任中心，将不利于激励成本中心控制成本。

总之，成本加成法是一种较简单但不完善的方法。但对于无外部市场的中间产品来说，它仍不失为一种行之有效的和必要的制定内部转移价格的方法。

（三）协商决定的内部转移价格

为了避免直接以市场价格作为内部转移价格所存在的缺点，也可以协商的市场价格作为内部转移价格。

协商决定的内部转移价格是责任中心的买卖双方以正常的市场价格为基础，定期共同协商，确定一个双方都能接受的价格作为中间产品或劳务的内部转移价格。协商的市场价格又称“议价”。采用这种价格的前提条件是责任中心相互转让的中间产品或劳务应有非竞争性的市场可以买卖，在这市场内买卖双方有权决定是否买卖这种中间产品。协商定价应该由每个部门所面临的机会成本来指导，只有当“卖方”的计划成本比“买方”的机会成本低时，才能达成协商价格。因此，协商价格通常要比市场价格稍低一些，这是因为：

（1）内部转移价格中所包含的销售和管理费用，一般要低于外部市场供应的市场价格。

（2）内部转让的中间产品一般数量较大，故单位成本较低。

（3）“卖方”大多拥有剩余的生产能力，因而议价只要略高于单位变动成本即可。

可见，协商价格的上限是市价，下限是单位变动成本，具体价格应当由责任中心的买卖双方在其上下限范围内协商议定。在各责任中心之间相互提供的产品或劳务没有适当市价的情况下，也可以采用议价的方式来确定，即通过买卖双方的协商，确定一个卖方愿卖、买方愿买的“公允市价”，作为计价基础。

协商价格的缺陷是：在各责任中心的协商过程中，不可避免地要花费很多人力、物力和时间；另外，当买卖双方难以确定内部转移价格时，往往需企业高层管理人员进行裁定。在这种情况下，不仅与分权管理的初衷相违背，同时也很难起到激励作用。

三、制定内部转移价格的原则

下面以北海石油公司为例，对内部转移价格的制定原则进行探讨。

【例 6－1】 北海石油公司有三个分公司，每个分公司都是利润中心。其中，生产分公司从事油田的原油生产，运输分公司负责原油管道的输送工作，精炼分公司专门将原油加工成汽油。假设每个分公司的变动成本随着单一的成本动因变化。生产分公司和运输分公司的成本动因分别是其生产和运送的原油桶数，精炼分公司的成本动因是其加工的汽油桶数。每单位的固定成本则是根据预算年产量，即生产的原油产量、运送的原油产量及生产的汽油产量来计算的。

生产分公司可以以每桶 104 元的价格将原油卖给公司的外部客户；运输分公司从生产分公司“买入”原油，然后将它们运到精炼分公司，并“卖给”精炼分公司。输油管道每天可以承运40 000桶原油。精炼分公司已经达到其生产能力，每天加工15 000桶汽油（生产 1 桶汽油需耗用 2 桶原油），平均每天耗用从运输分公司运来的10 000桶原油和向当地其他产油商购买（每桶 144 元）的20 000桶原油。精炼分公司以每桶 416 元的价格出售汽油。

图 6－1 概括了北海石油公司下各分公司单位产品的固定成本和变动成本以及购买、销售原油，销售汽油的外部市价。

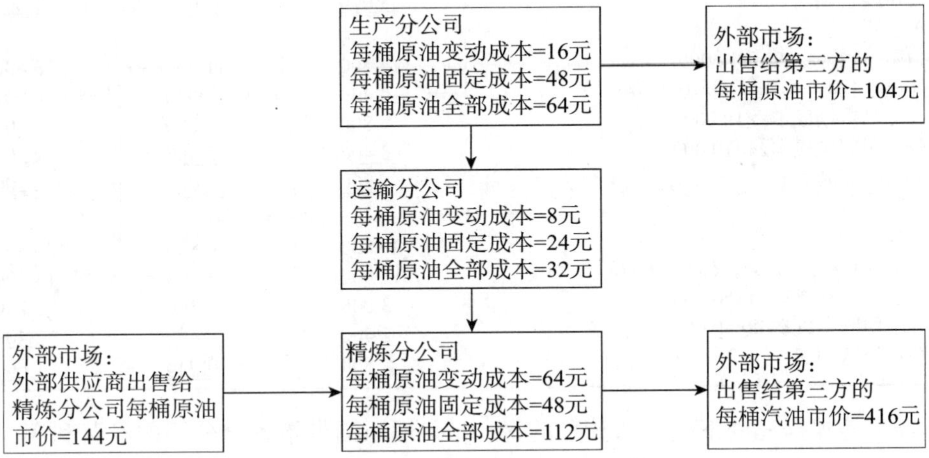

图 6－1　北海石油公司的经营数据

根据上述资料，分别采用以市场价格为基础、以完全成本的 110％加成率和协商决定的方法制定内部转移价格。

（1）以市场价格为基础制定内部转移价格。

从生产分公司到运输分公司＝104（元）

从运输分公司到精炼分公司＝144（元）

（2）以完全成本的 110％加成率制定内部转移价格。

从生产分公司到运输分公司＝（16＋48）×110％＝70.4（元）

从运输分公司到精炼分公司＝（70.4＋8＋24）×110％＝112.64（元）

（3）协商决定制定内部转移价格。

如前所述，协商定价应该由每个部门所面临的机会成本来指导，只有当“卖方”的计划成本比“买方”的机会成本低时，才能达成协商价格。假定经协商，内部转移价格确定如下：

从生产分公司到运输分公司＝80（元）

从运输分公司到精炼分公司＝134（元）

【例 6－2】　承例 6－1，假设北海石油公司的生产分公司每天生产10 000桶原油。现精炼分公司不再向其他产油商购买原油。现分别考虑三种不同的转移定价方法对各分公司业绩的影响。

根据上述资料，编制各分公司经营利润表，如表 6－1 所示。

表 6-1　　各分公司经营利润表　　单位：百元

	方法1	方法2	方法3
1.生产分公司			
收入：104，70.40，80×10 000	10 400	7 040	8 000
减：本分公司变动成本16×10 000	1 600	1 600	1 600
本分公司固定成本48×10 000	4 800	4 800	4 800
生产分公司经营利润	4 000	640	1 600
2.运输分公司			
收入：144，112.64，134×10 000	14 400	11 264	13 400
减：转入成本104，70.40，80×10 000	10 400	7 040	8 000
本分公司变动成本8×10 000	800	800	800
本分公司固定成本24×10 000	2 400	2 400	2 400
运输分公司经营利润	800	1 024	2 200
3.精炼分公司			
收入：416×5 000	20 800	20 800	20 800
减：转入成本144，112.64，134×10 000	14 000	11 264	13 400
本分公司变动成本64×50 000	3 200	3 200	3 200
本分公司固定成本48×50 000	2 400	2 400	2 400
精炼分公司经营利润	800	3 936	1 800

表 6-1 是根据三种不同方法计算的每10 000桶原油带给各分公司的经营利润。可以看出，内部转移价格为“卖方”带来了收入，为“买方”增加了相应的成本，而所有分公司的经营成果合并时，收入和成本就全抵消了。采用不同的内部转移价格得出的各分公司的利润是不同的，若以方法 1 为基础，可计算最大差异如下：

生产分公司利润的差异＝4 000－640＝3 360（百元）

运输分公司利润的差异＝800－2 200＝－1 400（百元）

精炼分公司利润的差异＝800－3 936＝－3 136（百元）

如果各分公司都是以其利润最大化为唯一目标，毫无疑问，各分公司都会选择最有利于本分公司的定价方法：生产分公司会选择以市场价格为基础的定价方法；运输分公司会选择协商决定的定价方法；而精炼分公司会首选按完全成本加成率 110％的定价方法。

虽然内部转移价格对公司整体来说并不会因此盈利，但如果它能影响到各责任中心的行为，它就可能影响公司的盈利水平。各责任中心可能会选择使其利润达到最大的内部转移价格，但这可能会对整个公司的利润造成不利影响，导致损害企业整体的利益。

【例 6-3】 运输分公司一桶原油的内部转移价格是 112.64 元，成本是 102.4 元。如果精炼分公司可以从外部供应商处以每桶 108 元的价格购入原油，那么，它就会拒绝从运输分公司购买。假设运输分公司没有外部市场，原油只能在公司内部销售。试比较精炼分公司的利益和总公司的损失。

精炼公司每桶原油可节约成本＝112.64－108＝4.64（元）

总公司每桶原油的损失＝108－102.4＝5.6（元）

可见，如何制定内部转移价格对公司的总体利润是至关重要的。因此，必须针对各责任中心业务活动的具体特点及科学合理的经济依据制定内部转移价格。合适的内部转移价格应该是可以使各个责任中心的管理者做出的决策对于整个企业而言都是最优的。例如，

“卖方”应该有动力设法降低产品或服务的供应成本，而“买方”则应该致力于得到并使用高效率的产品。

综上所述，制定内部转移价格一般应遵循以下几条原则。

（一）一致性原则

一致性原则是制定内部转移价格的最基本原则。在制定内部转移价格时，应强调企业利益高于分部利益。一致性原则要求内部转移价格不仅对“买卖”双方责任中心有利，还必须符合企业整体利益。

（二）激励性原则

内部转移价格应具有激励作用，有利于调动各责任中心的工作积极性。它要求使“买卖”双方均有利可图，能够客观公正地反映各责任中心的工作业绩。

（三）自主性原则

承认各责任中心的相对独立的物质利益，就必须给各责任中心以自主权。因此，制定的内部转移价格必须以“买卖”双方自愿接受为前提，只要一方不同意，就不能成立。

总之，内部转移价格就是要找到一种机制，使它能同时满足这三个目标。通过考虑内部转移产品的机会成本，我们就能设计出内部转移价格满足定价机制中的三个目标的程序。机会成本法可以广泛地应用于内部转移价格的制定。

四、机会成本法与内部转移价格

机会成本法（opportunity cost approach）就是找出“卖方”愿意接受的最低价格和“买方”愿意支付的最高价格的方法。最高价格和最低价格就相当于内部转移的机会成本。最低内部转移价格或底价，就是“买方”按此价格将产品卖给内部其他部门，不会因此而使得业绩变得更差的内部转移价格；最高内部转移价格或顶价，就是“买方”按此价格购买内部其他部门的产品，不会因此而使业绩变得更差的内部转移价格。机会成本法可表明什么时候通过内部转移价格可能提高公司整体的利益。应该指出的是，只要“卖方”的机会成本（最低价格）比“买方”的机会成本（最高价格）低，就应该在内部转移产品。这就意味着，公司总体的利益不会因内部转移产品而降低。

【例 6－4】　现仍以上述北海石油公司的资料为例，采用机会成本法对其内部转移价格的制定方法进行探讨。

（1）以市场价格为基础的内部转移价格。

如前所述，以市场价格为基础的内部转移价格适用于完全竞争市场的情形，即中间产品或劳务存在正常市场价格的情况。假定生产分公司和运输分公司能以每桶 104 元的价格分别从市场上买入或卖出数量不受限制的原油。北海石油公司希望分公司能在公司内部买卖原油。

机会成本法表明此时合适的内部转移价格就是市场价格。由于生产分公司可以以市场价格 104 元出售它生产的所有原油，若以较低的价格进行内部转移，将会不利于生产分公司。与此相似，运输分公司能够以市场价格获得原油，所以它不愿为同类的内部转移产品付出更高的价格。由于生产分公司的最低内部转移价格是市场价格，而运输分公司的最高内部转移价格也是市场价格，所以，唯一可能的内部转移价格就是市场价格。

如果每一个分公司管理者都有动机使其所处的分公司的利润最大化，那么，只要有利可图，生产分公司将会以市场价格出售（或对内部或对外部）尽可能多的原油；同样，运输分公司也将会以市场价格买入（或从内部或从外部）尽可能多的原油。这些使分公司的经营利润最大化的行为同样也能使北海公司的经营利润最大化。如果内部转移价格与市场价格偏离，将会使整个公司的利润下降。

（2）以全部成本为基础的内部转移价格。

如前所述，以成本为基础的内部转移价格适用于不完全竞争市场情形，即中间产品或劳务没有正常市场价格的情况。北海公司将内部转移价格定为全部成本的110%。精炼分公司平均每天以144元的价格从当地的供应商那里购买20 000桶原油。精炼分公司了解到外地的一个独立供应商每桶原油的价格为104元，为降低成本，精炼分公司决定先由运输分公司买下，然后运到当地，再卖给精炼分公司。假设运输分公司的输油管有多余的运油能力，仍能以每桶8元的变动成本承运新的20 000桶原油。那么，对精炼分公司而言，在哪种情况下成本更低？

若从当地供应商那里购买20 000桶原油，每桶价格144元，精炼分公司因此要承担的总成本是2 880 000(144×20 000)元。

若通过运输分公司从外地独立供应商那里购买20 000桶原油，精炼分公司因此要承担的总成本是2 992 000[(104＋8＋24)×110%×20 000]元。

作为一个利润中心，精炼分公司若从当地供应商处购买原油，则其短期经营利润可实现最大化（2 880 000元与2 992 000元相比）。

在以成本为基础制定内部转移价格时，精炼分公司将向运输分公司支付的每桶原油成本149.6元全部视为变动成本。而从北海公司的整体来看，每桶原油的变动成本实际上只有112元（外地买价104元＋8元），剩余的37.6元只是固定成本和对运输分公司的加成。显然，站在公司的角度，从当地购买原油更便宜。但是，站在精炼分公司的角度，则是从当地购买更便宜。可见，由于选择了全部成本加成法来制定内部转移价格，公司内部出现了结果不一致的问题。

按机会成本法的原理，合适的内部转移价格的下限是112元，如果内部转移价格低于112元，运输分公司就不可能有动力去外地购买原油来运输，而只要内部转移价格略高于112元，就可以使运输分公司赚得一些边际收益来弥补固定成本。另外，内部转移价格的上限是144元，如果内部转移价格高于144元，精炼分公司就会从外部市场，而不是从运输分公司购买。在112元和144元之间的内部转移价格都可以促使目标的一致性：从外地购买原油，两个分公司的利润都有所增加。

（3）协商决定的内部转移价格。

协商决定的内部转移价格也应该由每个责任中心所面临的机会成本来指导。只有当“卖方”的机会成本比“买方”的机会成本低时，才能达成协商决定的内部转移价格。

假定运输分公司有剩余的运输能力，可以用来将原油从外地运到当地。那么，只有内部转移价格超过每桶112元（运输分公司变动成本）时，它才会将原油“卖”给精炼分公司。同时，对于精炼分公司，只有在内部转移价格低于144元（精炼分公司在当地购买的原油价格）时，才会乐意从运输分公司"购买"原油。

从这个公司的角度来看，精炼分公司从运输分公司购买原油才能使公司利润最大化。但是，只有当内部转移价格介于112元和144元之间时，精炼分公司与运输分公司才会都有兴趣进行这项交易。如每桶原油134元的内部转移价格将使运输分公司每桶的利润增加22（134－112）元，同时也使精炼分公司每桶的利润增加10(144－134)元。此时，运输分公司的机会成本低于精炼公司的机会成本。

第三节　财务业绩评价

业绩评价（performance appraisal）意味着要对管理人员进行业绩评价，这也就意味着实际产出必须和预期或预算产出相比较，以评价管理者的业绩。

一、成本中心的业绩评价

由于责任会计围绕责任中心来组织，以各个责任中心为对象进行有关资料的收集、整理和分析对比，因而，成本中心责任成本（responsibility cost）的核算制度与传统的产品成本的核算制度相比有很大的不同，其主要区别是：

（1）成本核算的对象不同。产品成本以一定种类或批次的产品为计算对象；而责任成本是以责任中心为对象归集的生产或经营管理费用。

（2）成本核算的原则不同。产品成本的核算原则是谁受益，谁承担；而责任成本的核算原则是谁负责，谁承担。

（3）成本核算的内容不同。产品成本既包括可控成本，又包括不可控成本，只要应归属于产品的，都是产品成本；而责任成本的核算只包括可控成本，不可控成本只作为参考指标。

（4）成本核算目的不同。产品成本核算能为考核成本计划完成情况及计算利润、制定产品价格提供依据，是实施经济核算制的重要手段；而责任成本核算则是为了评价和考核责任预算的执行情况，是进行成本控制和考核成本责任的重要手段。

责任成本与产品成本虽有区别，但两者又有密切的联系。首先，两者核算的原始成本信息是相同的，只是加工整理的主体不同；其次，两者归集的成本都是企业生产经营过程中实际发生的耗费，因此，在狭义的成本中心范围内，一定时期的责任成本总额和一定时期的产品成本总额是相等的。分清产品成本与责任成本的区别，是责任中心核算的一个基本前提。

由于成本中心只对成本负责，职责比较单一，因而，对其业绩进行评价和考核的重点是责任成本。成本中心的考核指标主要包括目标成本降低额和目标成本降低率，其计算公式为：

目标成本降低额＝目标（或预算）成本－实际成本

$$目标成本降低率=\frac{目标成本降低额}{目标成本}\times 100\%$$

在对成本中心进行考核时，应注意区分可控成本和不可控成本，不可控成本不应计入其责任成本。还需注意的是，如果预算产量与实际产量不一致，应先按弹性预算的方法调整预算指标，然后再进行考核。

【例 6-5】 珠海公司一车间生产 A 产品，预算产量为 500 件，其成本预算资料如表 6-2 所示。

表 6-2　　A 产品成本预算表

成本项目	标准单价	标准用量	标准成本
直接材料	3 元/千克	5 千克/件	15 元
直接人工	8 元/小时	1 小时/件	8 元
合计			23 元

当年实际生产 A 产品 550 件，实际发生的成本资料如表 6-3 所示。

表 6-3　　A 产品实际成本表

成本项目	实际单价	实际用量	实际单位成本	实际总成本
直接材料	3.5 元/千克	4.8 千克/件	16.8 元	9 240 元
直接人工	8.2 元/小时	1.1 小时/件	9.02 元	4 961 元
合计			25.82 元	14 201 元

从上述资料可知，一车间 A 产品的预算总成本为11 500（23×500）元，实际总成本为14 201元，实际成本超支2 701元。然而，对一车间来说，由于材料单价和人工单价是不可控的成本，因而，应该按标准单价和实际用量计算确定一车间的责任成本，作为其考核业绩的依据。

$$一车间的责任成本=(3\times 4.8+8\times 1.1)\times 550=12\ 760（元）$$

在评价该成本中心的业绩时，还应按弹性预算的方法，根据实际产量对预算成本进行调整，从而做出合理的评价。

调整后的预算成本＝23×550＝12 650（元）

目标成本降低额＝12650－12760＝－110（元）　　（超支）

目标成本降低率＝－110÷12650＝－0.87%　　（超支）

二、收入中心的业绩评价

收入中心是只对产品或劳务的营业收入负责的责任中心。但应注意的是，收入中心的收入实际上是整个企业的收入，因此，各收入中心的目标营业额是否能够实现，直接影响到企业整体经营目标，尤其是利润目标的实现，所以，加强对各收入中心的营业收入目标的控制非常重要。

收入中心的主要职能是实现营业收入，所以其业绩评价以营业收入的实现为主。然而，收入中心的职能不仅包括将产品或劳务推向市场，而且还包括及时地收回货币资金和控制坏账。因此，收入中心的业绩评价指标包括营业收入目标完成百分比、营业货款回收平均天数和坏账发生率等。

(一) 营业收入目标完成百分比

营业收入目标完成百分比是将实际实现的营业收入与目标营业收入相比较，以考核营业收入的目标完成情况。其计算公式为：

$$营业收入目标完成百分比=\frac{实际实现的营业收入}{目标营业收入}\times 100\%$$

对收入中心来说，这一指标是最主要的业绩评价指标。

(二) 营业货款回收平均天数

营业货款回收平均天数是评价收入中心回收营业款项是否及时的指标。销售过程是企业的产品资金向货币资金转化的过程，在这一过程中，营业收入的资金能否及时收回，对企业资金的正常周转将产生重要影响。在市场经济条件下，一个企业的经营能否顺利进行和发展，资金是一个重要的因素。因此，确保营业货款的及时回收是收入中心的又一重要职责。营业货款回收平均天数这一评价指标能促进收入中心加速资金回收，提高资金使用效率。其计算公式为：

$$营业货款回收平均天数=\frac{\sum(营业收入\times 回收天数)}{全部营业收入}$$

将实际的营业货款回收平均天数与计划天数相比较，能反映收入中心的营业款项回收的及时情况。

(三) 坏账发生率

坏账发生率这一指标主要用来评价收入中心在履行其职责过程中所发生的失误情况。销售产品或提供劳务的企业发生坏账的情况是不可避免的。尽管如此，企业仍然有责任来控制坏账的发生，以尽量避免损失。对收入中心来说，正确判断客户的付款能力也是其经营业务中的基本职责，控制坏账的发生自然也是收入中心的重要职责。坏账发生率的计算公式为：

$$坏账发生率=\frac{某年坏账发生数}{某年全部营业收入}\times 100\%$$

以坏账发生率来评价收入中心的业绩能促进收入中心在经营过程中保持认真谨慎的作风。

三、利润中心的业绩评价

利润中心业绩的评价和考核，主要是通过一定期间实现的利润与“责任预算”所确定的预计利润数进行比较，并进而对差异形成的原因和责任进行具体剖析，借以对其经营上的得失和有关人员的功过做出全面而正确的评价。

利润中心业绩评价的主要指标是“责任利润”，而责任利润又有多种含义或多种选择（见表6-4），主要的评价指标包括可控边际贡献、部门边际贡献和税前部门利润等。

表6-4　某利润中心利润表　单位：万元

营业收入	3 000
减：变动成本	1 450
边际贡献	1 550
减：可控固定成本	950
可控边际贡献	600
减：不可控固定成本	132
部门边际贡献	468
减：分配的企业共同费用	250
税前部门利润	218

（一）可控边际贡献

可控边际贡献（controllable contribution margin）也称部门经理可控边际，是部门经理在其权责范围内有能力控制，因而应对其负责的全部边际贡献，是最符合“责任利润”概念的指标。可控边际贡献通常是考核利润中心业绩最主要的指标。其计算公式为：

可控边际贡献＝营业收入总额－变动成本总额－部门经理可控的可追溯固定成本
＝边际贡献－部门经理可控的可追溯固定成本

上述公式可看作严格意义上的边际贡献在利润中心业绩评价中的自然延伸，是可控性原则的具体体现。

可控边际贡献指标主要用于评价利润中心（分部）负责人的经营业绩，因而必须就经理人员的可控成本进行评价、考核。为此，必须在各部门追溯性固定成本基础上，进一步将之区分为部门经理可控成本和不可控成本，并就经理人员可控成本进行业绩评价、考核。这是因为有些成本尽管可追溯到部门，却不为部门经理所控制，如广告费、保险费等。部门经理毛益反映的是部门经理对其控制的资源的有效利用程度。

（二）部门边际贡献

部门边际贡献（department contribution margin）又称部门毛利，该指标反映利润中心为整个企业实际做出的贡献，对评价其在企业中所具有的重要性，确定其应有的客观地位具有重要意义。其计算公式为：

部门边际贡献＝营业收入总额－变动成本总额－部门经理可控的可追溯固定成本－部门经理不可控但高层管理部门可控的可追溯固定成本
＝可控边际贡献－部门经理不可控但高层管理部门可控的可追溯固定成本

部门边际贡献指标主要用于对利润中心（分部）的业绩进行评价和考核，因而仅将为分部所控制的可追溯固定成本从边际贡献中扣除，其所反映的是部门为补偿共同性固定成本及提供企业利润所做的贡献。但由于该指标中包含了部门不可控的因素，所以与“责任利润”概念不完全相符，因而只能作为利润中心业绩评价的参考指标。

（三）税前部门利润

税前部门利润（pretax contribution margin）是将部门边际贡献调整到与整个企业税前利润相一致的指标，其意义在于提醒部门经理企业中还有共同成本存在，只有当各个利润中心都产生了足够的边际贡献来弥补这些共同成本时，整个企业才有可能获利。以税前部门利润指标评价利润中心的业绩，能够促使各个利润中心自觉地为实现企业整体目标而努力。其计算公式为：

税前部门利润＝部门边际贡献－分摊的企业共同费用

应该注意的是，以税前部门利润指标评价利润中心的业绩具有其局限性：

其一，企业共同费用的分摊具有主观性，这一分配数会因共同费用的实际发生数的改变而改变，也会因共同费用分配方法的改变而改变。

其二，企业发生的共同费用对于部门管理人员来说往往是不可控的。如果企业管理当局希望各个利润中心的获利能力足以弥补他们自己的费用，包括企业的共同费用，那么，最好建立一个能够补偿企业发生共同费用的部门贡献标准。这样，利润中心的管理人员可以集中精力来提高收入和减少其所能控制的成本支出，而无须关心其不能控制的主观分配的成本。

总之，采用“责任利润”评价利润中心的业绩有两个缺陷：一是利润只是一个概括性的指标，它只能概括地反映该利润中心对企业所做的贡献，但无法直接地让员工了解如何才能提高本部门的业绩；二是利润是一个短期指标，而且容易被操纵，从而导致部门的管理人员注重部门的眼前利润而牺牲企业的长期利益，如不注重员工的培训、不注重质量管理等。

四、投资中心的业绩评价

投资中心业绩的评价和考核除了使用利润指标外，还通常以投资报酬率、剩余收益和经济附加值作为评价和考核其业绩的主要指标。

（一）投资报酬率

投资报酬率（return on investment，简称 ROI）是一个常用的投资中心业绩评价指标。它对外对内都有较高的价值。从外部来说，投资报酬率是股东用来衡量公司是否健康运转的指示器，因为投资报酬率的提高会使公司的股票价格升高。从内部来说，投资报酬率被用来评价各分部的相对业绩。

投资报酬率是投资中心所获得的利润与其经营资产之间的比率，其计算公式为：

$$投资报酬率=\frac{营业利润}{经营资产（或投资额）}\times 100\%$$

上述公式中的营业利润是指扣减利息费用和所得税之前的利润（即息税前利润）。这是因为投资报酬率所要反映的是企业如何有效运用其资产以获得利润。而利息和所得税与资产的使用无关，故需将这两者排除在外。另外，由于营业利润是期间性指标（即利润是在整个预算执行期内获得的），故上述公式分母的“经营资产”应按平均占用额或投资额计算，即采用期初数加期末数之和除以 2。

【例 6-6】 珠海公司下的甲投资中心，报告期年初数全部资产为250 000元，年末数为150 000元。报告期的税后净利润为37 500元，发生的利息费用为8 000元。假定所得税税率为 25%。根据资料，可计算投资报酬率如下：

$$ROI=\frac{37\ 500\div(1-25\%)+8\ 000}{(250\ 000+150\ 000)\div 2}=29\%$$

从上述公式可以看出，有两种方法可以提高投资报酬率：增加收入或减少成本（增加分子），或者减少投资（减少分母）。

根据杜邦利润分析的方法，投资报酬率还可按其构成因素分解为如下的计算公式：

$$\begin{aligned}投资报酬率&=\frac{销售收入}{经营资产}\times\frac{营业利润}{销售收入}\times 100\%\\&=经营资产周转率\times 销售利润率\end{aligned}$$

从上述公式中我们还可以了解到，有两个基本方法可以提高企业的投资报酬率：提高经营资产周转率或提高销售利润率。

【例 6-7】 珠海公司下的乙投资中心报告期的有关资料如下：

销售收入	300 000 元
营业利润（税前）	36 000 元
经营资产（期初）	140 000 元
经营资产（期末）	160 000 元

假定报告期没有发生利息费用。

该投资中心的投资报酬率可计算如下：

$$ROI=\frac{300\ 000}{(140\ 000+160\ 000)\div 2}\times\frac{36\ 000}{300\ 000}=2\times 12\%=24\%$$

从上述投资报酬率的计算过程可以看出，提高投资报酬率的途径不外乎以下三条：

(1) 扩大销售量。若该投资中心计划期的销售可增加 20%，营业利润可由原来的36 000元增加 30%，其他因素不变。则该投资中心的投资报酬率可计算如下：

$$ROI=\frac{300\ 000\times(1+20\%)}{(140\ 000+160\ 000)\div 2}\times\frac{36\ 000\times(1+30\%)}{300\ 000\times(1+20\%)}=2.4\times 13\%=31.2\%$$

上述计算结果表明，销售收入增加 20%，使该投资中心的资产周转率由原来的 2 次提高到 2.4 次；销售利润率由原来的 12%提高到 13%，从而使投资报酬率由原来的 24%提高到 31.2%。

(2) 降低成本。若该投资中心计划期将降低成本 6 000 元，其他因素不变。则该投资中心的投资报酬率可计算如下：

$$ROI=\frac{300\ 000}{(140\ 000+160\ 000)\ \div 2}\times\frac{(36\ 000+6\ 000)}{300\ 000}=2\times 14\%=28\%$$

上述计算结果表明，由于成本降低 6 000 元，使投资中心的销售利润率由原来的 12%提高到 14%，从而使投资报酬率从原来的 24%提高到 28%。

（3）减少营业资产。若该投资中心的经营资产的平均余额从原来的150 000元降为120 000元，其他因素不变。则该投资中心的投资报酬率可计算如下：

$$ROI=\frac{300\ 000}{120\ 000}\times\frac{36\ 000}{300\ 000}=2.5\times 12\%=30\%$$

上述计算结果表明，由于营业资产的平均余额从原来的150 000元降为120 000元，使该投资中心的资产周转率由原来的 2 次提高到 2.5 次，从而使投资报酬率从原来的 24%提高到 30%。

投资报酬率是全面评价投资中心各项经营活动的综合性质量指标。它既能揭示投资中心的销售利润水平，又能反映资产的使用效果。利用投资报酬率指标不仅能够使不同经营规模的责任中心的业绩具有可比性，从而对各利润中心的业绩做出客观公正的评价和考核，而且为企业合理调整资金布局和进行新的投资提供了决策依据。

然而，使用投资报酬率评价投资中心也有其局限性。首先，由于投资报酬率重视投资中心短期业绩，因而容易导致投资中心短期行为的发生，也就是投资中心管理者常常以牺牲长远发展为代价来获取短期利益。投资中心的管理者为了提高投资报酬率，常常通过直接削减可选择的成本来达到节约费用的目的，如解雇较高工资的雇员，故意延迟雇员的提升和员工的培训等。虽然这些举措在短期内提高了利润和投资报酬率，但由于这些措施可能会挫伤员工的积极性，这反过来又有可能降低生产率，降低顾客满意度，因而它们有着长远的不利影响，也导致将来的投资报酬率的下降。其次，它不利于投资中心开发新项目。由于项目开发初期的投资报酬率相对较低，尽管会提高公司整体的利润率，但可能会降低投资中心的投资报酬率。因此，投资中心往往会拒绝开发投资报酬率较低的项目。

【例 6-8】　景江公司下的一个投资中心，目前拥有资产5 000万元，所产生的经营利润为 750 万元，投资报酬率为 15%。假定该投资中心的资金成本为 10%，该投资中心有机会再投资一个新项目，投资所需的支出为1 000万元，预计可得经营利润 130 万元，则该项目的投资报酬率为 13%。

如果投资这个项目，该投资中心的投资报酬率将降为：

$$投资报酬率=(750+130)\div(5\ 000+1\ 000)\times 100\%=14.67\%$$

尽管新项目产生的投资报酬率高于资金成本，但由于该投资降低了部门的投资报酬率，投资中心的管理者显然不会进行此项投资。由此可见，尽管有许多项目是有利于公司整体发展的，且是有利可图的，但由于其投资报酬率低于投资中心目前的投资报酬率，造成投资中心管理人员放弃了许多有利可图的投资机会，从而导致投资中心的局部目标偏离企业的整体目标。为了弥补投资报酬率的这一缺陷，对投资中心还应考核剩余收益指标。

（二）剩余收益

除了以投资报酬率指标考核投资中心外，对于一些整个企业集团的利益，例如，为占领某一地区的市场或为扩大企业在某一地区的影响而设立的投资中心，由于环境较差或竞争较激烈，投资报酬率可能较低，因而如果与其他投资中心一样用统一的投资报酬率来考核其业绩，就可能会掩盖某些投资中心的实际业绩，就不尽合理。对于这样的投资中心，可用剩余收益指标来考核。

剩余收益（residual income，简称 RI）是指投资中心的营业利润，减去其经营资产按规定的最低报酬率计算的投资报酬后的余额。这里规定的最低报酬率一般是指各投资中心的平均报酬率或企业预期的报酬率。这一指标的含义是只要投资收益超过平均或期望的报酬额，对企业和投资中心都是有利的。剩余收益的计算公式为：

剩余收益＝营业利润－(经营资产×规定的最低报酬率)

应该指出的是，上述公式中从投资中心营业利润中所扣除的并非是其实际的资本成本，而是机会成本。

为了说明剩余收益指标的优点，我们再次使用例 6－8 中的投资中心的数据，比较该投资中心投资新项目前后的剩余收益（见表 6－5）。

表 6－5　　剩余收益算表　　单位：万元

项目	投资前	投资后
投入资本	5 000	6 000
营业利润	750	880
按 10%资本成本计算的期望报酬额	500	600
剩余收益	250	280

从上述的计算可以看出，如果以投资报酬率评价该投资中心业绩的话，这个投资项目可能不会被接受。但如果用剩余收益这个指标来评价该投资中心业绩的话，由于其剩余收益从原来的 250 万元增加到了 280 万元，该投资中心则会接受这个投资方案。

以剩余收益来评价和考核投资中心的业绩，有两个优点：一是可以消除利用投资报酬率进行业绩评价所产生的缺陷，促使管理当局重视对投资中心业绩绝对金额的评价；二是可以鼓励投资中心乐于接受比较有利的投资，使部门目标和企业整体目标趋于一致。

但剩余收益指标也有其缺点：首先，与投资报酬率一样，以剩余收益指标评价业绩也会导致短期行为的发生。其次，剩余收益是一个绝对数指标，使用该指标很难直接比较各个责任中心的业绩。

【例 6－9】　A 和 B 为某公司下的两个投资中心，其规定的最低报酬率为 8%。A 和 B 的有关指标如表 6－6 所示。

表 6－6　　A、B 投资中心资料表　　单位：万元

	A 投资中心	B 投资中心
平均经营资产	1 500 000	250 000
营业利润	150 000	30 000
必要报酬	120 000	20 000
剩余收益	30 000	10 000

从表面上看，A 投资中心的经营业绩比 B 投资中心的好，因为它的剩余收益是 B 投资中心的 3 倍。然而，我们再仔细观察一下就会发现，A 投资中心使用了 6 倍于 B 投资中心的资产才产生了这些收益。显然，B 投资中心的经营效率更高。

（三）经济附加值

为了避免以投资报酬率和剩余收益指标评价业绩所产生的短期行为，一个较好的方法就是使用经济附加值指标。

经济附加值（economic value added，简称 EVA）是一种特殊形式的剩余收益，它是税后利润减去全年资金使用的总成本的差额。其计算公式为：

$$经济附加值=税后利润-(加权平均资本成本\times资金总额)$$

如果 EVA 是正数，表示该公司是盈利的；如果 EVA 是负数，则表示该公司的资金正在减少。从长期看，只有不断地创造资本或财富的公司才能生存。可口可乐、通用电气和英特尔等公司就是 20 世纪 90 年代 EVA 不断增加的公司。以 EVA 指标评价投资中心的经营业绩，能够激励管理者使用现有的和新增的资金去获得更大的利润。EVA 指标的重要特征就在于它强调税后利润和资金的实际成本。

使用经济附加值指标的关键是如何计算资金成本。一般来说，计算资金成本需要下列两个步骤：一是确定资金的加权平均成本；二是确定资金总额。

1. 确定资金的加权平均成本

为了计算资金的加权平均成本，首先必须明确各种投资资金的来源。典型的资金来源是负债和权益资本。负债的资金通常有一个规定的利率，由于利息成本是免税的，因而，这个利率可以根据相关的所得税税率进行调整。比如，公司借入 10 年期的年利率为 8%的长期借款，所得税税率为 25%，那么，这笔借款的税后成本就是 6% [8%×（1－25%）]。而权益资本是投资者不投资于该项目而转投与其风险类似的其他项目的机会成本，股东成本无须做税后调整。最后，根据每种融资方式占总融资的比例与它的资金成本率，就可以计算出资金的加权平均成本。其计算公式为：

$$资金的加权平均成本=\sum(某种融资在总融资中所占的比例\times该项融资的资金成本)$$

2. 确定资金总额

计算资金使用成本所需的第二个数据就是资金总额。一般来说，资金总额不仅包括购买厂房建筑物、机器设备和土地使用权等投资的资金数额，而且还应包括一些预期可能会有一个长期回报的其他支出，如研究开发费用、雇员培训费等（实际上它们本身也是投资）。

【例 6-10】 顺达汽车公司去年的税后利润为2 500 000万元。该公司有三个融资来源：300 万元年利率为 8%的长期借款；400 万元年利率为 9%的企业债券；1 300万元的普通股，普通股的资金成本是 10%。顺达汽车公司的资金总额是2 000万元，所得税税率为 25%。计算该公司的 EVA，并对其业绩进行评价。

顺达汽车公司的资金加权平均成本计算如表 6-7 所示。

表 6－7　　顺达汽车公司资金加权平均成本计算表

	金额（元）	百分比	×	税后成本	加权成本
长期借款	3 000 000	15%		6%	0.009
企业债券	4 000 000	20%		6.75%	0.013 5
普通股	13 000 000	65%		10%	0.065
合计	20 000 000				0.087 5

由于顺达汽车公司的资金总额为2 000万元，资金成本为 175(2 000×8.75%) 万元，则顺达汽车公司的 EVA 可计算如下：

税后利润	2 500 000
减：资金的加权平均成本	1 750 000
EVA	750 000

由计算结果可以看出，EVA 为正数，表明顺达汽车公司在扣除资金成本后仍有盈利，该公司正在创造财富。

现在，越来越多的公司都已发现使用 EVA 有助于鼓励它们的分部以一种正确的方式经营，即不能只注重营业利润。在许多公司，由于投资决策的责任往往是由公司管理当局来承担的，结果是资金成本被认为是一项公司费用，投资对于分部来说好像是免费的，因此，分部希望投资越多越好。为此，必须计量公司各分部资产的 EVA。

第四节　非财务业绩计量

一、非财务业绩计量的特点

随着知识经济时代的到来，企业所处的经营环境竞争越来越激烈，一个公司调动和开发利用无形资产的能力已比投资并管理有形资产更具有决定性意义。在这种情况下，原有的企业财务业绩评价系统已显不足，人们开始研究探索新的业绩评价系统。不少非财务性的业绩评价指标，如市场占有率、产品与服务的品质、生产率、企业与顾客的关系、市场价值、品牌价值、新产品的开发能力、员工的培训等开始受到关注，并在企业经营业绩的评价中扮演着重要的角色。

非财务指标业绩评价具有如下特点。

（一）能用于适时评价

非财务评价是过程评价而非事后评价。因而管理人员能够及时、连续地对所有控制的项目进行跟踪监视，使产生的问题能够及时解决。

（二）能用于整体评价

一些非财务评价方法都是立足于企业整体角度的，强调企业的整体利益。

(三) 能用于未来评价

非财务评价是企业经营的全过程评价，尤其把革新过程引入到评价中，包括了未来的价值创造，是全面价值创造的长波而不仅仅是现有价值创造的短波。

(四) 能用于战略评价

非财务评价主要反映的是那些关系企业长远发展的关键因素，因而与企业的战略规划密切相关，非财务评价指标的进步可以直接导致企业战略上的成功。

(五) 能用于责任评价

非财务评价一般较为具体，可直接划分责任归属，以进行有效的控制。

此外，非财务指标与财务指标相比，往往更容易量化和理解，因此，员工能更容易受到激励去实现业绩目标。

二、非财务业绩指标的主要内容

非财务业绩指标主要用于对企业经营过程、企业与外部利益相关者的关系以及智力资本投入的评价。

(一) 对企业经营过程的评价

1. 产品品质

品质是个多层面的因素，它不仅指处于产品制造阶段合乎企业的制造标准所表现出来的品质，还包括购进的材料合乎用料要求而表现出来的品质，以及顾客购买后，合乎其使用要求而表现出来的品质。产品品质是企业生存的支柱，对它的评价应包括以下内容：

(1) 对购进原材料质量的评价。可分别按材料类别和厂家计算残次品率，便于对材料或供货厂家进行质量方面的评价。

(2) 对生产过程质量的评价。对生产过程中的质量评价，评价指标有：残次品率、返工率、合格品率等。

(3) 对产成品质量的评价。对产成品质量的最终评价也就是顾客满意程度，可从要求索赔的顾客数量和顾客投诉情况等方面进行判别。

2. 周期

周期也叫生产流程周期，是完成一种产品或一项服务，或完成产品或服务的某一部分所花费的时间。它是衡量生产或服务的效率与效益的综合指标。生产产品或提供服务的周期越短，意味着完成产品或服务（无次品）越迅速。生产产品或提供服务的周期越长，意味着完成产品或服务（无次品）所需的时间越长，消耗的成本也就越大。短的生产周期是顾客所看重的一个产品或服务特性。当然缩短周期需要流畅高效的生产过程和高质量，同时要求有更大的灵活性，能对顾客需求做出更为快速的反应。

企业计量重要生产步骤的周期和整个生产过程的周期的一个有效方法是使用条形码。将条形码贴在一个元件或一件产品上，在每一道工序结束时对其进行读取。读取条码的时间差，就是每道工序的生产时间，周期就是通过计量每一道工序的生产时间而确定的。条形码还能有效追踪原材料和产品的库存、计划和发货情况。

表 6－8 为企业常用的周期报告。

表 6－8　　周期报告

加工步骤	实际周期*（小时）	标准周期（小时）	差异（小时）	解释
材料加工	2.1	2.5	－0.4	
电路板组装	44.7	28.8	＋15.9	低质量返工原材料导致返工
电源组装	59.6	36.2	＋23.4	工程变动要求重新组装所有电源
产品组装	14.6	14.7	－0.1	
功能和环境测试	53.3	32.0	＋21.3	测试过程中软件错误要求重新测试

* 生产周期中每一步骤平均所需时间。

从表 6－8 的周期报告可以看出，该公司 5 个生产步骤中只有 2 个步骤达到了周期的目标，另外 3 个步骤中实际周期与标准周期有差异。进一步对差异产生的原因进行分析，结果表明，低质量材料和低水平设计导致了过量返工和重新测试，结果导致实际周期大大超出标准周期。

3. 生产率

生产率是用产出除以投入的一种量度。产出一定时，所需投入越少，组织的生产率就越高。其中，投入产出的计量指标必须根据管理控制问题进行恰当确定。劳动密集型（尤其是服务业）企业关心的是提高劳动生产率，所以以人工为基础的指标比较合适。高度自动化企业关注机器使用和资本投资的生产率，所以以资本为基础的指标（如机器可用时间百分比），可能对他们来说是最重要的。制造企业通常比较关注原材料使用效率，所以原材料产出率（原材料产出对原材料投入的比率）可能是有效的生产率指标。所有生产率指标都应以管理当局想要控制的资源的量度作为分母（投入），以使用资源的目标结果的量度作为分子（产出）。

表 6－9 列示了 10 种可能的生产率指标。企业应该根据管理当局关心的资源种类，选择采用相关的生产率指标。

表 6－9　　生产率指标

资源	可能的产出（分子）	可能的投入（分母）
人工	合格品准许标准直接人工小时	实际使用的直接人工小时
	销售收入	员工人数
	销售收入	直接人工成本
	服务电话	员工人数
	顾客订单	员工人数
原材料	产出重量	投入重量
	合格品数量	产出总数量
设备生产能力	使用时间（如小时数）	可用时间
	可用时间	时间（如每天 24 小时）
	合格品期望机器小时	实际机器小时

选择生产率指标时可能会面临这样的问题，即尽管提高了某一业绩计量指标，但却损害了其他方面的业绩。例如，机器长时间运转可能会提高机器生产率，但会引起存货过量。或者，短期内较高的劳动生产率往往伴随较高的次品率。

这种情况下，仅仅采用一个生产率计量指标是不可能导致业绩全面改善的，为此很多企业将重点首先放在质量与服务的控制上，然后再采用生产率指标来监测改善这些作业活动所带来的实际好处。

4. 售后服务

售后服务已成为竞争对手之间非价格竞争的主要手段。良好的售后服务可使客户产生安全感和可靠感，从而有利于企业巩固和扩大现有市场。

完整的售后服务至少包括以下内容：

（1）物理产品，指在为顾客提供服务的过程中需要交接的那些有形产品。

（2）核心服务，指服务的提供者所定义的最基本的服务部分。

（3）辅助服务，指试图让服务更具有吸引力的额外服务部分。

（4）服务传递，表示实际服务提供的方式、途径和过程。

（5）服务环境，表示服务场所的物理环境，包括地址、大小、装饰、氛围等。

有调查表明，顾客关心的售后服务质量包括以下几方面：

（1）紧急问题处理的及时性。

（2）维修的彻底性。

（3）备件备品的可靠性。

（4）维修人员的技术水平、维修人员对待顾客的态度，等等。

所以，对售后服务的评价可用服务反应周期、服务成本、服务一次成功的比率等指标来衡量。

5. 交货效率

企业能否对客户的订货按期及时发货，反映了企业的可信赖程度。如果企业不能按时发货，可能使企业失去这笔交易，且更重要的是很可能使企业的声誉受到影响，这将使企业以后的交易受挫。

对交货效率的评价可用及时发货率（企业总发货次数中及时发货所占的百分比）来表示，也可用交易循环时间（从订单签订到将货物交给客户所需要的时间）来表示。

6. 应变能力

企业对市场的变化应有足够的敏感性和很强的应变能力，只有迅速适应市场才不至于处处被动。

对企业应变能力的评价可从生产调整准备时间这一角度进行。所谓生产调整准备时间，指的是企业由一批产品生产改成另一批产品生产时，需要调整机器设备来组织生产所花费的时间。生产调整准备时间越短，表明企业的应变能力越强。

（二）对企业与外部利益相关者关系的评价

1. 顾客满意度

顾客就是上帝，企业生产的产品需不断地满足顾客日益变化的需求，不仅在质量上，而且在花色品种等方面。顾客因欲望和要求而产生期望，满足顾客的期望会导致满足感，超越顾客的期望还可带来更强烈的顾客忠诚。评价顾客满意度就是要确定企业产品或服务是否满足了以及在多大程度上满足了顾客的欲望和要求。顾客满意度的评价指标因企业与行业不同而有所不同，以产品制造业为例，主要包括产品的质量、设计、数量、时间、价格、服务、品位等方面。获取顾客满意程度的信息资料可采用深入访谈、焦点小组访谈、邮寄调查、电话访问等方式。

2. 市场份额

市场份额反映了企业在现实情况下及未来一段时间的竞争力，是企业实力的最有力的表现，通常用产品市场占有率表示。市场占有率是指企业某主导产品的产销量占整个行业同种产品产销量的比例。

3. 留住客户率

企业要保持一定的市场份额，关键是要留住客户。这从一个侧面反映了客户的满意度。企业留住客户率是指继续与本企业保持交易关系的已有客户占整个客户的比重。

4. 赢得客户率

企业为了扩大自己的市场份额，在留住老客户的同时，必须要争取新客户。能否获得新客户反映了企业挖掘潜在市场、扩大市场占有率的能力，也从侧面反映了企业在公众心目中的声誉。争取新客户的工作既可用新顾客的数量来评价，也可通过统计向这些新客户销售的产品总额来评价。

5. 从客户处获得的利润

企业不仅要评价同客户做成的交易量，也要评价这种交易是否有利可图。能否长期获利成为决定保留或排除客户的关键点。有些新客户就目前看来无利可图，但若有增长潜力，仍是很重要的，所以要对客户进行细分。

6. 政府支持

企业要搞好，除了增强市场竞争力外，离不开政府的支持。所以能否争取政府的政策支持，这一点也很重要。

（三）对智力资本投入的评价

1. 研究开发与创新能力

研究开发与创新能力是指企业在生产和改进现有产品时，开发和创造适应市场需要的新产品的能力。企业在开发新产品方面付出的代价及所取得的成果，是评价该能力的主要依据。

2. 员工能力

对员工的能力的评价应从员工积极性、员工培训情况及员工劳动生产率几方面着手。

（1）员工积极性。员工积极性是企业深层次的文化内涵。如果企业员工的积极性不高，在企业中没有荣誉感，则整个企业的业绩在一定程度上会受到影响。对它的评价可用员工流动率（月中离职人数对平均雇用人数的比率）来表示。

（2）员工培训情况。科技的进步、追求的提高使得每个人都必须不断地学习，企业的员工同样必须经过必要的技能培训才能操作先进的设备，熟悉先进的工艺流程。对员工培训的评价可根据培训范围、培训周期、培训次数、培训费用所占全部费用的比率等指标来衡量。

（3）员工劳动生产率。员工劳动生产率最能显示出雇员的知识与技能水平，评价时可根据每位雇员给企业所带来的收入、所耗费的成本和时间来综合衡量。

（四）对企业可持续发展能力的评价

经济的表面繁荣和高速增长的背后往往存在许多隐患，如环境恶化、资源短缺或耗竭等，高速经济增长的负面效应甚至可能造成实际上的经济倒退。实现可持续发展是人类唯一正确的选择和必由之路，评价企业业绩时必须考虑这一点。

1. 资源利用情况

企业是否真正实现了从粗放型到集约型转变，是否能充分利用现有生产能力，可以通过设备利用率、机器完好率、原材料利用率、废弃物再生利用率等指标来衡量。

2. 环境保障状况

保护环境、崇尚自然、维护生态平衡，需要企业尽量开发绿色产品、引导绿色消费。对环境保障状况的评价可通过有害物质生成量、污染控制程度等指标来进行。

3. 公益建设

从长远利益考虑，为子孙后代着想，企业应搞一些公益建设和希望工程。对企业参加公益建设的评价可通过参加次数、投入金额等指标来进行。

第五节 平衡记分卡

一、平衡记分卡的产生

在20世纪80年代以前，人们对企业经营业绩的评价具有如下主要特点：

（1）对企业经营业绩的评价基本上是采用单一的、由会计核算资料生成的财务指标体系，而忽视了非财务指标以及无形资产和智力资本对企业未来收益的贡献。

（2）企业经营业绩的评价注重企业内部的管理水平和生产效率，而忽视了企业外在因素，如企业产品的市场份额、竞争对手的财务状况、客户对企业产品或服务的要求、企业的创新能力和纠错能力、员工对其工作的满意程度等。

（3）对企业经营业绩的评价偏重于企业过去和现在的经营成果，而忽视了企业创造未来价值的潜在能力。

由这些特点可见，传统的企业经营业绩评价是与工业经济时代相适应的，因为在这个时代，企业在经营上的成功主要依赖于规模经营所带来的利润；产品的市场需求量大大超过供应量，产品市场主要以卖方市场为主；企业要提高利润水平，实现财务目标，只要通过加强内部管理，提高生产效率就可以达到；物质资本在生产经营活动中占主导地位，“股东至上”成为企业经营者所追求的最高目标。所以，在这个时代，财务指标体系能够较综合、全面、系统地反映企业的经营业绩和竞争状况，符合经营者决策和管理的要求。

但是，自20世纪80年代以后，随着科学技术的发展，人类社会正逐步迈入知识经济时代。随着知识经济时代的到来，企业内部经营条件和外部经营环境都发生了巨大的变化，表现在许多基本产品的需求市场已基本达到饱和，消费者对产品质量的要求不断提高，产品市场已由卖方市场开始变为买方市场；科学技术高速发展，产品更新换代的时间不断缩短，企业要生存、发展，就必须善于预测未来客户的需要，具有较强的产品创新能力；通信技术的迅猛发展和信息渠道的不断拓宽，使企业获取信息的及时性和准确性不断提高，可以根据市场的要求及战略目标对生产经营做出迅速调整；知识资本在企业生产经营中的地位和作用越来越重要，企业要持续而稳定地发展，就必须加大对知识资本的投入和经营，重视为利益相关者服务；企业之间的竞争与合作相统一将成为企业发展的基本模式，因此企业在剧烈的市场竞争中要加强与其他企业的合作与协调，等等。

在这种新的经营条件和环境下，企业要获得持续而稳定的发展，就必须具有战略性的竞争优势。为此，企业必须在制定经营决策时具有战略眼光，不仅要考虑内部资源的改善与整合，更要考虑外部环境的影响与制约，不仅要重视物质资本的经营，更要重视知识资本的经营。这就客观上要求对企业经营业绩的评价不能仅观察企业财务成果的好坏，更应重视影响企业长期而稳定发展的因素。如果继续使用传统的业绩计量方法将无法完整地满足这样的要求，为此，必须建立一套新的、科学的企业经营业绩评价方法。在这样的情况下，平衡记分卡应运而生。

二、平衡记分卡的内容

平衡记分卡（balanced scorecard）由罗伯特·卡普兰（Robert S. Kaplan）和戴维·诺顿（David P. Norton）在 1992 年首先提出，它是通过建立一整套财务与非财务指标体系，将公司的战略转化为具体目标和业绩指标，对企业的经营业绩和竞争状况进行综合、全面、系统的评价的一种业绩评价方法。平衡记分卡的指标体系中，对影响企业成功的一些关键性要素进行了协调和平衡，包括外部股东满意程度与客户满意程度之间的协调和平衡；内部经营过程、激励机制、员工学习和销售收入增长之间的协调与平衡；企业过去经营业绩评价与未来发展潜力评价之间的协调与平衡；财务评价与非财务评价之间的协调与平衡等。应该说，平衡记分卡为企业业绩评价提供了一个较为全面的框架。

平衡记分卡衡量的内容，从其评价指标体系来看，包括四个方面（见图 6－2）。

（一）财务方面

财务方面的指标，主要包括盈利能力指标、产权利润率、现金流量等，当然，也可以根据企业的具体要求，设置更加具体的指标，如经济增加值、净资产收益率、投资报酬率、销售利润率、应收账款周转率、存货周转率、成本降低率等。平衡记分卡运用财务业绩指标对企业经营业绩进行的评价，与传统的企业财务业绩评价有着较大的不同。主要表现在，平衡记分卡要求根据企业所处发展时期或阶段的不同，相应地选择财务业绩计量指标。例如，当企业处于增长期时，由于企业在提供产品和劳务获得收入方面有着较大的增长潜力，投资规模较大和投资报酬率较低，其财务目标主要是不断提高收入的增长率及目标市场、客户群和区域的销售额，因此处于这个时期的企业应主要采用销售增长率、目标市场收入增长率等财务业绩指标来加以评价。当企业处于保持期时，由于企业为了获得较高的投资回报而需要对有发展前途的投资项目进行投资和再投资，其财务目标主要是投资回报和经济增加值的最大化，因此对处于这一时期的企业应主要采用投资报酬率、经济增

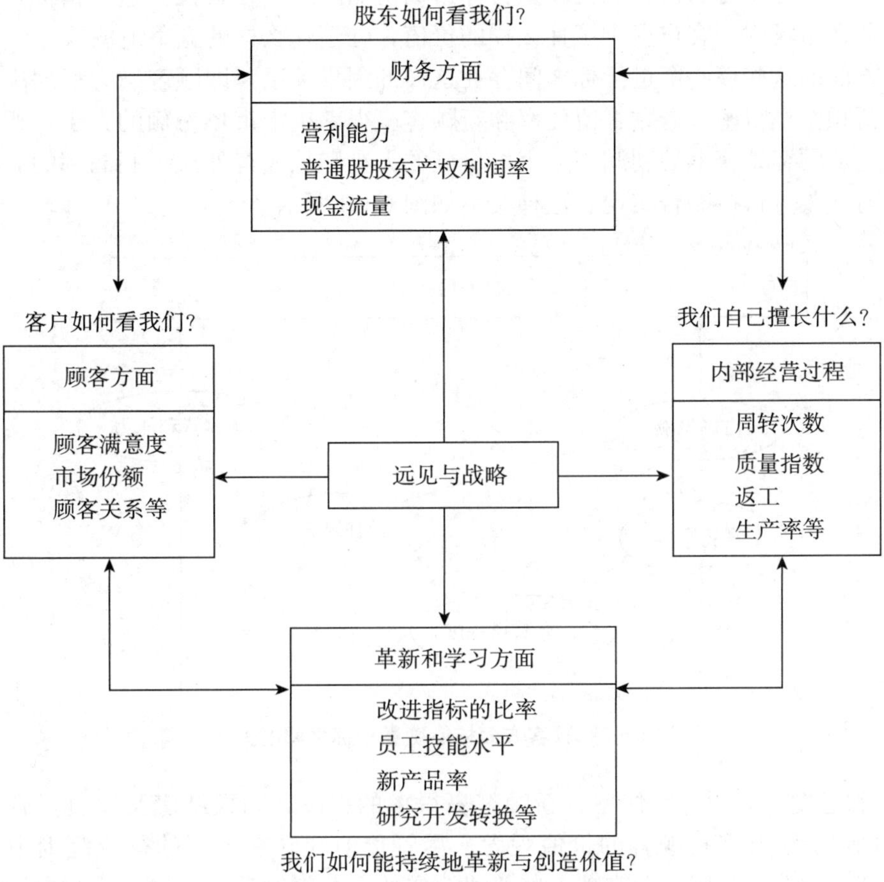

图 6-2 平衡记分卡的主要内容

加值、成本降低率等与营利能力有关的财务业绩指标来加以评价。当企业处于成熟期时，由于企业无须大规模地投资，主要是想办法充分利用现有生产能力以获得前两个阶段投资所产生的利润，其财务目标主要是利润最大化，以及最大限度地收回现金，因此对处于这一时期的企业主要应采用净利润、经营现金流量净额、经营现金流量净额与净利润的比率等财务业绩指标加以评价。总之，在运用财务业绩指标对企业经营业绩进行评价时，平衡记分卡充分考虑了企业在不同发展时期的具体要求，因而更符合企业的实际情况。

在平衡记分卡里，财务指标是一种综合指标，其他三个方面的改善必须要反映在财务指标上。平衡记分卡可以不时提醒管理者：产品质量、客户满意、生产率、生产时间和新产品等方面的改善和提高，必须转化为费用的降低、收入和利润的增加等财务成果。从这一意义看，财务方面是其他三个方面的出发点和归宿。

（二）顾客方面

顾客方面体现了企业对外界变化的反应。只有了解顾客，不断地满足顾客的需求，产品的价值才能够得以实现，企业才能获得持续增长的经济源泉。企业以顾客为中心开展生产经营活动，必须把顾客方面核心的衡量指标（包括顾客满意度、新顾客赢得率、老顾客留住率、从顾客处获得的营利能力以及目标市场份额等）放在首位。这些指标，可以系统地反映企业在市场中为客户提供了什么样的价值，处于什么样的竞争地位。

顾客方面的这些核心衡量指标之间存在这样的因果关系，即顾客满意程度决定老顾客留住率和新顾客赢得率；老顾客留住率和新顾客赢得率决定市场份额的大小；顾客满意程度可以决定从顾客处获得的利润率；市场份额的大小和从顾客处获得利润率的高低，决定着企业的财务收益目标能否实现。这种关系如图 6－3 所示。

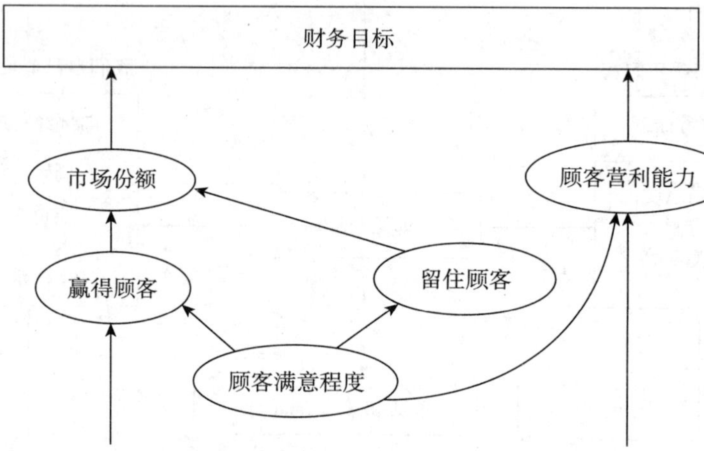

图 6－3　顾客方面核心衡量指标之间的关系

顾客满意度、老顾客留住率、新顾客赢得率的提高，归根结底又取决于企业在其目标范围内用以吸引和保持顾客的价值观念。尽管价值观念在不同的行业范围中是不相同的，但在许多制造业和服务业有着一些普遍存在的企业价值观念属性，这些属性可分为三类：产品或服务的特征、形象和信誉以及顾客关系。

（1）产品或服务的特征，指产品或服务在独特性、功能、质量、价格、交货期或提供时间等方面的特点，这些特点可以反映产品或服务给顾客带来的效用。

（2）产品或服务的形象和声誉，则是将顾客吸引到企业的两种抽象因素，企业可通过广告以及产品或服务的质量来确定形象和声誉，并保持顾客对企业的忠诚，这种效果往往高于产品或服务的具体优势产生的效果。

（3）顾客关系，指保持同客户的良好关系，对顾客的要求做出反应，按时或在尽量短的时间内向顾客交货或提供服务，同时察觉到顾客在购买企业产品时的感觉。

顾客方面的独特价值目标与核心衡量指标之间的关系如图 6－4 所示。

（三）内部经营过程

内部经营过程是指企业以顾客需求为起点，投入各种原材料到创造出对顾客有价值的产品或服务的一系列活动，这一系列活动如图 6－5 所示。内部经营过程是企业改善其经营业绩的重点，顾客满意度、股东价值的实现都要从内部过程中获得支持。

从图 6－5 可以看出，企业内部经营过程可以按内部价值链的顺序划分为三个过程：创新过程、经营过程、售后服务过程。

（1）创新过程。在内部经营过程的价值链中，创新过程是创造价值的一个漫长过程，

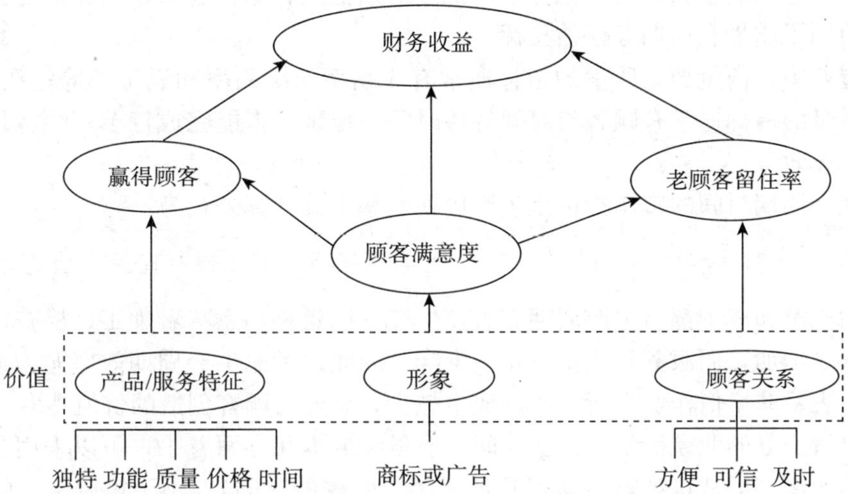

图 6-4 顾客方面的独特价值目标与核心衡量指标之间的关系

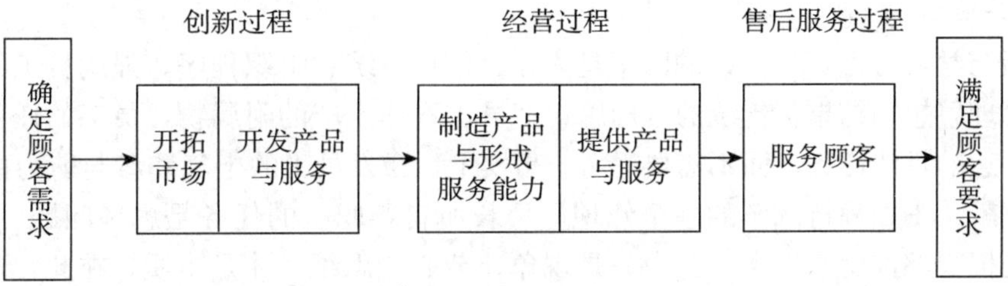

图 6-5 内部经营过程

创新表现为企业开拓和培育新的市场、新的顾客，开发新的产品或服务。创新是提高竞争优势的源泉，企业只有不断创新，才能保持持续不断的旺盛的生命力。

(2) 经营过程。经营过程是指把现有的产品或服务生产出来并支付给顾客的过程。相比之下，经营过程是企业创造价值的一个短过程。这一过程始于企业收到顾客订单，终结于向顾客发售产品或提供服务。这一过程强调对现有客户及时、有效、连续地提供产品或服务。

(3) 售后服务过程。售后服务是内部价值链的最后一个阶段，该阶段包括产品质量保证、修理、退货和换货、支付手段的管理。

内部经营过程方面的业绩评价指标应本着满足顾客需要的原则来判定，必须围绕着影响企业运行效率的产品质量、成本和服务与速度等主要因素展开。具体内容包括：

(1) 产品设计开发可以采用以下指标衡量：新产品销售额占总销售额的比重、专利产品销售额占总销售额的比重、开发新产品所用的时间、开发费用占营业利润的比重、第一次设计出的产品中可全面满足顾客要求的产品所占的比重、在投产前对设计进行修改的次数和开发下一代新产品的时间，以及从开始研制某新产品投放市场并开始盈利所需的时间等。

(2) 生产制造过程的业绩衡量一向为企业管理者所重视。但传统的业绩评价片面强调财务成果，而忽略质量和时间指标。平衡记分卡则把三者综合起来，在原来财务指标的基础上同时使用了质量和周期等评估指标。

在制造业中，衡量加工质量的指标通常有成品率、次品率和返工率等；在服务业中，衡量服务质量的指标通常有顾客长时间等待时间、拖延、未能完成订单、顾客目标值没有达到、沟通无效等。

衡量生产周期时间的常用指标是生产周期效率，其计算公式为：

生产周期效率＝加工时间÷(加工时间＋搬运时间＋储存时间＋检查时间)

产品的质量和成本都与生产周期有关，生产周期延长，意味着加工、检查、搬运和存储的成本随之增加，而服务和质量也相应下降。因此，考虑生产周期效率尤为重要，这一指标越高，表示非增值作业上所花时间成本越少，企业为顾客创造的价值越多。

（3）售后服务的业绩衡量可以从时间、质量和成本几方面着手，可以采用公司对产品故障反应的速度（即从接到顾客请求到最终解决问题的时间）、用于售后服务的人力和物力成本、售后服务一次成功的比例、客户付款的时间等指标衡量。

（四）革新与学习方面

在革新与学习方面，最关键的因素是人才、信息系统和组织程序。强调员工的能力是以人为本的管理思想的结果。传统的管理思想把员工看作生产的附属物，员工的任务只是完成上级经理下达的具体任务，而不需要思考。事实上，激发员工的士气和参与能力能为企业做出更大的贡献。正如福特汽车的一个修理厂厂长所言：职工的任务是思考问题、确保质量，而不单纯是把零部件生产出来。劳力只是现象，劳心（思维）才是本质。在此，职工被看成问题的解决者。职工为了适应新的挑战，必须通过不断的自身学习和组织学习，提高业务素质，成为一名复合型人才。企业管理当局也必须加强对员工的技能培训，改善企业内部的信息传导机制，激发员工的积极性，提高员工的满意度，促进企业的学习与成长。

革新与学习业绩指标主要包括三个方面：

（1）评价员工能力的指标，如员工满意程度、员工保持率、员工工作效率、员工培训次数、员工知识水平等。

（2）评价企业信息能力的指标，如信息覆盖率、信息系统反映的时间、接触信息系统的途径、当前可能取得的信息与期望所需要的信息的比例等。

（3）评价激励、授权与协作的指标，如员工所提建议的数量、所采纳建议的数量、个人和部门之间的协作程度等。平衡记分卡运用这些指标，就能够对企业的长期发展能力或创造未来价值的能力加以系统评价。

需要强调的是，平衡记分卡的四个方面并不是相互独立的，而是根据企业的总体战略，由一系列因果链贯穿起来的一个整体，展示了业绩和业绩动因之间的关系。这种关系如图 6－6 所示。

上述关系表明，员工技能提高，可以保证产品或服务的质量，有助于降低成本和缩短生产周期，从而保证产品准时交货，准时交货有助于保持现有的顾客，同时也有助于开拓新市场，由此增加销售，最终实现股东价值最大化目标。从平衡记分卡的各项业绩衡量指标的因果关系也可看出：非财务业绩指标是因，财务业绩指标是果。

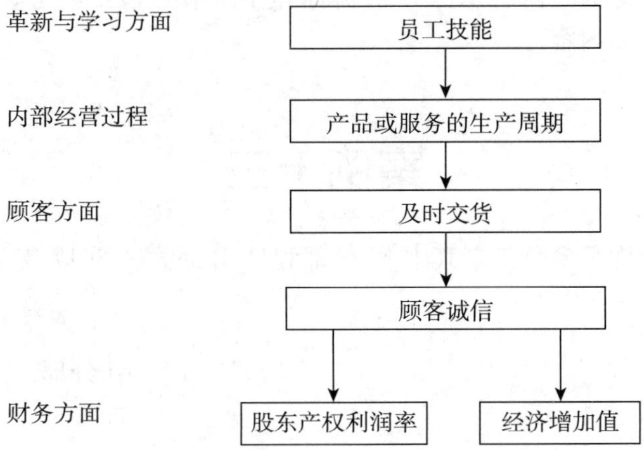

图 6-6　平衡记分卡四个方面之间的因果关系

本章要点

1. 企业实施分权管理有利于企业做出正确的决策，有利于提高企业的应变能力，有利于高层管理者关注重点问题，有利于提高企业的竞争能力以及有利于激励基层管理人员。

2. 进行责任会计核算必须具备一定的基础和条件，包括明确规定权责范围、正确编制责任预算、制定业绩考核标准、制定内部转移价格、建立健全信息系统和制定合理而有效的奖惩制度等。

3. 责任中心根据其控制区域和权责范围的大小，一般可分为成本中心、收入中心、利润中心和投资中心四种类型。其中，利润中心有自然形成的利润中心和人为划分的利润中心两种形式。

4. 在制定内部转移价格时，一般有三种方法可供选择：以市场价格为基础的转移价格、以成本为基础的转移价格和协商决定的转移价格。

5. 制定内部转移价格应遵循一致性、激励性、自主性原则。

6. 成本中心对其业绩进行评价和考核的重点是责任成本，业绩考核指标主要包括目标成本降低额和目标成本降低率。

7. 收入中心对其业绩评价以营业收入的实现为主，业绩评价指标包括营业收入目标完成百分比、营业货款回收平均天数和坏账发生率等。

8. 利润中心业绩评价的主要指标是“责任利润”，主要的评价指标包括可控边际贡献、部门边际贡献和税前部门利润等。

9. 投资中心业绩的评价和考核除了使用利润指标外，还通常以投资报酬率、剩余收益和经济附加值作为评价和考核其业绩的主要指标。

10. 非财务业绩指标主要用于对企业经营过程、企业与外部利益相关者的关系以及智力资本投入的评价。

11. 平衡记分卡衡量的内容从其评价指标体系来看，包括财务、顾客、内部经营过程、革新与学习四方面内容。

案例十三

富城公司内部分为很多分部，其中M分部和A分部截至2017年12月31日止的部分资料如下：

	M分部 百万元	A分部 百万元
截至2017年12月31日止年度净利润	8.4	11.2
固定资产账面净值——2017年1月1日	40.0	64.0
固定资产购置——2017年1月2日	9.0	—
固定资产购置——2017年12月30日	—	13.6
截至2017年12月31日止累计折旧	(8.0)	(12.4)
固定资产账面净值——2017年12月31日	41.0	65.2
净流动资产	23.0	20.4
运用资产总额——2017年12月31日	64.0	85.6

公司年中并未出售任何固定资产，折旧的计提按使用中的资产为基础计算。公司的资本成本率是12%。

M分部和A分部截至2018年12月31日止年度的预算净资产与利润与前一年度末的数字相同。此外，2018年年初，公司将有一项新的投资项目，M分部和A分部均可选择是否进行。该项投资将为净资产带来5 000万元的增幅以及为公司在可预见的将来带来每年700万元的净利润。

要求：

（1）以“使用中的资产”为基础，计算M分部和A分部的下列指标：

1）截至2017年12月31日止年度的投资报酬率（ROI）。

2）截至2017年12月31日止年度的剩余收益（RI）。

（2）简单评论M分部和A分部2017年度的业绩表现。

（3）讨论M分部和A分部会否希望于2018年投资上述新项目。请提供数据支持你的论点。

案例十四

IEC公司由两个部门组成：CBD部门及CD部门，每一个部门都以独立的利润中心的形式运作。CBD生产两种不同的电子零部件：高素质超级板以及一种较旧的产品普通板。

这两种产品具有如下成本特征：

	超级板	普通板
原材料：	4 元	2 元
人工：每小时 28 元	（2 小时）56 元	（0.5 小时）14 元
	60 元	16 元

CBD 的年度间接费用全都是固定的，总额是800 000元，其生产能力则定于每年100 000小时。一直以来，只有一个顾客每年最多订购 30 000 块每块 120 元的超级板。CBD 的剩余生产能力则安排给了普通板。普通板的售价每块是 24 元，其需求是无限的。

CD 只生产控制器一种产品，而这控制器需要一块复杂的电路板，进口价为 120 元。控制器的成本如下：

原材料：	
进口电路板	120 元
其他零部件	16 元
人工：5 小时，每小时 20 元	100 元
	236 元

CD 只有一些小型的装配设备，全部的间接费用固定在每年160 000元。控制器的现行市价为每个 280 元。一个联合项目显示只需做少量的修改，超级板可以代替现时 CD 进口的电路板。修改需要 CD 职员额外 1 小时的人工，即每个控制器共需 6 小时的人工。因此，CD 要求 CBD 提供一个 CBD 内部销售超级板的转移价格。

要求：

（1）如果 CD 预计每年销售10 000个控制器，计算如果要维持 CBD 现时的年利润水平，每块超级板的最低转移价格是多少？请解释你的答案。

（2）如果控制器的需求上升至每年24 000个，而售价维持在每个 280 元，计算公司应该内部制造多少块超级板。有多少（如有）控制器需要应用超级板制造？请引述内部转移价格来说明你的答案。

（3）对于 IEC 面对的情况，说明公司需要考虑的其他因素。

案例十五

A 有限公司和 B 有限公司均为同一集团属下的子公司。A 生产某一品牌的产品，售价每桶（25 升）40 元。A 的销售量等于从 B 转移过来的数量。

A 的产品的每桶直接成本如下：

从 B 转移过来的原材料：转移价格是 25 升 18 元。

从集团以外的供货商取得的其他材料和服务：成本 6 元。

A 的固定成本每月 80 000 元，其中包括负责加工的工人成本。假如 A 的生产水平维持在现水平两倍以内，这项成本（包括加工工人成本）也不会改变。

市场研究指出，如果A的产品售价下调20%，其销售量可增加80%。

B的产品是一些比较基本的材料，可用作很多产品的原材料。B的产品中，1/3售于A，其余2/3售于集团以外的客户。

B每月最高能生产100万升，但由于市场的竞争非常激烈，B预计截至2004年6月30日止，每月的销售量不会超过750 000升。

B的变动成本是每1 000升400元，固定成本每月120 000元。

根据集团的现行政策，集团按市场价格厘定其子公司之间的转移价格（如果能获得此信息），这也正是A和B之间转移价格的计算基础。

要求：

（1）计算在下列的情况下A和B的月度利润状况：

1）如果A的销售维持在现水平。

2）如果A的销售达至市场研究所预测的较高水平（即价格下调20%）。

（2）解释在上述1）、2）的情况中，使用市价作为转移价格对A造成的两难局面。

（3）作为集团的总会计师，简单解释要得出一个解决上述局面的方案时需考虑的因素。

（4）指出你会建议的转移价格。请提供支持性的计算。

习题

一、单项选择题

1. 一个责任中心如果只着重考核其所发生的成本或费用而不考核收入，这一类责任中心称为（　　）。

A. 利润中心　　B. 成本中心

C. 收入中心　　D. 投资中心

2. 成本中心的业绩评价以（　　）为重点，其目的是提高成本中心控制的有效性。

A. 不可控成本　　B. 可控成本

C. 变现成本　　D. 沉没成本

3. 在责权利三者关系中，“权”是（　　）。

A. 核心　　B. 前提条件

C. 激励因素　　D. 基本条件

4. （　　）不是制定内部转移价格所应遵循的原则。

A. 一致性原则　　B. 可控性原则

C. 激励性原则　　D. 自主性原则

5. 产品或劳务处于完全的市场竞争条件下，并有客观的市价可供采用，各责任中心之间转让的产品或劳务应（　　）。

A. 以市场价格为基础确定转移价格

B. 以完全成本为基础确定转移价格

C. 协商确定转移价格

D. 以变动成本为基础确定转移价格

6. 利润中心业绩评价的主要指标是（　　）。

A. 可控成本　　B. 责任利润

C. 投资报酬率　　D. 剩余收益

7. （　　）是最符合“责任利润”概念的指标。

A. 税后利润　　B. 可控边际贡献

C. 经济附加值　　D. 投资报酬率

8. （　　）是全面评价投资中心各项经营活动的综合性质量指标。

A. 经济附加值　　B. 剩余收益

C. 投资报酬率　　D. 税后利润

9. 以（　　）指标评价投资中心的经营业绩，能够激励管理者使用现有的和新增的资金去获得更大的利润。

A. 投资报酬率　　B. 剩余收益

C. 经济附加值　　D. 边际贡献

10. （　　）是财务目标的收入部分的来源。

A. 财务视角　　B. 顾客视角

C. 内部流程视角　　D. 学习与成长视角

二、多项选择题

1. 分权管理的主要优点有（　　）。

A. 有利于企业做出正确的决策

B. 有利于提高企业的应变能力

C. 有利于提高企业的竞争能力

D. 有利于激励基层管理人员

2. 责任中心根据其控制区域和权责范围的大小，一般可分为（　　）。

A. 成本中心　　B. 收入中心

C. 利润中心　　D. 投资中心

3. 与财务报告相比，责任报告的特征主要表现在（　　）等方面。

A. 报告对象　　B. 报告内容

C. 报告时间　　D. 报告形式

4. 建立责任会计制度应遵循的原则有（　　）。

A. 一致性原则　　B. 可控性原则

C. 重要性原则　　D. 反馈性原则

5. 制定内部转移价格的主要作用是（　　）。

A. 有助于经济责任的合理落实

B. 为业绩的评价和考核提供客观、公正和可比的基础

C. 保证各责任中心与整个企业经营目标的一致性

D. 有助于进行成本控制

6. 成本中心责任成本的核算制度与传统的产品成本的核算制度相比有很大的不同，其主要区别表现在（　　）。

A. 成本核算的对象不同　　B. 成本核算的原则不同

C. 成本核算的内容不同　　D. 成本核算的目的不同

7. 收入中心的业绩评价指标主要包括（　　）。

A. 营业收入目标完成百分比　　B. 营业货款回收平均天数

C. 可控边际贡献　　D. 坏账发生率

8. 责任利润有多种含义或多种选择，其主要的评价指标包括（　　）。

A. 可控边际贡献　　B. 部门边际贡献

C. 税前部门利润　　D. 税后利润

9. 投资中心业绩的评价和考核除了使用利润指标外，还通常使用（　　）等指标。

A. 投资报酬率　　B. 剩余收益

C. 经济附加值　　D. 边际贡献

10. 平衡记分卡从（　　）等方面来考察企业的业绩。

A. 财务视角　　B. 顾客视角

C. 内部流程视角　　D. 学习与成长视角

三、判断题

1. 一个部门或责任中心是否为利润中心，关键的因素是是否有独立的经营决策权。（　）

2. 一个成本中心的不可控成本，往往也是另一个成本中心的不可控成本。（　）

3. 制定内部转移价格是建立责任会计制度后所必须配套的一种机制。（　）

4. 建立"人为"利润中心的主要目的是明确划分经济责任，正确评价各责任中心的业绩。（　）

5. 对于无外部市场的中间产品来说，协商确定的转移价格不失为一种行之有效的和必要的内部转移价格。（　）

6. 分清产品成本与责任成本的区别，是责任中心核算的一个基本前提。（　）

7. 在对成本中心考核时，如果预算产量与实际产量不一致，应先按弹性预算的方法调整预算指标，然后再进行考核。（　）

8. 凡是可追溯到部门的成本，均为部门经理的可控成本。（　）

9. 某项投资的投资报酬率低于投资中心目前的投资报酬率，就应该放弃该项投资。（　）

10. 平衡记分卡将公司的憧憬和战略转变成连贯的一系列绩效衡量方法。（　）

四、业务分析题

1. 某公司有甲、乙两个投资中心。甲投资中心的年最大生产量为100 000件，生产的甲产品既可作为乙投资中心的原材料，也可以直接在市场上出售，目前市场价格是每件40元。乙投资中心每年需要甲产品40 000件，可以从甲投资中心或市场购入。其他资料如下：

乙投资中心生产乙产品的市场单价	100元
单位变动成本：	
甲投资中心	30元
乙投资中心	60元
固定成本：	
甲投资中心	600 000元
乙投资中心	200 000元

要求：

(1) 该公司应采用何种内部转移价格？

(2) 假设甲投资中心的甲产品最多能对外销售60 000件。在这种情况下，采用何种内部转移价格为宜？

(3) 假设甲投资中心对外销售甲产品，每件需支付0.3元的销售费用，而内部转移不需支付销售费用，乙投资中心从外部市场购买甲产品也不需支付运杂费。在这种情况下，宜采用何种内部转移价格？

2. 某公司下属的电器事业部是投资中心，某年第一季度的有关资料如表6-10所示。

表 6－10　　第一季度的有关资料　　单位：元

摘要	预算数	实际数
销售收入	120 000	150 000
营业利润	9 500	12 700
营业资产	42 000	56 000
长期负债	14 000	15 800

该公司当年第一季度的预期投资报酬率为 14%。

要求：根据上述资料，为该公司电器事业部编制当年第一季度的成果报告，并做出适当的评价。

3. 某公司下属有 A 和 B 两个事业部（投资中心），某年的营业利润和投资额资料如表 6－11 所示。

表 6－11　　营业利润和投资额　　单位：元

	A 事业部	B 事业部
营业利润	55 000	131 250
投资额	250 000	750 000

假如该公司为投资中心规定的最低报酬率为 14%。

要求：

（1）以剩余利润指标来评价 A、B 两个事业部的业绩，你认为哪个事业部更优秀？

（2）以投资报酬率指标来评价 A、B 两个事业部的业绩，你认为哪个事业部更优秀？

（3）结合两个事业部的投资情况，你认为哪个指标的评价结果更为妥当？为什么？

4. 某公司旗下第一分公司某年 6 月的预算数据如下（单位：元）：

流动资产	400 000
非流动资产	600 000
总资产	1 000 000
每月产量	200 000（个）
目标 ROI	30%
固定成本总额	400 000
单位变动成本	4

要求：

（1）计算为达到 30%的目标 ROI 的最小单位售价。

（2）根据要求（1）的计算结果，采用杜邦利润分析的方法分析影响 ROI 的两个因素。

（3）分公司经理的奖金占其剩余收益的 5%，试用要求（1）中的售价计算该经理当年 6 月的奖金。该公司规定的最低报酬率为 12%。

附录一

案例答案

案例一　解答

(1) **答：**

时钟订单的保本价：	元
零部件 A（注 a）	2 000
零部件 B（1 000×6.3）（注 b）	6 300
人工（1 000×0.5×0.5×24）（注 c）	6 000
变动间接成本：组长的加班费（注 d）	—
包装（1 000×1）（注 e）	1 000
固定间接成本：折旧（注 f）	—
维修（注 g）	500
订单的相关成本总额	15 800

（或：每个时钟的成本 15.80 元）

注：

(a) 机会成本是售价的 50%。

(b) 重置成本含 5%的提价。

(c) 基本的人工成本不变，但 500 个工时中的一半将按正常工资的 150%支付（需包括此金额）。

(d) 这个订单并无引起组长的加班费。

(e) 特别的包装乃相关成本。

(f) 不需包括折旧费用，因为此乃不相关的沉没成本，机器的额外使用并不带来损失。

(g) 额外的维修费用乃相关成本，因为如果不接受这个订单，此费用将不会发生。

(2) **答：**

客户提出的时钟订单引发两个问题：应该收取的价钱是多少；公司是否希望接这个订单？

上述（1）的计算显示的保本价为 15 800 元，远低于标准计价 38 000 元。这个保本价的计算中有若干的假设：

（a）如果只余下一半的零部件 A，公司仍能把它出售。否则，4 000 元便变成机会成本。

（b）假设了这项工作所需的工时中的一半可于正常的工作时段中完成，没有任何影响。再者，也假设了员工可加班 250 小时。此外，还需查看在这时段内是否有其他活动进行，不进行这些活动会否引致一些成本的发生（例如培训或维修）。

（c）组长的加班时间也有诸如上所述的问题。

（d）很难确保不会引起额外的固定成本，如加班会否增加电力费用或保安人员的额外成本。

（e）假设机器停机时间的减少不会出现问题，例如缺乏维修导致日后生产量的降低。

（3）**答：**

按 15 800 元接受此订单肯定是不明智的，因为在计算报价时必会出现一些不能准确量化的成本。然而，公司可收取的价钱的范围也很广（即 15 800 元～51 300 元），最重要的是得悉客户愿意支付的价钱。如果客户认为他是购买一些麦斯不需要的存货，那么客户的出价一定很低。但是，如果这个订单对客户来说是很重要的，那么客户便愿意支付一个较高的价钱。麦斯也需知道市场上的供应商有否提供类似的产品。如果取得这些资料，麦斯对于价格的制定便更有信心了。

另一情况是如果这客户是麦斯的长期重要客户，取得此订单可提高商誉，有利于未来的生意，取得这订单也可能是取得长期新客户的第一步。按较低的价格出售这批时钟也可能为公司将来带来一些盈利较高的订单。

麦斯也需考虑希望从这个订单中赚得的利润数额。如果不需理会公司的战略性目标，这类订单应能赚得一个接近正常利润率的数字。在此情况下，并考虑了上述的各项因素，成本约为 20 元，按 30%的利润加成计算，最后定价为 26 元，而不是之前的 50 元。如果不受到公司战略的影响和限制，在可能的情况下麦斯也应收取较高的价格。但如果订单对公司有长期的影响，公司可能接受任何的价钱（甚至低于 15.8 元）。

案例二　解答

（1）**答：**

特别订单成本：	元
另聘工人的成本	62 600
组长费用（7 000－5 000）	2 000
一般制造费用	2 000
机器维修费用	1 000
机器制造费用（36 000＋2 000×4）	44 000
材料（7 500×8.40）	63 000
利息费用（40 000×0.18×3/12）	1 800
	176 400

（2）**答：**

中小企业是一些没有上市的公司，其拥有权一般也只限于数个个体户，但规模又比那些只为聘用其业主而设的小型公司（个体户）大。中小企业面对的主要问题之一是由于经营风险大，很难吸引投资者或贷款人投入资金。

（a）不确定性：

业绩纪录：中小企业可能缺乏持续盈利的业绩支持，或中小企业可能缺乏拥有相关管理经验的业主经营。中小企业可能没有与能够为其提供融资的银行建立任何长远关系。

缺乏公开信息：中小企业可能申请豁免呈报公开会计信息如利润表，市场上关于它们的业务信息的报导也很少甚至没有。

缺乏已审计报表：很多地区也未有要求中小企业的账目需经法定的独立审计。

缺乏会计职能：中小企业内部可能没有一位具有专业会计资格的董事或员工，也就是说提供给潜在投资者或贷款人的账目或业务计划书的可靠性存疑，可能含有一些不符合规定的会计处理方法。中小企业缺乏会计职能使贷款人难以取得用作监察其投资的信息。

评估方法：由于缺乏可靠信息，银行与其他潜在贷款人只能使用一些简单和既有的方法（例如信贷评级）来决定是否借贷。

（b）可以作为抵押品的资产：

有形固定资产：如果中小企业能提供抵押品，贷款人的风险将会减低。然而，中小企业特别是信息科技行业的，拥有的有形固定资产是有限的，大部分没有贷款人最希望的抵押品，即土地或楼宇。

个人担保：银行和其他贷款人可能要求公司董事提供个人担保。然而，董事可能已把剩余的资源投入公司，主要可作抵押的不动产可能已尽额做了按揭。

（c）潜在的融资来源：

权益：业主、家庭成员和朋友的权益投资可能是中小企业初始融资的重要来源，外部融资的机会不大。然而，公司在设立以后一般也需要额外的资金扩展业务、投资新的固定资产和增加营运资金。调查显示，业主在公司开业后所投入的资金一般也低于其他的资金来源。

银行透支：透支是中小企业常用的融资方法，但银行所收取的费用颇高，而中小企业也需经常准备一些银行要求的资料。再者，假如银行对公司的前景不乐观，可随时要求公司还款。

银行贷款：银行一般只会就长期的项目或资产提供贷款，并设下还款时间表，公司一旦毁约便会没收资产。

贸易信贷：向供货商延长信贷期是中小企业取得短期融资的方法。然而，正如失去提早还款折扣一样，供货商如果怀疑公司的还款能力，便会即时收回信贷额度。因为失去了良好的信誉，中小企业很难再从别的供货商获得信贷。

风险资金：风险资金公司一般只对创业公司和特定的扩展项目感兴趣，对于为日常营运资金融资的兴趣不大。风险资金公司对目标公司现时或以后的规模也有一定要求，中小企业可能不符合要求。此外，风险资金公司为保护其投资一般也要求参与公司的决策和运作，而中小企业的业主在这方面可能比较抗拒。

“企业天使”融资：企业天使是指那些富有而又直接投资于中小企业的个人，但所投资的资金有限，又没有一个规范的市场。

案例三　解答

（1）答：

	8月	9月
期初存货量（千克）	10 000	22 000
加：产量	34 000	26 000
减：销量	(22 000)	(36 000)
期末存货量（千克）	22 000	12 000

	8月		9月	
销售收入（元）		1 100 000		1 800 000
销售成本（元）：				
期初存货成本	450 000		990 000	
加：本期生产成本				
变动生产成本	1 020 000		780 000	
固定制造费用*	510 000*		390 000*	
减：期末存货成本	(990 000)		(540 000)	
多/少分配的固定制造费用*	(60 000)*	930 000	60 000*	1 680 000
利润（元）		170 000		120 000

注：两个*相加应等于450 000元。

每月产品成本＝材料、人工、变动制造费用＋固定制造费用
＝30＋450 000/30 000
＝30＋15＝45(元/千克)

（2）答：

该产品经理采用变动成本法。这种方法是把固定制造费用作为期间费用处理，而不包括在存货成本计价中。以下是该产品经理基于变动成本法所作的预期利润：

	8月	9月
贡献毛益总额（元）	(20×22 000)440 000	(20×36 000)720 000
减：固定制造费用（元）	(450 000)	(450 000)
利润（元）	(10 000)	270 000

以上两者的差别在于对固定制造费用的处理。8月份的存货水平增加了12 000千克，

使期末存货多吸收了固定制造费用 180 000（12 000×15）元。9 月份的存货水平下降了 10 000千克，使期初存货多释放了固定制造费用 150 000（10 000×15）元。如果把两个月结合起来看，固定制造费用的变动为 330 000（180 000+150 000）元，这反映了完全成本法下 50 000 元的实际利润减少和变动成本法下产品经理预期的 280 000 元利润增长之间的差别。

（3）**答：**

过低或过高的固定制造费用的分摊反映了实际与预期固定制造费用之间的差异，也就是预计存货水平的改变。起因可能是有计划的或是意外的。差异的资料对管理人员是很重要的，因其指出预算与实际差异的所在，从而把问题扭转过来。

差异报告是很有必要的，在预算中的预算固定制造费用差异并无大用，但把财务报表利润和预算利润作比较时，差异便成了解释两者之间差异的重要数据。

这与完全成本法的实用性有关。在案例中我们看到产品经理通常会因销量上升而期望利润亦会增加，不过这情况不一定会出现。这是由于使用吸收成本法所计算的利润是随着产量而变动的，并非跟随销售水平。因此，管理层可以改变生产来“制造”利润改善局面，但这实际上只是把问题推延至以后的会计期间。在该案例中以完全成本法来提供资料给市场推广者是不恰当的。

案例四　解答

（1）**答：**

每件产品的贡献毛益为售价减单位变动成本。在这儿，只有原材料是变动的，每件 12 元。人工成本在这个相关的范围内明显是固定的。

单位产品贡献毛益＝36－12＝24（元）

保本量＝固定成本/单位产品贡献毛益

＝（60 000＋50 000＋90 000）/24＝200 000/24＝8 333（件）

安全边际量＝销售量－保本量＝10 000－8 333＝1 667（件）

（2）**答：**

使用新机器的固定成本较高，但单位变动成本则较低。现在的单位变动成本是 6 元，因此单位产品贡献毛益是 30（36－6）元。

保本量＝（60 000＋110 000＋90 000）/30＝260 000/30＝8 667（件）

安全边际量＝10 000－8 667＝1 333（件）

需要考虑两台机器于 10 000 件产量水平的营利能力：

	现有的机器	新的机器
贡献毛益总额	（10 000×24）240 000 元	（10 000×30）300 000 元
减：固定成本	200 000 元	260 000 元
利润	40 000 元	40 000 元

新机器与现有机器产生相同的利润。但是，新机器的保本量较高，导致较低的安全边际量。尽管如此，这些数据并不足以支持租用新机器的决定。两者的比较数字非常接近，可能会有其他原因诱使公司转向使用新机器。在这情况下，如果市场的条件是一样的话，则没有任何强烈的财务原因反对这项改变了。

（3）**答：**

假设产量增加至 14 000 件，固定成本将会因为雇用第三名员工而增加 30 000 元。上述的计算需重新整理。

14 000 件的计算：

	现有的机器	新的机器
贡献毛益总额	（14 000×24）336 000 元	（14 000×30）420 000 元
减：固定成本	230 000 元	290 000 元
利润	106 000 元	130 000 元
保本量	230 000/24＝9 583 件	290 000/30＝9 667 件

虽然固定人工成本在 14 000 件的产量水平下有所增加，但两台机器都能产生比10 000 件水平较高的利润。再者，使用新机器的利润更比现有机器多 24 000 元。新机器的保本量较现有机器轻微高出 84 件，但由于保本量与预测销售量 14 000 件还有很远的距离，故这个差别不是太重要。如果产量约是 14 000 件左右，新机器在只增加很少的风险下便能得到重大的回报。这个分析假设了使用两台机器中的任何一台都不会引起任何其他的成本。

案例五　解答

（1）**答：**

给予连锁商店的每台报价：

	元
原材料	80
直接人工	20
制造费用（20×400%）	80
制造成本	180
行政费用（180×40%）	72
销售佣金和包装成本	48
完全成本	300
5 000 台的每台投标价（300×140%）	420 元
7 000 台的每台投标价（300×130%）	390 元

（2）**答：**

销售给连锁商店：

	5 000 台	7 000 台
	元	元
每台售价	420	390
每台变动成本：		
原材料	(80)	(80)
直接人工	(20)	(20)
销售佣金和包装成本	(48)	(48)
每台贡献毛益	272	242
贡献毛益总额	1 360 000	1 694 000
减：增量成本	(120 000)	(130 000)
增量利润	1 240 000	1 564 000

销售给 Sowa：

	6 000 台
	元
每台售价	500
每台变动成本：	
原材料	(100)
直接人工	(35)
销售佣金和包装成本	(55)
每台贡献毛益	310
贡献毛益总额	1 860 000
减：增量成本	(130 000)
增量利润	1 730 000

按上述计算，Pana 销售 6 000 台给 Sowa 将会带来较高的增量利润。

(3) **答：**

使用所提供的概率可以计算出赚取上述 (2) 中的增量利润的机会。

Pana 从连锁商店赚取 1 240 000 元的概率是 24%(80%×30%)，赚取 1 564 000 元的概率是 56%(80%×70%)。预期利润价值是 1 173 440(1 240 000×24%+1 564 000×56%)元。

Pana 可以从 Sowa 赚取 1 730 000 元的概率是 60%，预期利润价值是 1 038 000(1 730 000×60%)元。

因此，Pana 管理层正面对：选择 Sowa 的高回报但较低取得订单的机会，或者是连锁商店的较中等的回报但较肯定的把握。一个不喜欢风险的经理会选择连锁商店，但这可能会受到公司其他方面业务的整体盈利及风险水平影响。

案例六　解答

（1）答：

	A	B	C	D
	元/千克	元/千克	元/千克	元/千克
售价	50	55	60	60
减：单位变动成本	27	27.5	29.5	33
单位贡献毛益	23	27.5	30.5	27
每千克所使用的工时	(9/3)3	(7.5/3)2.5	(12/3)4	(13.5/3)4.5
每工时的贡献毛益	7.67 元	11 元	7.63 元	6 元
优先次序	第二	第一	第三	第四

可使用的工时应先分配到莎惠有限公司的订单，余下的工时按优先次序及最高需求分配。

	产品	千克	使用的工时	累计使用工时
莎惠有限公司：	A、B、C、D	每款 20 千克(×14)	280	280
优先次序：	B	130(×2.5)	325	605
	A	180(×3)	540	1 145
	C	50(×4)	200	1 345

未来三个月的建议产量：

产品	千克
A	200
B	150
C	70
D	20

未来三个月的利润：

产品	千克	元/千克	贡献毛益 元
A	200	23	4 600
B	150	27.5	4 125
C	70	30.5	2 135
D	20	27	540
贡献毛益总额			11 400
减：固定间接费用（见工作底稿）			6 400
利润			5 000

工作底稿：

每季度的固定间接费用计算：

产品 A：

每小时的固定间接费用＝12/3＝4(元)

预算固定间接费用＝1 600×4＝6 400(元)

注：按四种产品的任何一种计算也可得出每小时 4 元的数字。

(2) **答：**

产品 C 和 D 均可按高于海外供应商的价格出售。因此，在下一季度使用海外供应商便可应付未满足的需求。

	C	D
	元/千克	元/千克
外部供应商的价格	52.5	50
减：内部生产的变动成本	29.5	33
内部生产带来的成本节省	23	17
每千克所使用的工时	4	4.5
内部生产带来的每工时的成本节省	5.75 元	3.78 元

即使不计入产品 D 在污染控制方面所需的额外成本，公司也应选择内部生产产品 C 和向海外供应商购入产品 D。

原来用作生产 20 千克产品 D 的生产力可分配至产品 C（20×4.5＝90 小时）。

未来三个月的修订建议产量：

产品		小时	千克	千克
A	内部生产	600		200
B	内部生产	375		150
C	内部生产	370	92.5	
C	外购		7.5	100
D	外购	——		120
		1 345		570

未来三个月的修订利润：

产品	千克	元/千克	贡献毛益 元
A	200.0	23	4 600.00
B	150.0	27.5	4 125.00
C	92.5	30.5	2 821.25
	7.5	(60－52.5)7.5	56.25
D	120.0	(60－50)10	1 200.00
贡献毛益总额			12 802.50
减：固定间接费用			6 400.00
修订利润			6 402.50

利润上升 1 402.5 元的原因如下：

——外购产品 D，节省了的时间用作生产产品 C。

——由于产品 D 外购，将不会发生额外的固定成本。

——满足了产品 C 和 D 的最高需求。

需考虑的因素如下：

——海外供应商的可靠性。

——供应的素质。

——有没有其他的外购供应商选择。

案例七　解答

（1）**答：**

产成品的生产预算（件数）：

	7月	8月	9月	10月	11月
销量	24 000	39 000	60 000	60 000	25 500
加：期末存货量	7 800	12 000	12 000	5 100	
减：期初存货量	(4 800)	(7 800)	(12 000)	(12 000)	
产量	27 000	43 200	60 000	53 100	

原材料的采购预算（件数）：

	7月	8月	9月	10月
耗用量	27 000	43 200	60 000	53 100
加：期末存货量	4 320	6 000	5 310	
减：期初存货量	(2 700)	(4 320)	(6 000)	
采购量	28 620	44 880	59 310	

（2）**答：**

7月的预算利润

	元	元
销售收入(65×24 000)		1 560 000
销售成本：		
期初存货成本(34×4 800)	163 200	
加：本期生产成本		
变动生产成本(28×27 000)	756 000	
固定制造费用	81 000	
减：期末存货成本(31×7 800)	(241 800)	(758 400)
毛利		801 600
期间费用：		
变动销售费用(5×24 000)		(120 000)
固定销售费用		(66 000)
营业利润		615 600

7月产品成本＝材料、人工、变动制造费用＋固定制造费用

＝28＋81 000/27 000

＝28＋3＝31(元)

（3）**答：**

在完全成本法的计算系统中，间接费用分配率被用作把间接费用分摊于每一产成品上。上述 AST 公司根据每月的生产水平把每月的间接费用分摊到产成品上。由于固定制造费用分摊在变动的产量上，因此每单位的间接费用会随着生产水平而变动。

每月都变动的产品成本对生产和销售人员来说是不正常以及有误导性的。尤其是当这些变动并不是由生产效率变动而产生的，亦与一般市场价格变化无关。

克服这问题的其中一个方法是利用较长的时间基础来计算间接费用分配率，基础可以是季度性的，或是与年度预算一致的。这方法容许生产水平变得平均（在一个营业循环中），以及避免极端的生产成本。这便是所谓的间接费用分配率“正常化”。这表示所计算的间接费用分配率和生产成本会较少变动，因此管理层便能根据这些计算去管理业务。

案例八 解答

（1）**答：**

季度生产量预算是该季度的存货需求数量加上符合存货政策为下季度而持有的季末存货数量减去季初的存货数量得到的。

	季度需求量（瓶）	+	季末存货量（瓶）	−	季初存货量（瓶）	=	季度生产量（瓶）
2018. Q1	60 000		16 000 （64 000×25%）		8 000		68 000
2018. Q2	64 000		7 500 （30 000×25%）		16 000		55 500
2018. Q3	30 000		10 000 （40 000×25%）		7 500		32 500
2018. Q4	40 000		15 000 （60 000×25%）		10 000		45 000
2019. Q1	60 000		16 250 （65 000×25%）		15 000		61 250

混合物 A 和混合物 B 的购入量可按类似的方法计算。

混合物 A，每瓶需要 0.5 千克。

	季度需求量（千克）	+	季末存货量（千克）	−	季初存货量（千克）	=	季度购入量（千克）
2018. Q1	34 000 （68 000×0.5）		13 875 （55 500×50%×0.5）		16 000		31 875
2018. Q2	27 750 （55 500×0.5）		8 125 （32 500×50%×0.5）		13 875		22 000
2018. Q3	16 250 （32 500×0.5）		11 250 （45 000×50%×0.5）		8 125		19 375

2018.Q4	22 500 (45 000×0.5)	15 312 (61 250×50%×0.5)	11 250	26 562

混合物 B，每瓶需要 0.1 千克。

	季度需求量（千克）	+ 季末存货量（千克）	− 季初存货量（千克）	= 季度购入量（千克）
2018.Q1	6 800 (68 000×0.1)	2 775 (55 500×50%×0.1)	3 000	6 575
2018.Q2	5 550 (55 500×0.1)	1 625 (32 500×50%×0.1)	2 775	4 400
2018.Q3	3 250 (32 500×0.1)	2 250 (45 000×50%×0.1)	1 625	3 875
2018.Q4	4 500 (45 000×0.1)	3 062 (61 250×50%×0.1)	2 250	5 312

（2）**答：**

2018 年东湖的季度现金预算

	Q1 元	Q2 元	Q3 元	Q4 元
现金流入：				
上一季度之销售，每瓶 3.20 元	144 000	192 000	204 800	96 000
现金流出：				
购入混合物 A，每千克 1.20 元	(38 250)	(26 400)	(23 250)	(31 874)
购入混合物 B，每千克 9.60 元	(63 120)	(42 240)	(37 200)	(50 995)
人工及其他成本	(80 000)	(80 000)	(80 000)	(80 000)
季度现金净流量	(37 370)	43 360	64 350	(66 869)
季初现金结余	(46 000)	(83 370)	(40 010)	24 340
季末现金结余	(83 370)	(40 010)	24 340	(42 529)

（3）**答：**

东湖的问题，发生于第一季度。现金预算显示一个超出允许的透支额达 23 370 元的结余。可行的方法有多种，但各有不同的后果。

其中一个方法是尝试与银行再度磋商，因为东湖于年末时的透支额低于年初的透支额，而第三季度中也有盈余。另一方法是把部份应付款推迟至下一季度。

薪金的支付不能推迟，但原材料和间接费用则可。所需延迟的数额为 23 370 元。假若这数额全数延迟，则第二季度的透支额将超过 60 000 元，导致第二季度中的部份应付款需推迟至下一季度。供应商可能会要求东湖支付延迟付款的利息。但如果事前没有与供应商达成共悉，可能会影响公司的商誉。

第三个方法是说服客户提早一个季度付款。假若 7 300(23 370/3.2)瓶的销售量的应收账款能在销售当季度收取而不是在下一季度，公司的银行结余将不会超出透支限额。但公司必须向客户提供一个提早付款的折扣，例如发票金额的 2%或 3%。如此一来，客户需提早支付约 7 530 瓶的钱。

实际上，结合上述三个方法的方法将是最佳的方法。

案例九 解答

(1) **答：**

酒店现时采用的列示预算资料的格式没有把成本分辨为固定成本、变动成本或混合成本。

固定成本在某范围内不会受到活动水平（入住率）变动而改变。一般来说，固定成本是不可控制的成本。

变动成本在某范围内会随着活动水平（入住率）的变动而改变。如果分辨出这些成本，管理层应能就任何水平的入住率估计其成本。一般来说，变动成本是可控制的成本。

混合成本包括固定成本和变动成本两部分，所以其中一部分会因活动水平的变动而受到影响。如果能分辨其中的固定和变动成分（分辨其成本行为模式），编制未来的预算资料便容易得多了。高低点法是其中常用的一种分辨混合成本中的固定和变动部分的方法。

(2) **答：**

弹性预算表：入住率 80%。

	元
变动成本：	
房间清洁成本（Wa）	1 450 656
建设及营运成本（Wb）	942 926
娱乐设施成本（Wc）	543 996
固定成本：	
建设及营运成本（Wb）	120 000
器材成本（Wd）	230 000
	3 287 578

工作底稿：

(a) 房间清洁成本：

	总成本	入住率
	元	%
高	1 489 200	85
低	963 600	55
	525 600	30

单位变动成本＝525 600÷30＝17 520(元)

总成本(55%)＝固定成本＋变动成本(55%)

963 600＝固定成本＋17 520×55

固定成本＝0

因此，房间清洁成本完全是变动成本。

80%入住率的房间清洁成本＝17 520×80×1.035＝1 450 656(元)

(b) 建设及营运成本：

	总成本	入住率
	元	%
高	1 067 980	85
低	726 340	55
	341 640	30

单位变动成本＝341 640÷30＝11 388(元)

总成本(55%)＝固定成本＋变动成本(55%)

726 340＝固定成本＋11 388×55

固定成本＝726 340－626 340＝100 000(元)

因此，建设及营运成本是混合成本。

80%入住率的建设及营运成本如下：

	元
变动部分（11 388×80×1.035）	942 926
固定部分（100 000＋20 000）	120 000
	1 062 926

(c) 娱乐设施成本：

	总成本	入住率
	元	%
高	558 450	85
低	361 350	55
	197 100	30

单位变动成本＝197 100÷30＝6 570(元)

总成本(55%)＝固定成本＋变动成本(55%)

361 350＝固定成本＋6 570×55

固定成本＝0

因此，娱乐设施成本完全是变动成本。

80%入住率的娱乐设施成本＝6 570×80×1.035＝543 996(元)

(d) 器材成本：

55%、75%和85%的入住率水平，器材成本均为200 000元。

因此，器材成本是固定成本。

80%入住率的器材成本＝200 000＋30 000＝230 000(元)

(3) 答：

较高的入住率可能引起以下的问题：

——员工招聘：可能需要额外招聘员工。

——为新入职员工提供培训。

——要求员工于日常社交时间（例如周末）上班。

——非住客使用酒店设施可能使酒店住客不悦。

——收费需具竞争力，否则酒店的计划可能亏本。

案例十　解答

（1）**答：**

首先，计算每加仑的共同成本：

	元
原材料	300 000
人工及其他材料	296 000
共同成本	596 000
产量（10 000－2 000）	8 000 加仑
每加仑共同成本	74.50 元

	A	B	C	D	总计
产量（加仑）	2 000	2 500	2 500	1 000	8 000
	元	元	元	元	元
销售额	300 000	865 000	690 000	100 000	1 955 000
减：共同成本	149 000	186 250	186 250	74 500	596 000
再投入成本	251 000	298 750	223 750	—	773 500
利润/（亏损）	(100 000)	380 000	280 000	25 500	585 500

产品 A 出现亏损 100 000 元，是共同成本的分摊方法所致。产品 A 的产量是总产量的 25%，但只占总销售额的 15%（相对产品 B，产量是总产量的 31.25%，但占总销售额的 44%）。产品 A 的再加工投入成本是每加仑 125.50(251 000/2 000)元，但售价只是 150 元，表示产品 A 只可承担共同成本中的一小部分。

（2）**答：**

产品	最终销售价值	再投入成本	分摊基础
	元	元	元
A	300 000	251 000	49 000
B	865 000	298 750	566 250
C	690 000	223 750	466 250
D	100 000	—	100 000
			1 181 500

共同成本的重新分摊：

产品	分摊比率	共同成本 元
A	49 000/1 181 500×596 000	24 718
B	566 250/1 181 500×596 000	285 641
C	466 250/1 181 500×596 000	235 197
D	100 000/1 181 500×596 000	50 444
		596 000

	A 元	B 元	C 元	D 元	总计 元
销售额	300 000	865 000	690 000	100 000	1 955 000
减：共同成本	24 718	285 641	235 197	50 444	596 000
再投入成本	251 000	298 750	223 750	—	773 500
利润	24 282	280 609	231 053	49 556	585 500

在这个方法下，每一类产品都有利润，而整体利润维持不变。

（3）**答：**

比较再加工带来的额外收入与相关的额外成本来决定是否进行加工。

	A	B	C
产量（加仑）	2 000	2 500	2 500
再加工带来的额外售价	50 元	146 元	126 元
额外收入总额	100 000	365 000	315 000
减：额外成本总额	(251 000)	(298 750)	(223 750)
额外利润（亏损）	(151 000)	66 250	91 250

公司应在再加工前把产品 A 出售，利润将增加 151 000 元。产品 B 和 C 应继续进行加工。

（4）**答：**

副产品是在与主要产品（联产品）生产过程中同一时间和同一程序中生产出来的产品，主要的特征是：与主要产品比较，副产品的销售价值相对较低。

与联产品不同，副产品不是一个很重要的销售产品，所得的收入对公司来说是一个“花红”。假设产品 D 是一个副产品，表示公司发生的共同成本只会分摊至产品 A、B 和 C，而不会被分摊至产品 D。

案例十一　解答

（1）**答：**

（a）传统成本系统的计价：

	订单 5001 元	订单 5002 元
原材料	2 000	2 000

人工	1 600	1 600
间接费用（400%）	6 400	6 400
总成本	10 000	10 000
利润加成（成本的 25%）	2 500	2 500
订单价格	12 500	12 500

（b）按作业成本法计算的成本动因率：

间接费用	成本（元）	÷ 成本动因（数量之和）	＝ 成本动因率
铸模机器设置成本	240 000	1 250	每次开动 192 元
出具发票成本	80 000	800	每次出具发票 100 元
包装成本	60 000	1 000 000	每组套件 0.06 元
特别零部件成本	120 000	750	每件零部件 160 元
一般成本	500 000	250 000 元	每 1 元人工的一般成本为 2 元

作业成本法的计价：

		订单 5001		订单 5002
铸模机器开动次数		10 000/400＝25(次)		10 000/2 000＝5(次)
		元		元
原材料		2 000		2 000
人工		1 600		1 600
铸模机器设置成本	(25×192)	4 800	(5×192)	960
出具发票成本	(20×100)	2 000	(10×100)	1 000
包装成本	(10 000×3×0.06)	1 800		—
特别零部件成本	(25×3×160)	12 000	(5×1×160)	800
一般成本	(1 600×2)	3 200	(1 600×2)	3 200
总成本		27 400		9 560
利润加成（成本的 25%）		6 850		2 390
订单价格		34 250		11 950

（2）**答：**

使用传统的成本系统，这两个订单的订价是相同的，这是由于两个订单有着一样的人工和原材料成本数字。这是一个简单的成本方法，计算容易和便宜。但其危险之处是没有考虑到不同订单中的不同程度的复杂性。作业成本法则尝试量化复杂性和各种生产程序的影响，但当使用作业成本法的数据时需加倍小心。作业成本并非短期的变动成本，在此例子中，如果再加额外 1 000 件的订单 5001 铸模的成本并非 2 740 元。事实上，作业成本是一个对耗用的资源的长期估计。作业成本法的支持者认为这种成本是对一般业务的最佳计价指引。

在这案例中，可以清楚地看到订单的复杂性和每次开动机器只能处理较少数量的金属模使订单 5001 的作业成本大幅地增加，较传统的成本计算方法高逾 2.5 倍。订单 5002 的作业成本与传统成本相约，显示这可能是一个“平均”的订单。除非是有非常特别的理由，否则公司的总经理将希望提高订单 5001 的价格。如果不能取得高于 27 400 元的价格，放弃这个订单也非坏事。总经理也可能在亏本的情况下愿意接受这订单，但他必须清楚原因，并争取或留住客户，或维持已建立的商誉。

如果没有办法取得高价，总经理应考虑如何降低高昂的成本，例如特别零部件的成本和每次开动机器的成本。如果每次开动机器能处理 1 000 件产品的次数将降至 10 次，这两项成本便可节省 10 080[(25－10)×192＋(25－10)×3×160]元。

案例十二　解答

（1）答：

直接材料价格差异＝36 480－7×4 800＝2 880(元)(超支)

直接材料用量差异＝7×(4 840－965×5)＝105(元)(超支)

直接人工工资率差异＝(9.2－9)×4 000＝800(元)(超支)

直接人工效率差异＝9×(4 000－965×4)＝1 260(元)(超支)

变动制造费用支出差异＝11 900－3×4 000＝－100(元)(节约)

变动制造费用数量差异＝3×(4 000－965×4)＝420(元)(超支)

固定制造费用预算差异＝19 800－1 000×20＝－200(元)(节约)

固定制造费用产量差异＝5×(1 000×4－965×4)＝700(元)(超支)

（2）答：

直接材料用量差异（超支）的可能发生原因：

——原材料 L 的损坏。

——原材料 L 的过分浪费。

——原材料 L 被盗窃。

——较严谨的品质控制。

——把原材料 L 分配至各产品时出现错误。

直接人工工资率差异（超支）的可能发生原因：

——人工工资率上升。

——使用较高级的工人。

（3）答：

固定制造费用数量（产量）差异即实际与预算的活动水平的差异乘以单位标准固定制造费用分配率（吸收率）。

(a) 意义：

该差异向管理人员显示活动的水平是高于或低于预计的水平。一个节约（有利）的差异表示实际生产的较预期的多；超支（不利）的差异表示实际生产的较预期的少。

(b) 对管理人员的用处：

单独来看，数量差异对管理人员的用处有限，因为引起数量差异的原因有很多：

——活动水平的期望不真实。

——实际生产效率高于或低于预期效率。

——耗用的资源多于或少于预期的能力。

即使管理人员肯定一个节约的产量差异是基于较高的生产效率，但如果增产并未带来较大的销售，问题也会发生。

(4) **答：**

各种差异之间的相互关系，即一个差异的起因可以完全或部分由另一个差异的起因所解释。例如，一个超支材料价格差异可能是由于购入了较标准质量高的材料所致，高质的材料可减低浪费或较易处理，可引起一个节约的材料用量差异或节约人工效率差异。

一个节约的材料价格差异可能是由于购入标准质量以下的材料所致，这可能会引致超支的材料用量及人工效率差异。因此，采购经理的行动对生产经理的表现有直接的影响。如果管理会计师要正确地演绎个人的表现，他需时刻小心这种相互的关系。

案例十三 解答

(1) **答：**

“使用中的资产”基础要求就接近年末时所购置的资产或年初时已出售的资产做出调整，即年中未真正使用的资产。在这案例中表示为A分部于2017年12月30日购置的固定资产。

因此，运用资产总额的基础为：

M分部	64百万元
A分部	72(85.6－13.6)百万元

	M分部	A分部
ROI	8.4/64＝13.125％	11.2/72＝15.56％
RI	8.4－64×12％＝0.72(百万元)	11.2－72×12％＝2.56(百万元)

(2) **答：**

M分部和A分部两者的ROI均为正数并高于公司的资本成本率。根据这个标准，A分部的业绩表现较M分部好（A分部的ROI高出18.5％）。RI显示的情况也差不多，两个分部的RI也是正数，而A分部的数字也高出很多（A分部的RI是M分部的3.5倍）。这些数字显示两个分部都是盈利的，而且利润足以抵消投资于每个分部的资本成本。然而，M分部的利润并不高，利润降低0.72百万元（或8.6％）便会使M分部降至保本水平。相反，A分部的利润需降低22.9％才会使其降至保本水平。总体来说，两个分部的表现都令人满意，其中A分部的表现更佳。

(3) **答：**

截至2018年12月31日的数字将跟前一年度相同，但需包括新投资项目的数字。

	M分部	A分部
ROI	(8.4＋7)/(64＋50)＝13.5％	(11.2＋7)/(85.6＋50)＝13.4％
RI	15.4－114×12％＝1.72(百万元)	18.2－135.6×12％＝1.93(百万元)

如果以ROI作为评估各分部表现的主要工具，M分部将欣然接受这项新投资项目。但A分部将拒绝，因为此项目将其ROI从15.56％降至13.4％的水平。同样地，RI显示出差不多的情况。M分部将欣然接受这项目，因为该项目将其RI提高了1百万元。但是，A分部将拒绝这项目，因为该项目将其RI降低了0.63百万元。

此外，亦需考虑该投资会否增加富城的整体财富。利用年度净利润并假设这利润保持不变便可估计出 IRR 是 14%（7/50）。由于估计的 IRR 高于资本成本率，该项投资应能提高富城的整体财富。上述的分析假设了新投资项目的产品拥有可靠的市场，而现阶段该市场上并没有应对这需求的能力。

案例十四 解答

（1）**答：**

此案例中，所有的固定间接费用由于是无关成本而不被考虑，所提意见将根据产品的贡献毛益而定。

	超级板 元	普通板 元
售价	120	24
减：原材料	(4)	(2)
人工	(56)	(14)
单位贡献毛益	60	8
每小时贡献毛益	30 元/小时	16 元/小时
产量	30 000 块	80 000 块
生产小时	60 000 小时	40 000 小时

CBD 应该选择制造超级板多于普通板，因为超级板提供一个较高的每小时贡献毛益。在这个部门的现时情况中，工时是一个限制因素。如果 CBD 想取代进口电路板，就要减少普通板的制造，而额外制造超级板的转移价格必须可以弥补 CBD 损失的贡献毛益。也就是说，转移价格必须是支出成本加上任何被取代的工作的机会成本。

建议的转移价格如下：

	元
原材料	4
人工：2 小时，每小时 28 元	56
机会成本：2 小时，每小时 16 元	32
	92

任何超过 92 元的转移价格将会增加 CBD 的总利润。

（2）**答：**

CD 现时支付进口电路板的价格是 120 元，使用超级板会使 CD 增加 20 元的人工成本。因此，对于超级板，管理层最高只愿意支付 100 元。一个介于 92 元至 100 元的价格会同时满足两个部门。

以最低 92 元的转移价格，CBD 最多可以制造 20 000 块超级板。如果超过 20 000 块（即 40 000 工时），CBD 将被迫减少生产及销售超级板给外面的客户。由于超级板的外销提供每小时 30 元的贡献毛益，所以 CBD 将会要求一个最低 120 元的转移价格（原材料 4 元＋人工 56 元＋机会成本 2×30 元）。CD 将不愿意支付这个转移价格并会进口电路板以填补其余所需。以下数字显示如果转移价格是 120 元，CD 的利润会较原来的情况低。

		原控制器		改良控制器
		元		元
售价		280		280
减：电路板	（进口电路板）	(120)	（超级板）	(120)
其他零部件		(16)		(16)
人工	（5 小时）	(100)	（6 小时）	(120)
单位贡献毛益		44		24

CBD 的最低合理收费应该为 96.67[(20000×92＋4000×120)/24000]元，一个介于 96.67 元至 100 元的价格会同时满足两个部门。

（3）**答：**

IEC 公司需要考虑的其他因素如下：

——跨部门业务的素质与供应的控制。

——使用两个不同的供应来源所带来的潜在问题。

——进口电路板因较低订购数量而引致的任何价格变动。

——需要扣除 CBD 生产能力约束因素的所需时间。

——超级板与控制器的长远潜力。

——部门加强合作的空间。

案例十五 解答

（1）**答：**转移价格等于市价，即 B 的对外销售的价格是每 25 升 18 元，或每千升 720 元。

1）A 的销售维持于现有水平：

A 的销售量等于从 B 转移过来的数量。

内部转移量＝B 产量的 1/3

＝1/3×750 000＝250 000(升)

＝10 000(桶)

月度利润：

	A	B
	千元	千元
销售额：		
A：10 000 桶×40 元	400	
B：750 千升×720 元/千升		540
减：变动成本：		
A：原材料（10 000 桶×18 元）	180	
A：其他费用（10 000 桶×6 元）	60	
B：变动成本（750 千升×400 元）		300

贡献毛益	160	240
减：固定成本	80	120
利润	80	120

2）A的销售达至市场研究所预测的较高水平：

A的售价将减至32(40×80%)元，销量将增至18 000(10 000×180%)桶。内部转移量将增加200 000[25×(18 000－10 000)]升，仍在B的最大生产能力（一百万升）以内。

月度利润：

	A 千元	B 千元
销售额：		
A：18 000桶×32元	576	
B：950千升×720元/千升		684
减：变动成本：		
A：原材料（18 000桶×18元）	324	
A：其他费用（18 000桶×6元）	108	
B：变动成本（950千升×400元）		380
贡献毛益	144	304
减：固定成本	80	120
利润	64	184

（2）**答：**

使用市价作为转移价格在上述2）的情况中很大可能对A造成两难局面。因为虽然A的销售量上升了80%，但其利润却减少了16 000元。

对于集团来说，如果A提升了产量和销售量，集团整体的利润将上升48 000元。因此集团当然希望A增加产量。但是，A的管理层却感到额外的努力换来的不是嘉许而是利润的减少，导致A与集团的目标不能达成一致。

（3）**答：**

解决上述两难局面时要考虑的因素如下：

——转移价格的推动力：要鼓励追求一致的目标，A必须能从增加产量中获益。但如果把所有额外的利润也归A所有，B的管理层将不愿意增产了。因此，转移价格的方法必须能使每一家公司取得应得的回报。

——每一位管理人员的意见：应咨询每一部门的经理，使集团开发一个参与性高的转移价格制定程序。

——控制：转移价格必须追求控制和推动两个目标。选出的转移价格必须能为集团的管理层提供一些实质的数据并据此评价公司的表现。

——B的固定成本的分摊：B的产量增加了，但固定成本却没有，而A从B购入的数量将接近B产量的一半。因此，B应该就A购入的额外数量给予一个折扣。

——内部转移的成本：内部转移必能带来一些成本的减省，如坏账、信贷管理和包装成本等。B现时并未就这潜在的成本减省同A提供任何优惠，A应能说服B的管理层接受减价建议。

——其他潜在的成本减省：由于增加产量，B的单位变动成本可能降低，因为B可向其供应商取得数量折扣。

（4）**答：**

（3）建议了可尝试说服B接受低于市价的转移价格，至少在额外的数量上提供折扣。如果能使集团的管理层看到B向A就额外数量提供折扣所带来的好处，以便于集团整体的控制。转移价格应能使各方受惠，而实际的额外利益分配需作协商。如果把额外的利润平均分配，也未尝不是一个合理的方法。

	千元
增加产量后的合并利润	248
未增加产量的合并利润	200
待分配的额外利润	48
B应分得的部分（50%）	24
B的增量变动成本（380－300）	80
额外产量要求的收入	104

除以额外产量200 000升得出转移价格即每千升520元。

注：其他合理的转移价格也可接受。

附录二 习题答案

第一章 习题答案

一、单项选择题

1. B	2. C	3. A	4. D	5. C
6. B	7. B	8. C	9. C	10. C

二、多项选择题

1. BCD	2. ABCD	3. ABD	4. AB	5. BCD
6. CD	7. AD	8. ABC	9. ABCD	10. ABCD

三、判断题

1. √	2. ×	3. ×	4. √	5. √
6. ×	7. ×	8. √	9. ×	10. ×

第二章 习题答案

一、单项选择题

1. D	2. A	3. B	4. B	5. D
6. D	7. D	8. B	9. A	10. B

二、多项选择题

1. ABC	2. AB	3. BD	4. ABD	5. BCD
6. ABCD	7. AB	8. ABCD	9. AC	10. BCD

三、判断题

1. √　2. √　3. √　4. ×　5. √
6. √　7. √　8. ×　9. ×　10. √

四、业务分析题

1. **解答：**

（1）从资料可以看出，最高点是 4 月份，其维修机器小时和维修成本分别为 15 000 小时和 27 000 元；最低点是 6 月份，其维修机器小时和维修成本分别为 8 000 小时和 22 000 元。则：

单位变动成本(b)＝(27 000－22 000)/(15 000－8 000) ＝0.714 3(元)

固定成本(a)＝27 000－0.714 3×15 000＝16 286(元)

或：

固定成本(a)＝22 000－0.714 3×8 000＝16 286(元)

维修成本的数学模型为：

$y=16\ 286+0.714\ 3x$

（2）回归直线法数据表如表 1 所示。

表 1　回归直线法数据表

月份	业务量 x（千机器小时）	维修成本 y（千元）	xy	x^2
1	12	26	312	144
2	13	24	312	169
3	11	25	275	121
4	15	27	405	225
5	9	22	198	81
6	8	22	176	64
$n=6$	68	146	1 678	804

$$b=(n\sum xy-\sum x\sum y)/\left[n\sum x^2-\left(\sum x\right)^2\right]$$

$$=(6\times 1\ 678-68\times 146)/(6\times 804-68^2)=0.7(\text{元})$$

$$a=\left(\sum y-b\sum x\right)/n=(146-0.7\times 68)/6=16.4(\text{千元})$$

维修成本的数学模式为：

$y=16\ 400+0.7x$

2. **解答：**

（1）首先，计算出高点的混合成本总额。

由于低点业务量为50 000小时时的变动成本总额为50 000元，则可计算单位变动成本和高点的混合成本总额如下：

单位变动成本(b)＝50 000/50 000＝1(元)

高点混合成本总额＝176 250－1×75 000－60 000＝41 250(元)

其次，利用高低点法进行混合成本的分解。

单位变动成本(b)＝(41 250－32 500)/(75 000－50 000)＝0.35(元)

固定成本总额＝41 250－0.35×75 000＝15 000(元)

或：

固定成本总额＝32 500－0.35×50 000＝15 000(元)

因此，混合成本的数学模式为：

$y=15\ 000+0.35x$

（2）当企业计划期的计划机修小时为80 000小时时，其总成本可计算如下：

产品成本总额＝变动成本总额＋固定成本总额＋混合成本总额

＝80 000×1＋60 000＋(15 000＋0.35×80 000)＝183 000(元)

3. **解答：**

（1）采用完全成本法计算确定企业该年度税前利润为：

10×18 000－[30 000×(5＋120 000/30 000)－12 000×(5＋120 000/30 000)]－60 000

＝－42 000(元)

（2）采用变动成本法计算确定企业该年度的税前利润为：

10×18 000－5×18 000－120 000－60 000＝－90 000(元)

4. **解答：**

（1）损益表如表2所示。

表2　　损益表（变动成本法）(1)　　单位：元

销售收入		600 000
变动成本		320 000
边际贡献		280 000
固定成本：		
固定制造费用	80 000	
固定销售及管理费用	100 000	180 000
税前利润		100 000

（2）变动成本法下的税前利润　　100 000

加：当期已减除的固定制造费用　　80 000

减：按加权平均法应减除的固定制造费用　　　　84 000
完全成本法的利润总额　　　　　　　　　　　　96 000

完全成本法下存货采用加权平均法计价，存货的平均单位成本为 20.2 元，其中固定制造费用为 4.2 元。故在完全成本法下，当期应转作销售成本的固定制造费用为 84 000 (4.2×20 000)元。

5. **解答：**

（1）分别采用变动成本法和完全成本法确定第一年和第二年的税前利润。损益表如表 3 和表 4 所示。

表 3　　损益表（变动成本法）(2)　　单位：元

	第一年		第二年	
销售收入		700 000		800 000
变动成本：				
变动制造费用	420 000		480 000	
变动销售及管理费用	35 000	455 000	40 000	520 000
边际贡献		245 000		280 000
固定成本：				
固定制造费用	150 000		150 000	
固定销售及管理费用	65 000	215 000	65 000	215 000
税前利润		30 000		65 000

表 4　　损益表（完全成本法）　　单位：元

	第一年		第二年	
销售收入		700 000		800 000
销售成本：				
期初存货成本	0		116 470	
本期生产成本	660 000		570 000	
期末存货成本	116 470	543 530	40 714	645 756
销售毛利		156 470		154 244
期间费用		100 000		105 000
税前利润		56 470		49 244

（2）第一年差异原因分析。

由于本期没有期初存货，故差异的产生在于生产量和销售量的不等。此外，由于期末存货大于期初存货，故按完全成本法计算的税前利润大于按变动成本法计算的利润，其差额可验证如下：

150 000/170 000×(170 000－140 000)＝26 470(元)

第二年差异产生的原因分析。

由于各期生产量不相等，各期生产的产品单位成本也不同。本期期初有存货且本期销售量大于生产量，故差异的产生在于期初存货成本在完全成本法下与在变动成本法下不同。由于期末存货小于期初存货，故按完全成本法计算的税前利润小于按变动成本法计算的税前利润，其差额可验证如下：

150 000/140 000×10 000－150 000/170 000×30 000＝－15 756(元)

(3) 采用完全成本法所确定的第一年和第二年利润总额发生差异的原因主要有两个：
第一，由于两年的生产量不相同，故两年生产的产品单位成本不同。
第二，由于两年的销售量不相同，故两年的销售收入不同。

6. **解答：**

(1) 采用高低点法对电费进行分解。当年高点在12月，产量为1 800件，电费支出为7 250元。低点在2月，产量为900件，电费支出为4 250元。

单位变动成本(b)＝(7 250－4 250)/(1 800－900) ＝3.33(元)

固定成本(a)＝7 250－3.33×1 800≈1 250(元)

或：

固定成本(a)＝4 250－3.33×900≈1 250(元)

混合成本的数学模型为：

$y=1\ 250+3.33x$

采用回归直线法对电费进行分解，如表5所示。

表5　回归直线法对电费进行分解

月份	产量（x）	电费（y）	xy	x^2
1	1 200	5 000	6 000 000	1 440 000
2	900	4 250	3 825 000	810 000
3	1 350	5 625	7 593 750	1 822 500
4	1 500	5 625	8 437 500	2 250 000
5	1 200	5 375	6 450 000	1 440 000
6	1 650	6 875	11 343 750	2 722 500
7	1 500	6 150	9 225 000	2 250 000
8	1 500	6 300	9 450 000	2 250 000
9	1 350	5 800	7 830 000	1 822 500
10	1 050	4 875	5 118 750	1 102 500
11	1 800	7 200	12 960 000	3 240 000
12	1 800	7 250	13 050 000	3 240 000
合计	16 800	70 325	101 283 750	24 390 000

$$b=(n\sum xy-\sum x\sum y)/[n\sum x^2-(\sum x)^2]$$
$$=(12\times 101\ 283\ 750-16\ 800\times 70\ 325)/(12\times 24\ 390\ 000-16\ 800^2)$$

$=3.25$(元)

$a=(\sum y-b\sum x)/n=(70\ 325-3.25\times 16\ 800)/12=1\ 310.42$(千元)

因此，电费的线性回归模型为：

$y=1\ 310.42+3.25x$

(2) 当下年产量 $x=1\ 700$ 件时，

$y=1\ 310.42+3.25\times 1\ 700=6\ 835.42$(元)

7. **解答：**

(1) 由低点的成本性态数据可知制造费用中：

单位变动成本＝变动成本总额÷低点业务量＝50 000÷50 000＝1(元)
固定成本总额＝60 000(元)

故高点的制造费用中：

变动成本总额＝单位变动成本×高点业务量＝1×75 000＝75 000(元)
固定成本总额＝60 000(元)
混合成本总额＝制造费用总额－变动成本总额－固定成本总额
＝176 250－75 000－60 000
＝41 250(元)

设混合成本的数学模型为：

$y=a+bx$

则：

b＝(高点混合成本－低点混合成本)÷(高点业务量－低点业务量)
＝(41 250－32 500)÷(75 000－50 000)
＝0.35(元)

$a=y-bx=41\ 250-0.35\times 75\ 000=15\ 000$(元)

或：

$a=y-bx=32\ 500-0.35\times 50\ 000=15\ 000$(元)

由此可得：混合成本的数学模型为：

$y=15\ 000+0.35x$

(2) 当计划期的业务量为 65 000 机器小时。

变动成本总额＝单位变动成本×计划业务量＝1×65 000＝65 000(元)
固定成本总额＝60 000(元)
混合成本总额＝15 000＋0.35×65 000＝37 750(元)
制造费用总额＝变动成本总额＋固定成本总额＋混合成本总额
＝65 000＋60 000＋37 750＝162 750(元)

8. **解答：**

（1）变动成本法：

单位产品成本＝10＋5＋7＝22(元)

期间成本＝4 000＋4×600＋1 000＝7 400(元)

销售成本＝22×600＝13 200(元)

边际贡献＝40×600－22×600－4×600＝8 400(元)

税前利润＝8 400－4 000－1 000＝3 400(元)

（2）完全成本法：

单位产品成本＝22＋4 000/1 000＝26(元)

期间成本＝4×600＋1 000＝3 400(元)

销售成本＝26×600＝15 600(元)

税前利润＝40×600－15 600－3 400＝5 000(元)

第三章　习题答案

一、单项选择题

1. B	2. B	3. D	4. D	5. A
6. B	7. A	8. B	9. C	10. B

二、多项选择题

1. ABC	2. ABCD	3. ABC	4. ACD	5. ABCD
6. ABD	7. ACD	8. BD	9. ABC	10. AB

三、判断题

1. ×	2. √	3. √	4. ×	5. ×
6. ×	7. √	8. √	9. √	10. ×

四、业务分析题

1. **解答：**

（1）保本点销售量＝494 000/(100－40－20－2)＝494 000/38＝13 000(件)

保本点销售额＝13 000×100＝1 300 000(元)

（2）预计利润＝80 000×38－494 000＝2 546 000(元)

预计利润＝(80 000－13 000)×38＝2 546 000(元)

（3）安全边际量＝80 000－13 000＝67 000(件)

安全边际额＝67 000×100＝6 700 000(元)

安全边际率＝67 000/80 000＝83.75％

保本作业率＝1－83.75％＝16.25％

2. **解答：**

(1) 预测该企业计划年度三种产品的综合保本点销售额。多种产品保本点销售额计算表如表6所示。

表6　多种产品保本点销售额计算表（加权平均法）(1)　单位：元

项目	A产品	B产品	C产品	合计
销售收入	30 000	64 000	66 000	160 000
变动成本	18 000	35 200	42 900	96 100
边际贡献	12 000	28 800	23 100	63 900
销售比重	18.75%	40%	41.25%	100%
边际贡献率	40%	45%	35%	
固定成本				31 950
加权平均边际贡献率				39.937 5%
综合保本点销售额				80 000

(2) 各种产品的保本点销售额及保本点销售量计算如下：

	保本点销售额	保本点销售量
A产品	80 000×18.75%=15 000(元)	15 000/300=50(件)
B产品	80 000×40%=32 000(元)	32 000/400=80(件)
C产品	80 000×41.25%=33 000(元)	33 000/550=60(件)

(3) 预计实现的税前利润=(160 000−80 000)×39.937 5%=31 950(元)

(4) 若实际销售A产品100件，B产品215件，C产品80件，实际保本点可计算如表7所示。

表7　多种产品保本点销售额计算表（加权平均法）(2)　单位：元

项目	A产品	B产品	C产品	合计
销售收入	30 000	86 000	44 000	160 000
销售比重	18.75%	53.75%	27.5%	100%
边际贡献率	40%	45%	35%	
固定成本				31 950
加权平均边际贡献率				41.312 5%
综合保本点销售额				77 337

从上述计算可以看出，尽管销售收入总额不变，但由于在实际销售过程中，边际贡献率高的B产品的销售比重从40%提高到53.75%，而边际贡献率低的C产品的销售比重从41.25%降低到27.5%，因此，保本点销售额由80 000元降低到77 337元。

(5) 若该企业的固定成本能够在A、B、C三种产品之间合理分配，则采用分别计算法预测企业的综合保本点如表8所示。

表 8　　多种产品保本点销售额计算表（加权平均法）(3)　　单位：元

项目	A产品	B产品	C产品	合计
销售比重	18.75%	40%	41.25%	100%
固定成本	13 200	7 200	11 550	31 950
边际贡献率	40%	45%	35%	
保本点销售额	33 000	16 000	33 000	82 000

3. **解答：**

(1) 要实现目标利润，各因素的变化如下：

目标销售量＝(60 000＋40 000)/(20－12) ＝12 500(件)

销售量应增加＝12 500－10 000＝2 500(件)

固定成本总额＝(20－12)×10 000－40 000＝40 000(元)

固定成本应降低＝60 000－40 000＝20 000(元)

单位变动成本＝20－(60 000＋40 000)/10 000＝10(元)

单位变动成本应降低＝12－10＝2(元)

售价＝(60 000＋40 000)/10 000＋12＝22(元)

售价应提高＝22－20＝2(元)

(2) 要达到目标利润，单位变动成本应为：

20×98%－(60 000－2 000＋40 000)/11 000＝10.7(元)

单位变动成本应降低＝12－10.7＝1.3(元)

4. **解答：**

(1) 甲产品的单价＝20/(1－36%)＝31.25(元)

(2) 安全边际率＝(预计销售量－保本点销售量)/预计销售量

可得：

预计销售量＝2 000(件)

保本点销售量＝18 000/(31.25－20)＝1 600(件)

预计利润＝(2 000－1 600)×(31.25－20)＝4 500(元)

(3) 实现目标利润的产销量＝(18 000＋3 000＋6 000)/[31.25×(1－4%)－20]

＝2 700(件)

5. **解答：**

(1) 设 A 产品的目标销售量为 x，由成本利润率 20%可得：

16 000/(40x＋20 000)＝20%　　　x＝1 500(件)

设售价为 y，则有：

1 500＝(20 000＋16 000)/(y－40)　　　y＝64(元)

(2) 由于固定成本为 20 000 元时的相关范围为 0～1 500 件，此时的目标利润为 16 000元。由此可推理，要获得 20 000 元的目标利润，其销售量必然超过 1 500 件，此时的固定成本应为 40 000 元。

目标销售量=(20 000+40 000)/(64-40)=2 500(件)

6. **解答:**

产品单位销售价格=(10+8+7+75 000/10 000)×(1+10%)=35.75(元)

7. **解答:**

编制的分析计算表如表 9 所示。

表 9 **分析计算表**

销售单价	预计销售量	销售收入	边际收入	销售成本			边际成本	边际利润	利润总额
				变动成本	固定成本	成本合计			
2	100	200	0	50	100	150	0	0	50
1.9	110	209	9	55	100	155	5	4	54
1.8	120	216	7	60	100	160	5	2	56
1.7	130	221	5	65	100	165	5	0	56
1.6	140	224	3	70	100	170	5	−2	54
1.5	150	225	1	75	100	175	5	−4	50
1.4	160	224	−1	80	100	180	5	−6	44

由表 9 可知，当价格在 1.7 到 1.8 之间时，边际利润为 0，利润总额最大，因此 1.7 是最优价格。

8. **解答:**

(1) 甲产品单位机器小时提供的边际贡献=(40-25)/3=5(元)

乙产品单位机器小时提供的边际贡献=(26-14)/2=6(元)

甲产品提供的边际贡献总额=20 000×(1-75%) ×5=25 000(元)

乙产品提供的边际贡献总额=20 000×(1-75%) ×6=30 000(元)

因此，企业应投产乙产品。

(2) 租入设备时乙产品提供的边际贡献总额=30 000-3 000=27 000(元)

购入设备时乙产品提供的边际贡献总额=30 000-20 000/5=26 000(元)

因此，企业应投产乙产品，且租入该设备。

9. **解答:**

(1) 根据题中资料编制停产前的损益表如表 10 所示。

表 10 **停产前的损益表**

项目	A 产品	B 产品	C 产品	合计
销售收入	98 000	147 000	50 400	295 400
变动成本	42 000	112 000	28 000	182 000
边际贡献	56 000	35 000	22 400	113 400
固定成本	33 175	49 763	17 062	100 000
净利润	22 825	−14 763	5 338	13 400

(2) 若停产 B 产品，则停产后的损益表如表 11 所示。

表 11　　停产后的损益表

项目	A产品	C产品	合计
销售收入	98 000	50 400	148 400
变动成本	42 000	28 000	70 000
边际贡献	56 000	22 400	78 400
固定成本	66 038	33 962	100 000
净利润	−10 038	−11 562	−21 600

将表 10 和表 11 作对比，可知不应停产 B 产品。

10. **解答：**

设甲产品生产 x_1 件和乙产品生产 x_2 件的边际贡献为 S，求出使 S 最大的 x_1 和 x_2 值。

$$\max S=(56-48)\ x_1+(32-26)\ x_2=8x_1+6x_2$$

约束条件为：

$$50x_1+40x_2\leqslant 20\ 000$$

$$x_1,\ x_2\geqslant 0$$

根据已知条件，作线性规划图如下：

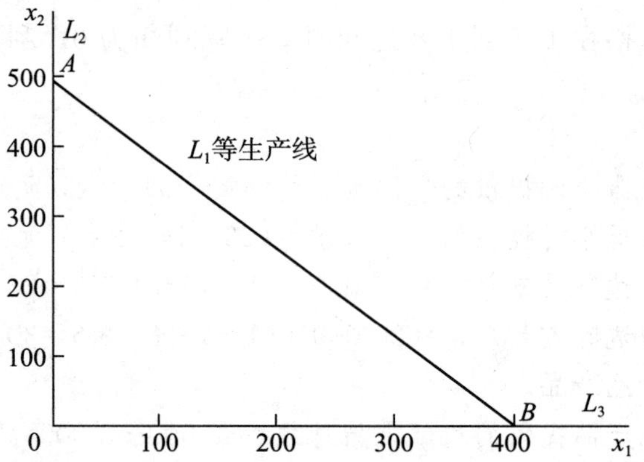

图 1　线性规划图

其中：

L_1：$50x_1+40x_2=20\ 000$

L_2：$x_1=0$

L_3：$x_2=0$

可行区域为 L_1、L_2、L_3 围成的三角区域。计算三个角点 O、A、B 的 S 值：

$$S(0,\ 0)=0$$

$$S(0,\ 500)=6\times 500=3\ 000$$

$$S(400,\ 0)=8\times 400=3\ 200$$

可见，B 点的 S 值最大，此时，$x_1=400$(件)，$x_2=0$。

因此，应该将全部生产力用于生产甲产品。

11. **解答：**

填列后的表格如表 12 所示。

表 12　　甲、乙、丙企业资料

企业	销售量（件）	单价（元）	单位变动成本（元）	边际贡献（元）	固定成本（元）	保本量（件）
甲	2 000	25	10	30 000	15 000	1 000
乙	1 000	40	22	18 000	7 200	400
丙	3 000	50	30	60 000	50 000	2 500

12. **解答：**

（1）单位变动生产成本＝20/5＝4(元)

单位变动非生产成本＝4/4＝1(元)

单位变动成本＝4＋1＝5(元)

保本点销售量＝(16＋14)/(20－5)＝2(万件)

安全边际量＝4－2＝2(万件)

利润＝2×(20－5)＝30(万元)

经营杠杆系数＝1＋(16＋14)/30＝2

（2）单位变动生产成本＝(20－3)/5＝3.4(元)

单位变动成本＝3.4＋1＝4.4(元)

保本点销售量＝(16＋14＋4.86)/(20－4.4)＝2.2346(万件)

（3）变动成本率＝5/20×100%＝25%

边际贡献率＝1－25%＝75%

保本点销售额＝(16＋14)/75%＝40(万元)

保本点销售量＝40/[20×(1－5%)]＝2.105(万件)

安全边际量＝4×(1＋15%)－2.105＝2.495(万件)

安全边际率＝2.495/[4×(1＋15%)]＝54.24%

所以，该企业经营很安全。

13. **解答：**

（1）A、B、C 相关资料如表 13 所示。

表 13　　A、B、C 相关资料（1）

项目	销售量	单价	单位变动成本	边际贡献率	销售收入	销售比重
A	1 000	800	500	37.5%	800 000	40%
B	3 000	300	165	45%	900 000	45%
C	5 000	60	45	25%	300 000	15%
合计					2 000 000	100%

加权平均边际贡献率＝37.5%×40%＋45%×45%＋25%×15%＝39%

综合保本点销售额＝468 000/39%＝1 200 000(元)

安全边际额＝2 000 000－1 200 000＝800 000(元)

经营杠杆系数＝1＋468 000/(800 000×39%)＝2.5

(2) A、B、C 相关资料如表 14 所示。

表 14　　A、B、C 相关资料（2）

项目	销售量	单价	单位变动成本	边际贡献率	销售收入	销售比重
A	1 500	800	500	37.5%	1 200 000	50%
B	3 000	300	165	45%	900 000	37.5%
C	5 000	60	45	25%	300 000	12.5%
合计					2 400 000	100%

加权平均边际贡献率＝37.5%×50%＋45%×37.5%＋25%×12.5%＝38.75%

综合保本点销售额＝(468 000＋12 500)/38.75%＝1 240 000(元)

14. **解答：**

运用差量分析法：

自制成本＝2 000＋4×500＝4 000(元)

外购成本＝500×6＝3 000(元)

由于自制相关成本＞外购相关成本，所以，该企业应外购此零件。

15. **解答：**

用全部生产能力生产 A、B 产品可产生边际贡献：

A 产品边际贡献＝4×10 000×3＝120 000(元)

B 产品边际贡献＝9×10 000×1＝90 000(元)

所以，宜生产 A 产品。

第四章　习题答案

一、单项选择题

1. C　2. A　3. B　4. C　5. C
6. D　7. C　8. B　9. B　10. D

二、多项选择题

1. ABCD　2. ABD　3. ABC　4. ABC　5. ABCD
6. ABCD　7. ACD　8. BD　9. ABC　10. ACD

三、判断题

1. √　2. ×　3. ×　4. √　5. √
6. √　7. ×　8. √　9. ×　10. √

四、业务分析题

1. 解答：

（1）生产预算如表 15 所示。

表 15　　生产预算（1）　　单位：件

项目	第一季度	第二季度	第三季度	第四季度	合计
预计销售量	10 000	8 000	13 000	12 000	43 000
加：预计期末存货量	1 600	2 600	2 400	1 500	1 500
预计需求量合计	11 600	10 600	15 400	13 500	44 500
减：期初存货量	800	1 600	2 600	2 400	800
预计生产量	10 800	9 000	12 800	11 100	43 700

（2）直接材料预算如表 16 所示。

表 16　　直接材料预算　　数量单位：千克
金额单位：元

项目	第一季度	第二季度	第三季度	第四季度	合计
预计生产量	10 800	9 000	12 800	11 100	43 700
单位产品材料消耗定额	10	10	10	10	10
预计生产需求量	108 000	90 000	128 000	111 000	437 000
加：预计期末材料存货量	27 000	38 400	33 300	2 000	2 000
合计	135 000	128 400	161 300	113 000	439 000
减：预计期初材料存货量	32 400	27 000	38 400	33 300	32 400
预计材料采购量	102 600	101 400	122 900	79 700	406 600
单价	5	5	5	5	5
预计材料采购成本	513 000	507 000	614 500	398 500	2 033 000

2. 解答：

销售预算如表 17 所示，预计现金收入计算表如表 18 所示。

表 17　　销售预算（1）　　单位：元

项目	第一季度	第二季度	第三季度	第四季度	合计
预计销售数量	1 000	1 500	2 000	1 500	6 000
单位售价	75	75	75	75	75
预计销售收入	75 000	112 500	150 000	112 500	450 000

表 18　　预计现金收入计算表　　单位：元

项目	第一季度	第二季度	第三季度	第四季度	合计
期初应收账款	24 000				24 000
第一季度销售收入	30 000	45 000			75 000
第二季度销售收入		45 000	67 500		112 500
第三季度销售收入			60 000	90 000	150 000
第四季度销售收入				45 000	45 000
现金收入合计	54 000	90 000	127 500	135 000	406 500

3. **解答：**

现金预算如表 19 所示。

表 19　　现金预算　　单位：元

项目	第一季度	第二季度	第三季度	第四季度
期初现金余额	3 200	3 700	3 620	3 120
现金收入	54 000	90 000	127 500	135 000
可动用的现金	57 200	93 700	131 120	138 120
现金支出	58 500	86 000	132 000	130 000
现金多余或不足	(1 300)	7 700	(880)	8 120
借入（期初）	5 000		4 000	
还款（期末）		4 080		5 120
期末现金余额	3 700	3 620	3 120	3 000

4. **解答：**

弹性预算如表 20 所示。

表 20　　弹性预算　　单位：元

生产能力利用百分比		70%	80%	90%	100%	110%
生产能力（小时）		7 052.5	8 060	9 067.5	10 075	11 082.5
变动制造费用：						
间接人工	1.00	7 052.5	8 060	9 067.5	10 075	11 082.5
间接材料	0.60	4 231.5	4 836	5 440.5	6 045	6 649.5
维修费用	0.15	1 057.875	1 209	1 360.125	1 511.25	1 662.375
水电费用	0.20	1 410.5	1 612	1 813.5	2 015	2 216.5
其他	0.05	352.625	403	453.375	503.75	554.125
变动制造费用小计	2.00	14 105	16 120	18 135	20 150	22 165
固定制造费用		12 000	12 000	12 000	12 000	12 000
合计		26 105	28 120	30 135	32 150	34 165

5. **解答：**

销售预算如表 21 所示，生产预算如表 22 所示。

表 21 **销售预算（2）** 单位：元

项目		一月	二月	三月	合计
预计销售量（件）		200	300	400	900
单位售价		20	20	20	20
预计销售收入		4 000	6 000	8 000	18 000
预计现金收入	年初应收账款	2 500			2 500
	一月销售收入	2 400	1 600		4 000
	二月销售收入		3 600	2 400	6 000
	三月销售收入			4 800	4 800
现金收入合计		4 900	5 200	7 200	17 300

表 22 **生产预算（2）**

项目	一月	二月	三月	合计
预计销售量（件）	200	300	400	900
加：预计期末存货量（件）	120	160	240	240
减：预计期初存货量（件）	200	120	160	200
预计生产量（件）	120	340	480	940

第五章 习题答案

一、单项选择题

1. C 2. D 3. B 4. D 5. A
6. D 7. B 8. C 9. B 10. C

二、多项选择题

1. ABCD 2. ABCD 3. ABCD 4. AB 5. ABD
6. ABC 7. ACD 8. ABC 9. AD 10. CD

三、判断题

1. × 2. √ 3. × 4. √ 5. √
6. √ 7. √ 8. × 9. √ 10. √

四、业务分析题

1. **解答：**

产品成本总差异=35 784－480×65=4 584(元)（超支）

(1) 直接材料成本差异=20 736－480×30=6 336(元)（超支）

其中：

材料用量差异=(17 280－480×30) ×1=2 880(元)（超支）

材料价格差异=(1.2－1)×17 280=3 456(元)（超支）

(2) 直接人工成本差异=5 400－480×10=600(元)（超支）

其中：

人工效率差异=(2 160－480×5) ×2=－480(元)（节约）

工资率差异=(2.5－2) ×2 160=1 080(元)（超支）

(3) 变动制造费用差异=6 048－480×15=－1 152(元)（节约）

其中：

变动制造费用效率差异=(2 160－480×5)×3=－720(元)（节约）

变动制造费用耗用差异=(2.8－3) ×2 160=－432(元)（节约）

(4) 固定制造费用差异=3 600－480×10=－1 200(元)（节约）

其中：

固定制造费用效率差异=(2 160－480×5)×4 000/(400×5)=－480(元)（节约）

固定制造费用预算差异=3 600－4 000=－400(元)（节约）

固定制造费用能力差异=(400×5－2 160) ×2=－320(元)（节约）

成本总差异=6 336+600－1 152－1 200=4 584(元)（超支）

2. **解答：**

甲产品的成本差异分析如下：

(1) 直接材料成本差异：

材料用量差异=(19 000－400×50) ×0.2=－200(元)（节约）

材料价格差异=(0.21－0.2) ×19 000=190(元)（超支）

直接材料成本总差异=200－190=10(元)（超支）

(2) 直接人工成本差异：

人工效率差异=(1 100－400×3) ×6=－600(元)（节约）

工资率差异=(5.9－6) ×1 100=－110(元)（节约）

直接人工成本总差异=(－600)+(－110) =－710(元)（节约）

(3) 变动制造费用差异：

变动制造费用效率差异=1 100×1－400×3×1=－100(元)（节约）

变动制造费用耗用差异＝1 300－1 100×1＝200(元)(超支)

变动制造费用总差异＝－100＋200＝100(元)(超支)

(4) 固定制造费用差异:

固定制造费用效率差异＝1 100×0.5－400×3×0.5＝－50(元)(节约)

固定制造费用预算差异＝710－700＝10(元)(超支)

固定制造费用能力差异＝700－1 100×(700/1 400)＝150(元)(超支)

固定制造费用总差异＝－50＋10＋150＝110(元)(超支)

3. **解答:**

(1) 材料实际成本＝20 000×60＝1200 000(元)

材料标准成本＝5 000×4×50＝1 000 000(元)

材料成本差异＝1 200 000－1 000 000＝200 000(元)(超支)

(2) 材料用量差异＝(20 000－5 000×4)×50＝0

材料价格差异＝(60－50)×20 000＝200 000(元)(超支)

4. **解答:**

(1) 直接人工成本差异＝120 000－5 000×2×12.5＝－5 000(元)(节约)

(2) 直接人工效率差异＝(8 000－5 000×2) ×12.5＝－25 000(元)(节约)

直接人工工资率差异＝(120 000/8 000－12.5) ×8 000＝20 000(元)(超支)

5. **解答:**

(1) 直接材料成本差异:

材料价格差异＝(0.62－0.6)×46 800＝936(元)(超支)

材料数量差异＝(46 800－520×100)×0.6＝－3 120(元)(节约)

(2) 直接人工成本差异:

人工效率差异＝(5 200－520×10)×4＝0

工资率差异＝5 200×(3.8－4)＝－1 040(元)(节约)

(3) 变动制造费用成本差异:

变动制造费用耗用差异＝5 200×(2.1－2)＝520(元)(超支)

变动制造费用效率差异＝2×(5 200－520×10)＝0

(4) 固定制造费用成本差异:

固定制造费用预算差异＝5 080－6 000＝－920(元)(节约)

固定制造费用能力差异＝6 000－1×5 200＝800(元)(超支)

固定制造费用效率差异＝1×(5 200－520×10)＝0

第六章　习题答案

一、单项选择题

1. B	2. B	3. B	4. B	5. A
6. B	7. B	8. C	9. C	10. B

二、多项选择题

1. ABCD	2. ABCD	3. ABCD	4. ABD	5. ABC
6. ABCD	7. ABD	8. ABC	9. ABC	10. ABCD

三、判断题

1. √	2. ×	3. √	4. √	5. ×
6. √	7. √	8. ×	9. ×	10. √

四、业务分析题

1. **解答：**

（1）应采用市场价格。因为在题目所述的情况下，采用市场价格作为内部转移价格，不论甲投资中心将甲产品对外销售或对内转移，也不论乙投资中心是从外部购买甲产品还是从甲投资中心购买甲产品，都对甲、乙投资中心及公司总体的营业收益无影响。

（2）应采用协商价格。因为如果还是采用市场价格，从外部市场与从甲投资中心购买甲产品的价格一样，就无法保证乙投资中心会向甲投资中心购买它所需要的 40 000 件甲产品，从而造成甲投资中心的部分生产能力闲置。尽管这对乙投资中心并无影响，但会损害甲投资中心及整个企业的利益。因此，宜由甲投资中心做出一点让步，使内部转移价格稍微低于市场价格，以保证乙投资中心向其购买。

（3）应采用协商价格。因为如果还是采用市场价格，从外部市场与从甲投资中心购买甲产品的价格是一样的，就无法保证乙投资中心会向甲投资中心购买它所需要的 40 000 件甲产品。则对于乙投资中心外购数量的甲产品，甲投资中心只能对外销售，就必须支付销售费用。这同样对乙投资中心并无影响，但会损害整个企业的利益。因此，宜由甲投资中心作出一点让步，使内部转移价格稍低于市场价格但不得低于外销价减去销售费用后的金额，以保证乙投资中心向其购买。

2. **解答：**

根据所给资料，为该公司电器事业部编制业绩报告如表 23 所示（F 顺差，U 逆差）。

表 23　　**第一季度**

摘要	预算数	实际数	差异
1. 销售收入	120 000	150 000	30 000（F）
2. 销售成本	110 500	137 300	26 800（U）

续前表

摘要	预算数	实际数	差异
3. 营业利润（1—2）	9 500	12 700	3 200（F）
4. 营业资产平均占用额	42 000	56 000	14 000（F）
5. 销售利润率（3÷1）	7.92%	8.47%	0.55%（F）
6. 投资周转率（1÷4）	2.86 次	2.68 次	0.18 次（U）
7. 投资报酬率（5×6）或（3÷4）	22.65%	22.70%	0.05%（F）
8. 机会成本（4×14%）	5 880	7 840	1 960（U）
9. 剩余收益（3—8）	3 620	4 860	1 240（F）

评价：从以上电器事业部的成果报告来看，该投资中心当年第一季度的经济活动中，无论是投资报酬率还是剩余收益，其实际数都超过预算数，足以证明该投资中心的经济效益是比较好的。

3. **解答：**

（1）A 事业部的剩余收益＝55 000－250 000×14%＝55 000－35 000＝20 000(元)

B 事业部的剩余收益＝131 250－750 000×14%＝131 250－105 000＝26 250(元)

评价：以剩余收益指标评价事业部业绩时，由于 B 事业部比 A 事业部的收益多了 6 250元，因而可以认为 B 事业部的业绩优于 A 事业部。

（2）A 事业部的投资报酬率＝55 000/250 000×100%＝22%

B 事业部的投资报酬率＝131 250/750 000×100%＝17.55%

评价：以投资报酬率指标评价事业部业绩时，由于 A 事业部的投资报酬率高于 B 事业部的投资报酬率，因而可以认为 A 事业部的业绩优于 B 事业部。

（3）从上述计算分析可见，剩余收益指标忽视了两个事业部原始投资额绝对数的比较，故单独以剩余收益指标评价业绩不合理。在实际工作中，对于这类情况，必须结合原始投资额的情况，结合投资报酬率进行评价。

4. **解答：**

（1）目标营业利润＝30%×1 000 000＝300 000(元)

设 P＝售价

$$200\,000P-200\,000\times4-400\,000=300\,000(\text{元})$$

得出：

$$P=7.5(\text{元})$$

（2）根据杜邦利润分析的方法，投资报酬率还可按其构成因素分解为如下计算公式：

$$\begin{aligned}\text{投资报酬率}&=\frac{\text{销售收入}}{\text{经营资产}}\times\frac{\text{营业利润}}{\text{销售收入}}\times100\%\\&=\text{经营资产周转率}\times\text{销售利润率}\end{aligned}$$

＝(1 500 000/1 000 000) ×(300 000/1 500 000)

＝1.5×0.2＝30％

(3) 剩余收益＝营业利润－经营资产×规定的最低报酬率

＝300 000－0.12×1 000 000＝180 000（元）

分公司经理的奖金＝180 000×5％＝9 000(元)

图书在版编目（CIP）数据

管理会计/黄玮勤，张纯义主编．—2版．—北京：中国人民大学出版社，2017.8
21世纪高等继续教育精品教材．会计系列
ISBN 978-7-300-24790-8

Ⅰ.①管…　Ⅱ.①黄…　②张…　Ⅲ.①管理会计—成人高等教育—教材　Ⅳ.①F234.3

中国版本图书馆CIP数据核字（2017）第194475号

21世纪高等继续教育精品教材·会计系列
管理会计（第二版）
主编　黄玮勤　张纯义
Guanli Kuaiji

出版发行	中国人民大学出版社		
社　　址	北京中关村大街31号	**邮政编码**	100080
电　　话	010－62511242（总编室）		010－62511770（质管部）
	010－82501766（邮购部）		010－62514148（门市部）
	010－62515195（发行公司）		010－62515275（盗版举报）
网　　址	http://www.crup.com.cn		
经　　销	新华书店		
印　　刷	运河（唐山）印务有限公司	**版　　次**	2011年8月第1版
开　　本	787 mm×1092 mm　1/16		2017年8月第2版
印　　张	17.25	**印　　次**	2023年8月第6次印刷
字　　数	407 000	**定　　价**	39.00元

21世纪高等继续教育精品教材·会计系列

ACCOUNTING

管理会计（第二版）

GUANLI KUAIJI

内容提要

本书系统地阐述了管理会计的基本原理和方法。通过学习，读者可以对管理会计的性质、内容有较全面的了解；清楚产品成本的计算程序，掌握成本计算的几种方法；能运用本量利分析和保本分析方法进行决策，并学会充分考虑决策过程中的不确定性和风险；能参与企业的预算编制过程，并学会采用各种方法编制预算；能运用财务指标和非财务指标对企业的业绩进行计量；能运用成本信息和其他相关信息合理制定内部转让价格。本书可作为高等院校会计专业及财经各专业的教材，也可作为在职人员培训和自学的参考。

策划编辑　李丽虹
责任编辑　刘　柳
封面设计　李尘工作室

ISBN 978-7-300-24790-8

定价：39.00元